方静　徐彬◎编著

传统村落

尚村

国家社科基金重点项目「明清徽州家谱中的乡村史料整理与研究」安徽省皖江学者特聘教授项目「明代徽州家谱叙录」（22AZS010）

安徽师范大学出版社

·芜湖·

图书在版编目(CIP)数据

传统村落尚村 / 方静,徐彬编著. -- 芜湖:安徽师范大学出版社,2024.9.

ISBN 978-7-5676-6851-5

Ⅰ. K925.45

中国国家版本馆 CIP 数据核字第 2024PT0336 号

传统村落尚村   方 静　徐 彬◎编著

CHUANTONG CUNLUO SHANGCUN

责任编辑:祝凤霞　　　　　责任校对:李　玲　王博睿

装帧设计:张　玲　汤彬彬　　责任印制:桑国磊

出版发行:安徽师范大学出版社

　　　　　芜湖市北京中路 2 号安徽师范大学赭山校区

网　　　址:http://www.ahnupress.com/

发 行 部:0553-3883578　5910327　5910310(传真)

印　　刷:安徽联众印刷有限公司

版　　次:2024 年 9 月第 1 版

印　　次:2024 年 9 月第 1 次印刷

规　　格:700 mm × 1000 mm　1/16

印　　张:17.25

字　　数:268 千字

书　　号:978-7-5676-6851-5

定　　价:60.00 元

云水间　尚睦里

　　方静先生将《传统村落尚村》书稿专递于我，并嘱我为之作序，我深感荣幸，更觉汗颜。如果说，本人对于徽州文化特别是徽州传统村落有所研究的话，更多的是一个旁观者，驻足观望而未能深入其中，而方静先生则是生于斯、长于斯、学于斯、工作于斯，其挚爱亲朋也多生活于斯，且多年笔耕不辍、弦诵不断、著述丰厚，是一位真正行走在徽风古韵里的本土学者，为其新著作序，自然不敢随意评头论足。

　　该书分为迁徙印记、山里人家、十姓九祠、积谷自治、茅屋书声、百匠补农、商旅如烟、乡土风俗、口传记忆、回归田园等章，从区位、环境、村居变迁、宗族信仰、生产工艺、平民教育、谋生经营、乡土风俗、现代变革等方面全方位地展示出尚村这一典型徽州千年古村风貌，是集村史编撰和学术研究于一体的著述。它保持了方静先生以往结构完备、剪裁得当和娓娓叙述的著述风格，读来启迪颇深，身心俱爽，一如亲临尚村山水园居，与古老时空对话。我以为，方静的这本新著有几个特点：

　　主题上，隐逸而旨不昧，凸显一个"尚"字。

　　从全书看，作者并没有特别论及撰述的目的，而只是让读者从平实、客观的叙述中去感受作者的所思、所想、所爱、所赞、所失望和所厌憎，即便是在《尚村絮语》中，也只是对当下一些专家面对徽州古村落提出的

"重构乡土文化""古村落改造理念"持质疑态度，特别是对"好像要一夜之间把尚村老百姓现在的生活场景变成一种可销售的商品"持否定意见。沉浸书中，我深深感到作者自始至终力图把一个从历史到现实、从自然到人文、从静态到动态、从规模化活动到细微生活场景的徽州典型村落的"活态"呈现出来，力图把这一村落的文化基因、生命魂魄在现代社会的变革冲击中自然流淌和融合呈现出来，力图把作者提出的尚村应保留自身禀赋，按照应有的轨迹自然静美走向未来，永久成为人们的精神家园、生存载体的愿望呈现出来。这，应当是贯穿本书的一种主旨，一种追求，一种憧憬吧。

内容上，形散而神不散，紧扣一个"睦"字。

本书内容围绕尚村的各个层面展开，每个读者可能会有不同的感受，或觉丰富、或觉堆砌，或觉整饬、或觉杂乱。我觉得这些或浓墨重彩、或铺排陈展的文中，总是有一个字在各部分跳跃，划出贯穿全书的红线。这就是"睦"字，也即作者所说的"十姓睦居"之"睦"。对应书中篇章，如，"迁徙印记"讲述了尚村从"上许村"到"上村"再到"尚村"的过程，在这一过程中，村名的变化是聚居各族实力均衡、妥协博弈的过程。特别是从"上许村"到"上村"，"这种更名，以和为贵，以睦为本，既不损伤许姓自尊，又让他姓能够接受，充满了民间智慧，可谓多姓和睦相处的经典案例"。

"山里人家"说的则是尚村的自然之睦、宜居之睦，从山川位置、建筑布局展现出村庄的怡然和谐。"十姓九祠"说的是宗族之睦、邻里之睦，"积谷自治"说的是乡村治理之睦，"茅屋书声"说的是文教耕读之睦，"百匠补农"说的是生产生活之睦，"乡土风俗"说的是信仰风尚之睦，等等。通篇读来，感受到尚村之崇尚和睦，以睦为贵，"睦"创造了尚村的精彩，凝聚了尚村的灵魂，构建了尚村的格局。

表达上，多样而调不紊，追求一个"融"字。

方静先生喜欢运用多种方式撰述专著，本书体现较为明显，除一般性的描述分析外，表达方式还主要有：历史文献收录，如《十五都屠宰议约》、民国二十六年《合股议据》《爱字号次子献琪阄执》等。表格整理，如《尚村现存主要明清古民居一览表》《尚村水碓一览表》《1977年红旗公社尚村初中班初二年级学生名单》《当代尚村工匠名单》等。访谈记录，这一口述史的叙述方法在许多章节皆有体现，尤其集中在第九章"口传记忆"，"让尚村数百年来的村史变得丰满、有趣和鲜活起来"。"学者聚焦"也是专家访谈记录的荟萃。案例分析，如在第三章"十姓九祠"中，附述了"解粮官方仲为""太和堂与章姓八大户""航天专家高锦龙""台湾游子唐铁仕"等故事。诗文创作，如散文《一部相机与一个古村的故事》《写意山云岭》《回首尚村已是秋》《过客尚村》《诗意梅间岭梯田》，诗歌《尚村之歌》可为代表。虽然表现方式和手段多样，但由于紧扣主题，互为印证，相互补充，使得各种表现方式融合共生，共同弹奏出尚村的和谐乐章，绘制出尚村的和谐图景，展现出对尚村未来发展的深沉思索。

风貌上，悠然而情不矫，贯透一个"热"字。

方静先生对徽州、对绩溪的热爱是深沉的、浓烈的、持久的，对尚村的爱更加炽热和无拘，这是他情感的本质，充满热情和活力，但这种炽热的情怀从他笔下流淌出来又有一种风采和格调，那就是更为舒朗、悠然和隽永。

如，《写意山云岭》："在龙脉水口中藏着数千年的家族历史，那里有我方姓的血亲、乡人和我的童年。山外青山，天外是天。我感叹大自然的伟大与壮观！从这里放眼世界，我看到了来自宇宙的大美和伟岸，听到了风起云涌中悠扬的乐声。啊，这就是我诗意中的故乡，这就是写意中的山云岭！"这种抒发是一种悠然大气。

《诗意梅间岭梯田》："有人说，油菜花开的季节，是恋爱的季节，是审美的季节。十里百里花海的景象，已深深地刻印在我的脑海之中。我希望与你相约明年，约会明年的春天，把我一年的相思送给你，一年的快乐送给你，再一次分享油菜花中的诗意，分享梯田中麦苗的音符，分享那份炙热的乡情挚爱。"这种叙述是一种悠然叹咏。

《过客尚村》："春雨清明日，我陪着家人沿着儿时的记忆，对尚村作了一次'深度'重游。""从鱼龙山到尚村的这一里半路，小时用脚板量过千万遍。每一块石板每一道沟坎，我都能说出它的故事。""原先村口沟圳两边乱石堆中那片挺拔粗壮的水口林只剩下了两株，我掏过鸟蛋的那棵又大又粗的古杨树幸还健在，旁边的两座水碓却没了影子。最下端两水合津处是我的同学周孜家的一排房子，现已'旧貌变新颜'……由于圳陡水急，熟悉的水声至今不绝于耳。"这是一种散淡的叙述，深厚的情感蕴潜其中，渗透着润泽着沟坎、树石、房屋和儿时同学的影子，一种悠然而深远的情感跃然而出，氤氲着读者的心灵。

方静属于徽州、属于绩溪，属于他奔跑过、呼吸过、汗湿过、醉卧过、泪落过的尚村这样的村落，他执着、笃定、从容，自然还会有更多心灵之作、学术佳品献给故乡，献给读者。

是为序。

沈　昕

2023年8月2日于合肥安徽大学磬苑

（作者系安徽大学社会与政治学院教授、博士生导师）

一眼千年　徽州村落史的魅力

一

千年徽州，百年徽学。徽州文化异彩纷呈，徽学研究方兴未艾。作为一名徽学研究者，真切感受到徽学研究的活力与生机，每一份研究成果，每一位同仁的付出，都让我肃然起敬，受益良多。关于徽学的学科特征，许多方家都发表了颇具启发意义的论述，都利于徽学研究的进一步深化，这是首先要肯定的。作为一名史学工作者，我认为徽学的基础和主学科是史学，还是应该要遵循的。

一是探寻历史发展规律，当是徽学研究的首要任务。徽学的研究地位之所以得到学界认可，源于其反映的徽州社会在宋元以后，特别是明清时期所具有的典型性，为传统社会留下了较为完整的范本。这种典型性的范本，为总结中国传统社会发展规律提供了史实依据。如经济基础与上层建筑的关系问题，从徽商的发展与徽州文化之间的互动可以得到证实。又如区域史的研究容易受到英雄史观的影响，对人民的创造力和历史发展的动力问题关注不够，而徽州社会的特质则是民众共同参与的结果。

二是讲清徽州与中国历史关系，是徽学研究的重点任务。徽州历史的演进，是中国历史发展的重要环节，对认识中国历史的变迁具有重要价值。徽州文化的价值，不仅是对中原文化的认同，对主流文化的守护，更重要的是体现了文化建设的自觉、自动和自信，这是中国文化主体性的表现。又如徽商的兴起，是徽州的社会环境、徽人的精神使然，但更是明代中国赋役制度发生重大变化的产物，同时这种变化还与生产力的进步、世界市场的形成有着密切的关系，唯此才不会陷入环境决定论的窠臼之中。

三是认清徽州众多文化现象的史学属性，当是徽学研究的基础。徽州文化内涵丰富，表现形式多样，素以商成帮、学成派而闻名，引起不同学科学者的关注，这也是徽学被称为综合学科的原因。不过从中国史学传统来看，徽州文化诸现象依然是史学范畴。《隋书·经籍志》将史部细分为正史、编年、纪事本末、杂史、别史、诏令奏议、传记、史钞、载记、时令、地理、职官、政书、目录、史评。刘知几在《史通》中不仅指出史学的"六家二体"，更在《杂述》篇中说："史氏流别，殊途并骛。榷而为论，其流有十焉：一曰偏记，二曰小录，三曰逸事，四曰琐言，五曰郡书，六曰家史，七曰别传，八曰杂记，九曰地理书，十曰都邑簿。"至明代王世贞直称"天地间无非史而已"。由此可知，徽州文化中的诸现象本质上是史学的不同类别，这也表明徽学研究亦应遵从史学的基本规范。

基于上述认识和理解，我以为徽学研究就是要将众多的徽州文化元素，放在历史的发展脉络中去考察，进而寻找其发展的规律，而其中最为典型的研究对象无疑是徽州村落。

二

不了解明代的徽州，就不能真正把握徽州的历史；不深耕徽州村落，就不能真正理解徽州社会。这是我时常与方静先生聊起的话题，也是我研究明代徽州乡村的原因。我一直和他有约，静下心来，回归徽州古村研究，"深耕""吃透"地理与人文，做几本厚厚的通史类"村史"。《传统村落尚村》就是一部"村史"。翻阅这部书，一眼千年，穿越时空的徽州村落扑面而来。

一眼，徽州传统村落的千年历史跃然纸上。尚村近千年的演进史，是徽州乡村文明之花静静盛开的典范，千百年来时光仿佛一下就到了今天，但又是一个实在的历史存在。尚村的历史从宋代许氏已经有了明确的记载，但从相关史料看，其历史甚至更为久远，虽然记载时断时续，但马头墙、石板路，无声而直观地构筑了千年的印迹。

一眼，徽州传统村落的宗族印迹便入眼帘。"聚族而居"，已然是徽州村落的标签。赵吉士《寄园寄所寄》更是说"新安各姓，聚族而居，绝无一杂姓搀入者"，加深了徽州以单姓聚族而居的村落格局认知。但徽州人地关系紧张的局面在历史上也是一个不断加剧的过程，必然会导致多姓宗族共居的局面。尚村即是一个由"十姓九祠"构建而成的传统徽州村落，这里依然是宗族社会，但却是一个多姓整合的乡村共同体。尚村的宗族发展史，丰富了徽州"聚族而居"的村落形态。

一眼，徽州传统村落的商业气息扑面而来。"前世不修，生在徽州，十三四岁，往外一丢"，"（徽）人十三在邑，十七在天下"，从徽州村落走向商海已是人所共知的历史现象。以往提起徽商，让人联想的是盐商、茶商、木商等主要行业，其实在徽州现实生活中固然有不少从事贩运的商人，但从事手工业的商人也不在少数。尚村历史上百匠的繁荣，以及兴起于杭州的章姓糕饼大师，为世人展现了一幅生动的、以普通商人为主体的商业图景。

一眼，徽州传统村落的契约精神悄然呈现。徽州社会遗存下大量的文书，每一张纸片都渗透着徽州人对契约精神的追求。契约，成为徽州人生活中的一部分。尚村的民众将契约上升为自治的内容，他们制定《积谷会规约》，以规范缺粮处理措施，这一危及生存的事项便以契约的形式得以妥善解决。这是多么好的历史素材，从契约到自治，传统基层社会的秩序如此直观而形象地展现出来。

一眼，徽州传统村落的生活图景铺陈开来。尚村的书声、小桥流水声、水碓轰鸣声……村头的古树、祠堂、哪吒庙……描写尚村的诗、叙说尚村的文，还有尚村人深情的回忆……这是尚村的诉说，也是徽州村落的千年诉说。

三

一眼千年，是《传统村落尚村》给读者的第一印象。除此之外，我们还希望带给读者独特的审美视角和温润的深情叙说。

一是在故纸文书中搜集生活细节。徽州村落就是一本沉甸甸的立体史书。这些偏僻的山村犹如世外桃源，聚族而居，"千年谱系不乱，千年宗族不散"，自生自治自灭。这里没有强烈的朝代更替概念，只有一年一度的春冬祭祀。这里没有行政概念的"王朝律法"，只有民间"契约春秋"。我们必须从故纸堆中找历史痕迹，找人的繁衍记录——族谱，找人的生存轨迹——契约，找村落地理扩张收缩——遗存与新界。《传统村落尚村》，除了十姓宗族手写的数十种谱牒，还有300余份契约，以及流水账本、合同、禁约、日记、会议资料、祖容像等。发现尚村最早的一份文书是明万历二十三年许洪《卖契》。最有意思的是，如清道光年间《烧灰合议书》，民国五年《三公塘香水股配水合同》、民国《十五都屠宰议约》《曾祖细毛拼山图》，最有价值的是民国三十四年《积谷会规约》，光绪三十四年及民国十一年的《禁约》二份，以及《祖父高板凤分家阄单》《爱字号次子献琪阄执》等。

二是在族谱家史访谈中找生存主脉。徽州历史悠久，村落主人大多数是平常百姓，士民百工。我们先后采访村中30余人，有男有女，有老年者有青年者，近距离而深入地接触、聆听了埋藏在他们心底的故事和心声，找回了早已淡出的辛劳经历和曾经耳闻目睹的那些有趣的历史记忆。其实，许多生活细节、历史状态往往在口述者脱口而出的故事里。在访谈过程中，许多文书资料被"发现"，许多祖宗族谱和文书契约从一家一户抽屉橱柜中被"翻出来"，还有信件、期票、合同、牌匾、碑刻、老照片等。

三是在村落遗痕中还原生活场景。《传统村落尚村》把村落的发展放在历史长河里来考察，以村落三次更名为历史发展主线，深入改名节点背后探究宗族迁徙原因。这些资料公布于世，再现了村落先人往昔的生活场景，有的甚至填补了历史记忆空白，厘清了一些历史谜团，重写或改写了一些村落发展的历史进程。

四是在调查统计中发现规律。方静先生整理的《尚村现存主要明清古民居一览表》《尚村水碓一览表》《当代尚村工匠名单》《1977年红旗公社尚村初中班初二年级学生名单》《尚村外出务工人员名单》等资料都是十分重要的统计学资料。《1949年前尚村外出经商人员名单》《当代尚村工匠名单》，反映了尚村人生存的一种模式，而《1977年红旗公社尚村初中班初二年级学生名单》，则反映了20世纪70年代人口与子女就学、政府办学的一种状态。尤其是2023年底统计的《尚村外出务工人员名单》，相对稳定就业的计有210人，这一数据与村留守人员占比形成了强烈的对比。

方静先生对尚村情有独钟，更有对徽州历史文化的精深研究，我和他对徽学研究前景的探讨还在继续。 部尚村史，提供的不仅是一村之史，更是一种探索，是对史料的重新认识，是对徽州历史地位的重新思考，我们有理由相信，徽州村落史将是徽学研究进一步深化的重要领域之一。

徐 彬

2024年3月10日于安徽师范大学文典楼

"传统村落"尚村

绩溪东部，山云洞口，饭甑尖峰脚下，有一个隐蔽恬静的"半山人家"。这里四面环山，人居幽静，平均海拔600米以上。春夏山雾轻绕，秋冬萧瑟阴冷。繁花落叶轮回，四季景色差异巨大。这里的乡民，依山拓岭，择平坦而居；靠山望水，枕涧溪而卧。山冈上的村庄，视野开阔，梯田层层，环村而绕，仿若陶渊明笔下东篱下的菊园。这个"养在深闺无人识"的传统村落，随着其神秘面纱被探幽者渐渐掀开，"一朝惊艳天下知"。

尚村示意图

北

水系
道路
聚居点 ◎
祠堂 ■
民宿 ▲

耕读历史文化馆
憧憬客栈
尚村村委会（霞水）
霞光农家乐
春霞
鱼龙山
西山观景台 ▲
高椅石
宅下园
务本堂
太子庙
水口岸
女子学校旧址
周氏支祠 ■
唐铁仕故居
唐廷仁故居
唐家私塾
枫树凹
公厕
山水农家乐
登门坊（方仲为故居）
打水坑
爱日升南铺旧址
宋代许氏祖宅遗址
农具展示厅
方氏支祠 ■
博丰场
尚村农家乐
积祥农家乐
戏台
（鹏吓庙遗址）
徽艺堂菜馆
公厕
观景台
尚村古道
幽篁里
鸟啼铺
太和堂
许家瑞故居
许氏宗祠 ■
许紫桐旧居
许紫私塾
高氏宗祠 ■
高家农家乐
章氏支祠 ■
嘉庄农家乐
冬青农家乐
高观义旧居
高锦龙旧居
青青农家乐
乌石雅和尚寺
饭甑尖
梅间岭
家朋乡
皖浙天路
松岭一楼农家乐

目　录

第一章

迁徙印记

徽州是一个移民社会。走进一个村庄，会叩开一族历史；推开一扇柴门，会惊扰数代祖宗；踏上一块石板，会搅动几个朝代。

徽州村落的始迁祖大多卜地而居，聚族繁衍，以姓名村、以山水名村，村名的变化，往往蕴藏着宗族人口的迁徙路径、姓氏家族的兴衰起落，以及周边重大历史事件的信息。因此，古村落历史一般可从地名的变化开始解读。

一　建村

尚村距绩溪县城有38公里之遥，原是一片偏僻的荒山野岭，终年云雾缭绕，在相当长的时间里这片无名之地没有人类涉足。尚村有人居住的历史大致可溯至南宋初年，距今约900年，她的得名与新安许姓的迁徙密切相关。

唐末，"新安许"始祖许儒（南唐吏部尚书）为"避黄巢之乱"（875），从关中南迁新安篁墩。其七世裔孙许透"初卜居于昌邑（浙江昌化），继迁绩东玉山乡孝顺门，犹厌湫隘尘嚣，不堪适性，转居云川大桥杏梅园下"[1]。根据记载，许透于宋徽宗初年居浙江昌化荆州（亦称"金州"，1931年始划归绩溪管辖），后迁绩溪县城东郊，因忌市井喧嚣，又转迁云川大桥杏梅园定居，位置大约在今绩溪家朋乡霞水村栏杆深潭一带[2]。

查清嘉庆版《绩溪县志·舆地志》可知，尚村原名上许村，是相对于四里路程之外的下许村（后依谐音雅化为"霞水村"）而言的，二者同属新安许姓，以一条云川小溪为纽带，形成"君居溪头我住溪尾""上许下许遥遥相望"的空间格局。

---

① 许传成、许晓骏主编:《磡头志》（上卷）第81页，内部资料，1997年。

② 胡泉雨等编:《霞水村志》第11页，内部资料，2007年。

远眺尚村

云川大桥的云川，其实是条不起眼的小溪，发源于海拔1340多米的山云洞饭甑尖，平时水量不大，常年流淌不竭。其中，有数股涧泉流入尚村，在村水口汇集，经高椅石、鱼龙山，与松木岭、水（许）屋、暮霞村（唐家村）的另一条小溪在社屋桥下的丫叉溪汇合，沿张圩田畈涓涓而下，在孤山岱西头流入平顶山（磅外山）和后头山之间的幽谷。云川流域植被茂盛，田土肥沃，水源充足，环境优美，成为"云川许"子孙后裔理想的家居田园。云川大桥的下首，河边有一片人工种植的杏梅园，使村庄透出有几分诗意。杏梅是梅花的一个品种（当地人称"杨梅"），因花径大、花色亮且花期长而具有较高的观赏价值。彼时的云川，有大桥，有杏梅园，显然，最早的原居民村落氛围已成雏形。

也就是说，许透到云川大桥旁边定居之前，这里早有人定居，村落原具一定人口规模和经济实力，以川为名曰"云川"。许透这一偶然定居，彻底改写了云川村落发展的历史，掀开了早期"云川许"繁衍生息的崭新一页。

许透是北宋工部郎中、天章阁待制子春公之孙，"初承家学，娴于经史，（南宋）以明经为员外郎"①，致仕以后由杭州迁昌化荆州之上村庄

---

① 许传成、许晓骏主编：《磡头志》（上卷）第81页，内部资料，1997年。

（今上胡家），后又转迁绩溪云川大桥处，成为"云川许"的始祖[1]。许透以官宦之身，致仕归隐，钟情此地杏梅园，并在云川大桥边落脚并不奇怪，乃是文人居安喜幽性情使然。

宋代初期，乡村区划实行的是乡里制。云川村属绩溪县遵化乡借溪里，是借溪里的中心村。

借溪，也称涧溪，是古时山云（山名，指饭甄尖下东边岩一带）的别称。以下许村为中心，作为"里"的所在地，说明这一带已成为人口相对集中的区域。

由于元或明代的一次山洪暴发，从山云洞狂泻而下的泥石流阻塞了云川河道，冲毁了云川大桥，沿山河道发生偏移，流向了河的北岸，在南岸堆积形成了大片河滩地，并且和原来云川大桥之上的许姓定居点连成一片，这给许姓定居点拓展带来了巨大空间[2]。后来，许姓人丁繁衍较快，且人才辈出，宗族政治经济实力不断上升，早先他姓居民衰弱不振，人口成为少数，"云川"村名渐被"许村"之名替代。

二　原住民

据《云川许氏宗谱》记载，"新安许"始祖许儒至绩溪"云川许"始祖许透，越六世，历经150年左右。

许透，生子麒，麒生子丘等三兄弟。许透长孙许丘胸有大志，为寻找新的生存空间，溯川而上，在饭甄尖脚下择地拓荒定居，形成了另一个许姓村落，最初村名也称"许村"。后来为与云川大桥旁边的许村相区别，祖孙商定，以云川为界，许丘的定居地

建村始祖许丘

---

[1] 许传成、许晓骏主编：《新安许氏衍派初探》，方静主编：《绩溪徽学通讯》第16期，内部资料。

[2] 胡泉雨等编：《霞水村志》第11页，内部资料，2007年。

为"上许村"，许透在云川大桥边的定居地称"下许村"。许丘成为"上许村"的建村始祖。

据民国版《涧洲许氏宗谱》记载，"云川许"建村始祖许透，生子麒，麒生三子，长子丘、次子明、三子寿。次子许明迁浙江泗安；三子许寿跟随南宋岳飞将军抗金，初授兵马先锋，旋升车骑都尉，因屡立战功，绍兴十五年（1145）晋升"投苏将军"，后战死沙场，宋高宗追封许寿"投苏王"爵，赐食庙祀[1]，并追赠其父许麒金紫光禄大夫。

麒生三子，只有长子丘留守故地。从许丘迁居上许村这一举动可以看出，他是个有胆略、有见地、有作为的人。丘生六子，三个外迁，子仲强公留居[2]。仲强一脉子孙兴旺，至十六世祖许泰来迁碓头前，因有"投苏王"的政治光环，云川许已成为"新安许"的重要分支和煌煌大族。元明清三代，随着下许村人口的增多，民间以"投苏"两字为名，设立村社组织"投苏社"（50户为一社）。后十五都一带分置"投苏东社"和"投苏西社"。如今，十五都内上下许村及碓头"云川许"已衍至四十五世，枝繁而叶茂。

结合《碓头志》考证，可以肯定，许姓是尚村最早入住的姓氏，定居点土名许家垱，地势稍高且相对平缓，至今保存有残缺的宋代"许家老屋圆门阙"等建筑遗存。由此，尚村建村时间可上溯至南宋初年，跨元、明、清、民国至今，已有约900年历史。绩溪云川河一带许姓，散居十五都村郭，明清时较兴盛。查清嘉庆版《绩溪县志》，此时尚村村名仍为"上许"村。清光绪版《梁安高氏宗谱》中绘有一幅"上村图"，图中有"一线天""山云庵""太子庙""关赵庙""兴隆殿""支祠"等标识。周边群山环抱，村内翠竹掩映，一条弯弯曲曲的道路将村庄分为上下两个居民聚集区，房子排列整齐有序，表明村落功能早在明清时期就已非常成熟。《梁安高氏宗谱》由祖籍绩溪的徽州府学教授周赟（字子美）编纂，卷12中就收录了他游历尚村时写的"上村四景"诗。他在编纂族谱的同时，巡山访友寻遗，

---

[1] 霞水村中建有回龙庙、回龙桥等。回龙庙经过重修，用于祭祀投苏王。

[2] 胡泉雨等编：《霞水村志》第39—43页，内部资料，2007年。

以文人的敏锐眼光，真切地捕捉到了尚村及周边的美景绝色：

《梁安高氏宗谱》"上村图"

一线天

盘空鸟道上危巅，石室云深古洞天。

偏向暗中通一线，鉴开混沌问何年！

双溪水

双溪交锁绿构堤，分合原来学绩溪。

应素清流合南北，负教沟水怨东西。

山云庵

山僧镇日坐山门，静看山头起白云。

却笑白云闲不得，要为霖雨慰耕耘。

伏魔殿

几阵神鸦集晓坛，田家祈报肃衣冠。

日斜人散秋风急，古柏森森殿宇寒。

"一线天"是从尚村背后山岩攀登饭甑尖的必经之路，雄险而刺激。"双溪水"是沿山扑来的两条山溪清泉，穿村汇巷，时汇时分，门前涓涓溪流，给村落平常生活带来方便与无限的生机。"山云庵"及村内"关赵庙""伏魔殿"（又名"兴隆殿"，俗称"哪吒庙"）这三座寺庙，成为三大人文景观，表明原居民信仰和崇拜英雄，大抵可以反映出当时村人朴素的信仰、理念和所追求的安宁的内心世界。"静看山头起白云，却笑白云闲不得，要为霖雨慰耕耘。"细细品读诗人截取的"上村四景"心境，款款地勾勒出山村恬淡的自然美和古朴勤劳的人性美。这种人居与山水环境的宁静，人与自然的和谐共生，显示出旧时人们生活审美需求的一种状态，这也正是现代都市人追逐的梦想。

山云豺狗狼尖

三　更名始末

元时，尚村属遵化乡十五都一图。清嘉庆版《绩溪县志·舆地志》称"上许村"[1]。嘉庆以后，上许村的许氏人丁开始衰落，相比之下后来迁入该村的方氏、高氏、章氏等则进入人口发脉旺季，大有后来居上之势，许姓宗族在村中已失去实力优势。"上许村"村名中"许"字首先是在口语中被悄悄略去，简称"上村"。这种微妙的更名方式，应是各姓综合实力平衡妥协的结果，表达了各姓和睦相处的意愿，后来的文字记录默认了这种更

---

① 清恺等编撰：(嘉庆)《绩溪县志》(点校本)，黄山书社，2007年版。

名结果的"合法"地位。这种村落各姓平和角力的文化生态持续了200年左右。晚清汪子青著《绩溪地理图说》一书中称"上村"①。民国三十年（1941），绩溪县政府绘制"绩溪县全图"时，该村被标注为"上村"。"上许村"改为"上村"，村落结构由原来的许姓一枝独秀、先到为大，变成了多姓杂居、势力均衡，虽一字之差，却是唯一让村落创始者许姓可以接受的更名方案，侧面反映了徽州宗族文化中宗族竞争的一种独特心理。这种更名，以和为贵，以睦为本，既不损伤许姓自尊，又让他姓能够接受，充满了民间智慧，可谓多姓和睦相处的经典范例。

"上村"改为"尚村"的官方说法，是官方邮政信客投递的原因。《绩溪县地名录》载，尚村，"民国时村设邮箱，因与伏岭下的上村同名，为避免邮箱错投改称尚村"②。改"上"为"尚"，绩溪方言及官话发音基本不变，且"尚"者，有尊崇、注重、风尚等字义，符合徽州人取名读音的雅化习惯。徽州村名变化中，这种改字不改音的情况屡见不鲜，多取祥瑞字意，如清嘉庆版《绩溪县志·舆地志》中"下许村"已改为"霞水村"。

在实地调查过程中，笔者还发现了一些重要契约文书，这些是尚村人明、清、民国时期生活的真实记录，说明了尚村的历史久远及文脉绵长。如明万历二十三年（1595）《卖契》、清顺治十二年（1655）《高攀凤阄书》、康熙三年（1664）《高板凤阄单》、道光二十八年（1848）《拈阄烧灰合议书》、光绪六年（1880）唐如柏等《造牛栏合同》、民国七年（1918）程氏售爱日升祖屋《契约》、《曾祖细毛拼山图》等，还包括进出货收条、买卖契约、期票等，内容涉及生活方方面面。其中，明万历二十三年（1595）九月二十五日许洪《卖契》是目前发现的一份最早契约，虽文字简约，但极有史料价值，如从中可知当时村中就有了"伏（魔）殿"公共建筑，"黄册"中的土地编号为"'乐'字九十一号"，由许姓同族"中见"，解决内部事务。现录之如下：

---

① 方静编著：《清代汪子青〈绩溪地理图说〉整理与研究》，安徽师范大学出版社，2021年版。

② 绩溪县地名办公室编：《绩溪县地名录》，第100页，内部资料，1988年。

　　十五都许洪今为欠少银两支用，自情愿将新编经理"乐"字九十一号内塘乙伯（一百）步，土名伏殿外，四至照依新编经理，不开外，立契出卖与坊市胡□名下。三面议定，时值价文（纹）银壹两陆钱正。其银入手，应用其塘目下管业。先前只（既）无重复交易，亦无内外亲房人等阻当（挡）。其税后造黄册，依契系许世宠户内割税。二各无许悔异，如有悔者，甘罚契价一半与不悔人用。今恐无凭，立此卖契为用。

　　万历廿三年九月廿五日

　　立契人：许洪（押）

　　中见人：许伯富（押）　胡少溪（押）

　　契证（押）

　　同日收到契内价文银，照契收足无欠。立领为用。

　　立领人：许洪（押）

　　中见人：许伯富（押）　胡少溪（押）

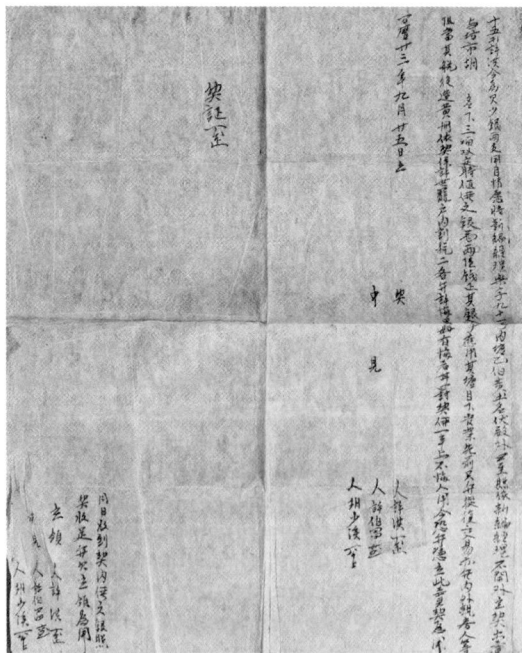

万历二十三年许洪《卖契》

入清后，尚村人口保持在千人以上的规模，在周边的影响力持续扩大，是绩东十五都地方治理的重要组成部分。民国初，沿清末制。民国二十二年（1933），废都，推行保甲制。尚村属云山保。民国二十九年（1940），撤销区署。全县设1镇12乡128保1369甲。尚村属戈溪乡。新中国成立初期，全县设7个区，尚村行政村隶属第七区。1985年，农村体制改革，称尚村村民委员会，治所尚村，属胡家乡。2005年，绩溪开展了机构改革，撤并乡镇，尚村、霞水合为一行政村，村委会设在霞水村。尚村降为自然村，改属家朋乡。

一个村落有一个村落的演变轨迹，且都是在不知不觉中发生和发展的。透过村名的嬗变，我们可以解读尚村发展中的许多历史节点和特殊现象。尚村村名的三度变更，是村落宗族人口规模、村落社会治理方式变化的外在反映，直观地揭示了村落发展的三个不同历史阶段。原居民由许姓为主体渐变为多姓杂居，由许姓势力强盛到许、方、章、高姓旗鼓相当，居住空间整合，街坊路道形成，村落社会治理方式发生了积极的变化。在对外交往交流过程中，"村人"概念内涵愈加丰富，村落共同体结构愈加巩固，村落习俗和居民生活审美等在缓慢融合过程中趋向一致。

多 彩 链 接

一部相机与一个古村的故事

尚村，地处皖南边陲，在安徽省绩溪县家朋乡境内。这里是黄山山脉与天目山山脉的接合部，地理位置独特。尚村是一个极具徽州特色的古村落，多年来却寂寂无名。谁也没有想到的是，一部相机的偶然介入，让这个村落很快便成为摄影界关注的热点，进而引来更多的游人，成为方兴未艾的乡村旅游示范点之一。

养在深闺人未识

处于大山之中的尚村，是一片神奇的山川，周边大山环抱，层峦叠翠，松竹连绵，烟树寒碧。然而，尚村更具特色的是其素有"十姓九祠砚瓦村"之称。"十姓九祠"说的是尚村姓氏多达十个，村中有九个祠堂。尚村虽然多姓氏，但各姓之间十分团结，和谐共处。走进尚村，但见明清古建遍布，民居宅院沿溪而建，依山而立，马头墙高耸，形成条条暗弄，曲径通幽，参差错落。村内街巷溪水贯通，青石板道纵横交错，粉墙掩映在青山绿水之中。古树、翠竹、梯田、村庄相映成趣，构成了一幅优美的田园风光画卷。

"白云倒海忽平铺，千景十峰连吞屠。风帆烟艇虽不见，点点螺髻时有无"，描述的就是尚村云海的壮观景象。由于海拔高，秀峰环峙，危崖突兀，云海不断，尚村在云海中若隐若现，宛如人间仙境。

过去交通不便，尚村一直"养在深闺人未识"，风景虽好却不为人知。"山深人不觉，同在画中居"，生活在画境中的尚村人，却未意识到家乡风光之美，千百年来一直处于"日出而作，日落而息"的原始农耕生活中。

前山园路巷火煱秀

镜头里的桃花源

一个偶然的机会让这个古村发生了翻天覆地的变化。绩溪摄影人有一个名为"绝摄徽州"的交流群，一次举办摄影活动时，摄影师们与尚村的党支部书记周青阳在山上不期而遇。相谈间，周书记邀请摄影师们到村中做客，并约定下一个周日在村里不见不散。周日很快到了，摄影师们践约而至。当摄影师们在村中穿行时，眼前的景色让他们大吃一惊，古街巷、古宅院、古沟渠，房子上的精美"三雕"，还有村民们的生活，无一不让摄影师们感到新奇，大家仿佛通过时空隧道走进了几百年前的生活氛围中，像是误入"桃花源"。摄影师们在村中"狂扫"，古老的尚村就这样定格在镜头之中。

随着网络的传播，尚村受到广泛关注。来自各地的摄影师将尚村的图片，配上通俗、优美的文字，不断在网络上发布，多渠道、多角度宣传在尚村的新发现，并帮助村里建起了两个摄影观景台。从此，尚村开始进入更多人的视野。

点子捧红古村落

在摄影人的建议下，家朋乡领导和尚村村民今年春天播种了120亩向日葵，出于试验的目的，种植面积不大。哪知这一试验，却引起了不小的轰动。葵花开放之际正值金秋时节，尚村七沟八梁，高山低坞，百亩葵花盛开，加上梯田中的稻谷正在成熟，金灿灿的稻田配上黄澄澄的葵花，眼前的大地流光溢彩。抬眼望去，尚村的田间地头，葵花开处，黄澄澄，金灿灿；绿绿的高秆尽头，顶着圆圆的花盘，花盘上蜂飞蝶舞，千姿百态。尚村的田头地角，是游人的世界，美女如云，"摄人"如鲫，一簇簇，花伞、丝巾，花枝招展的彩色人流在田地间浮动，一幅立体山水美图在这里徐徐展开。每天来此观景的游人，最多时达数千人。村里人在此前相继办起数家"农家乐"，这时更忙得不可开交，生意特别红火。一直沉寂的山村在人们的喧闹声中展开了笑脸。

葵花盛开

摄影师们在尚村首次拍摄了大量的葵花图片，及时发布传递了尚村葵花开的信息。其中一篇帖子《百亩葵花正盛开，古雅尚村展笑脸》在网络上引起强烈反响。优美的图片，有着它的直观性，刺激了人们的感官，传递着文字无法代替的能量。网络上几何级增长的传播量，让尚村在一夜暴红。尚村，真的火了。

2015年9月，安徽省摄影家协会副主席、宣城市摄影家协会主席李晓红闻听尚村葵花盛开的消息，带着大批摄影师来到尚村。不知是为迎接摄影师大开笑脸，还是天公作美，尚村出现了大云海，让摄影师们拍得如醉如痴。

尚村晒秋，是继葵花之后又一场重头戏。摄影师们提议尚村组织些晒秋活动，这个提议立即得到村里的响应。不久前，在村党支部、村委会积极配合下，联合举办了"尚村晒秋"活动。名为"晒秋"，其实只是将尚村老百姓平时的晒秋农事活动集中展示而已，没有刻意摆布，没有执意做作，一切自然贴切，原始天然，所以有人在网上评论说，这是"史上最原始、最淳朴、最富有创意的晒秋"。

尚村晒秋，那场院里、门前空地、农家屋顶，各种谷物你方晒罢我登场，一百多户人家将自家的农产品全部集中翻晒。百余栋徽派民居在数十米落差的坡面上错落排列，晒场上竹架托起圆圆的晒匾，以红、黄、绿为主的色块遍布全村。红艳艳的辣椒，金灿灿的稻谷、黄豆，以及串串挂晒的玉米棒子，还有赤豆、山芋干、柿子等共同构成的丰收图，五彩缤纷，美不胜收。其规模之大，盛况空前。尚村晒秋办得很成功，尚村又火了一把。

尚村的成功，归功于摄影的推力，是相机接地气、推动"美丽乡村"建设的一个范例。虽然尚村的发展还有待充实，但数个新招已让尚村这个过去名不见经传的古村闻名遐迩。

（转自 2015 年 11 月 30 日《中国摄影报》，作者章恒全，有改动）

第二章

山里人家

尚村坐落在山云饭甑尖脚下，周边有低矮山丘起伏延绵，山冈地凹相间，梯田层叠，旷野粉墙，人居其中。人们就是在这样的环境中辞旧迎新，完成生命更替，完成一代又一代人的使命。绩溪人章海①在《咏绩溪县》中写道：层冈叠嶂隔村烟，古木遥夵雨露天。人尚清修多务本，俗循礼教最遵贤。青青屋角宜桑树，小小溪头倚岸田。原得太平千百载，男耕女织自年年。

一 环境

尚村背靠山云。山云，山高林深，入口处悬岩对峙，旧称山云洞，泛指东边岩、山云岭及饭甑尖一带，属大幹山脉。清嘉庆版《绩溪县志·舆地志》中有"借溪山"，范围大致与山云洞重叠。民国胡子承在《绩溪县志稿·舆地志》"山云"词条中载："在十五都。巉岩峭壁，石角嶙峋，山顶两峰峙立，秀插云端，一线洞天，中通夹道，下临幽壑，上锐下丰，人迹不到，虬松怪石，滴翠凝青，山水清幽，此为绝胜。又有石线悬于幽崖，古树长者三四尺，云气结成，质如钟乳，斑驳陆离。旁有山云庵。水由霞水村入宁国。"②

村头石板路

① 章海,字文深,绩溪县瀛洲村人,明成化壬寅贡生,在四川郫县任县令。参见章基丰主编《瀛洲章氏宗谱》,2008年。

② 民国八年《绩溪县志稿·舆地志》,又名《全县村庄名》,为绩溪民间藏本。

尚村位于山云洞口下游，旧时为原始森林，人迹罕至，有盘山野径，可入荆州。抬头看，大斡山脉有饭甑尖、笔架山、五指山、姐妹石等鬼斧神工的自然景观，从东边岩到山云岭至青湾郎头，山岩险峻，峰峦叠嶂，常常惹得游人行客流连忘返，文思激荡，诗情满怀，有清代诗人胡亚儒《咏笔架山》和丁平八《姐妹石》为证①：

咏笔架山

荆州有景皆呈秀，笔架巍然数一奇。

仰慕原由盘古骨，垂名却为女娲姿。

满天风月藏诗意，四面青山作纸题。

架上提来绝妙笔，笔头莫向暴秦低。

姐妹石

寄语缘何绝色情，白云深处了青春。

平生不爱鸳鸯侣，浊世多逢薄幸人。

满眼轻裘皆浪子，藏深山谷守贞名。

任凭弹尽求凰曲，不起文君慕凤心。

村东南向有五座小山丘首尾相拥，植被茂盛，状若"五龙戏珠"。西北向则得登高望远之利，有清潭下、霞水村、鱼龙山、长岗山逶迤而来，一路高歌，田园风光尽收眼底，一派农耕诗境。

林深村落多依水，地少人耕半是山。晚清汪子青在《绩溪地理图说》一书中记载，绩溪各都户口，以十三、十四、十五三都最多。因其间多悬崖峭壁，粤匪之难，居民筑山卡为凭险之守，幸得以保全也②。从地貌上讲，尚村村落为船形，地势东高西低，首尾狭长，中部平坦开阔，宛若扬帆待发之船，故村人视水若金，谚称"有水即活"，有活水才能顺流入海，向前远航。发源于饭甑尖的源头活水有三条顺势穿流入村。一条是前山园

---

① 程慕斌主编：《绩溪古今诗词集萃》，现代出版社，2015年版。

② 方静编著：《清代汪子清〈绩溪地理图说〉整理与研究》，安徽师范大学出版社，2021年版。

溪，一条是黄沙岭溪，两溪在村中顺流而下，时分时合，成为村中主要溪流。还有一条是宅后溪，从长坞缓缓而来，在水口中间碓处形成三水合津。三条溪圳均为东西走向，村落中部地势稍低，形成船尾高翘的强劲待发之势，宅下园一带如船头顺势向前。三条水系贯穿村内，溪圳支渠交织，形成明暗相间的水圳网，方便门前巷尾用水，但与中部三口防火塘不相连，寓意"井水不犯河水"。由于地皮紧张，许多房屋建在涵圳上，"头枕沟渠，闻水声而不见水。夜伴泉眠，梦里原来珠落盆"，故称"枕溪人家"。

二　民居

村里民居顺着山势择地而筑，路巷自然交错，高低错落有致。人们以族聚居，或围祠而住，形成大小不等的宗族社区。全村 10 个姓氏。人口最多时 1500 余人，以高、许、章三姓人口居多。

许姓是尚村最早的居民，自然选择在相对高爽平缓的地段，俗名"许家垱"。

民居一角

在许家垱的巷弄里，迄今仍保留着最早的"许家老屋"这一地名。许家老屋建于宋，现仅遗存一座八字形门楼，上有手绘门楣图案。这是村落历史久远的见证。

村中前街、前街坦、前山园一带，是高姓聚居地，有土名"高家老屋"为证。前街坦是现在村中较热闹的地段，人口相对集中。上前街以章姓为主，并形成章家巷（前身为叶家巷）。前街下、宅后则以方姓为主，有地名"方家巷"。周家垱为周姓聚居地。宅下园则住着唐姓人家。稍偏一点的是高椅石，住着从荆州迁来的几户胡姓人家。

择地而建的民居建筑，既是一定历史时期社会文明的表征，也是一定时段居民社会生活的凝固与缩影。据统计，除宗祠老屋外，村内现存基本完好或已经修缮的民国以前民居建筑50余幢，其中明代9幢，清代27幢。多为数代祖传的众家老屋，大部分已无人居住，一部分倒塌废弃。建筑外貌是经典的徽州粉墙黛瓦风格，三间二过厢，二层楼，小庭院。民居紧凑简朴，错落有序，没有园林豪宅大院，也没有华丽装饰。连接民居的路坎均为粗麻石板铺就，村落街巷曲曲弯弯，沟圳相随，古村落片区架构保持完整。

古道与民居

因为平缓地段较少，土地吃紧，造成居住空间建筑有如下特点：一是依地势筑屋，建筑材料就地取材。砖木结构，有天井，庭院及附属屋相对较小，占地面积100～200平方米。房屋个体差异较大。如村东许泰侗先生的蒙童馆，门阙上嵌有"锦里流芳""绿水青山"砖刻书法，主体结构已遭破坏。二是室内整体雕饰简约。墙体为空斗墙，门颜（框）以当地石材为

主，门楼楣面少有砖雕，以淡墨黑线及墙头画
装饰为主。木雕装饰有倒爬狮、挂漏、雀替、
格子门窗等。许家老屋，俗称"许家园门阙"，
屋内"三雕"由本村著名的许泰成师傅雕刻，
保存基本完好。只有少数富有大户比较讲究。
如村头许守忠祖宅，石门楼门罩四块元宝砖雕
题材为瓜瓞绵绵，多子多孙，下面左右砖雕为
瑞兽狮子，中间墙壁画为姜太公钓鱼，两边下
垂是汉纹挂落，山水、花草、笔筒、祥兽相
融，砖雕与墙壁画黑白线条完美结合，彰显出
乡村古典的审美意韵。三是四步通转楼较多，

许守忠祖宅门楼

古韵甚浓。如民国时绩溪中学校长许家骥老屋（前后井）、高家老屋通转楼
（门牌95号）、上坦许社富宅通转楼、唐家老屋（唐铁仕）通转楼、"爱日
升"商铺楼等，还有叶家巷章本俊、章周义等五户连排通转楼，周其仁户
上下堂通转楼。晚清秀才胡永年（绰号"老东"）古屋，为暗三间二过厢，
有考究的内门庭外门楼，廊檐栏杆木雕精巧，土改时被分给数家贫农，成
为众家屋，现已简单维修。遗憾的是，这些祖传老屋，历经数代族人分家
析产，又因产权成分复杂，成了弃之可惜但又使用率不高、少人问津的
"闲屋"。

村东宅后有幢庄园式民居，也称登门坊，是尚村方姓早先落迁之地。
这里背靠枫山丘岗，前枕宅后溪水，水从大门前哗哗流过。登门坊庭院设
计巧妙，建筑极具园林特色。这是明中期在胡宗宪抗倭部队任解粮官的方
仲为解甲归田的养老之所，占地三亩有余，坐北朝南，有两幢三开间通转
楼阁并列，空间架构颇为恢宏。院内水榭栏杆，荷开草塘，菜畦一片，古
韵犹存。门楼仿牌坊结构，别具一格，呈小八字式，门檐下有十五块雕刻
花砖，意为从军十五年"阀阅"[1]。左右两翘角刻有龙凤图案。门槛石质，
高30厘米，进门要抬脚，以示主人身份不一般。如今，高墙空院已成废墟，

---

① 阀阅，功劳和经历，指功勋。

静寂的空气中散发出一丝丝人烟余温的无奈。据邻居方建东说，尚村方氏
为歙县霞坑方村"锦庭方"，先祖从三十里外的绩溪水云里（水村）迁入，
后裔衍成大姓。

方仲为故居（登门坊）

尚村现存主要明清古民居一览表

序号	房主或民居名称	地址	建造年代	堂号	结构	保存状况	备注
1	周启正	上前街	清		三间二过厢	良好	
2	章周坤众家屋	石坦上	清	太和堂	通转楼	良好	
3	章周义众家屋	叶家巷	清	志和堂	砖木结构	良好	
4	高广成众家屋	前街	清		砖木结构	良好	
5	高氏宗祠	前街	清	世保堂	砖木结构	良好	
6	周孝飞	前街	清		砖木结构	良好	
7	许灶助众家屋	坎上	清		三间二过厢	良好	
8	周其仁众家屋	周家垱	明		上下通转，三间二过厢	良好	外观破损
9	张大苟众家屋	许家下坦	明		三间二过厢、天井	良好	

序号	房主或民居名称	地址	建造年代	堂号	结构	保存状况	备注
10	许光华众家屋	许家巷弄	明		三间二过厢、圆门阙	良好	
11	高广虎众家屋	许家巷弄	明		上下通转,三间二过厢、天井	良好	
12	许社富众家屋（许家骥）	许家上坦	清		上下通转楼	良好	
13	许氏宗祠	坎上	清	思敬堂	砖木结构	良好	
14	许守龙	坎上	清		三间二过厢、天井	良好	
15	许守灶众家屋	坎上	明		三间二过厢、天井	良好	
16	周启成众家屋	坎下后巷弄	清		三间二过厢、天井	良好	
17	王根全	坎上	明		三间二过厢、天井	良好	
18	方德兵	坎上	明		三间二过厢、天井	良好	
19	方德户众家屋	方家老屋	明		上下堂通转	良好	
20	方氏支祠	方家老屋	清	尊乐堂	砖木结构	良好	
21	唐氏家祠	坎下	清		砖木结构	良好	
22	方松辉众家屋	坎下	清		三间二过厢、天井	良好	
23	唐方红	坎下	明	爱日升	三间二过厢、天井	良好	商铺
24	方礼政众家屋（方明来）	宅后	清		三间二过厢、天井	良好	

续表

序号	房主或民居名称	地址	建造年代	堂号	结构	保存状况	备注
25	许守焱众家屋	村头	清		三间二过厢、有围墙无天井	良好	蒙童馆
26	高文众家屋	村头	清		三间二过厢、天井	良好	
27	许守忠众家屋	村头	清		三间二过厢	良好	内部受损
28	高伍贤众家屋	前山园	清		三间二过厢、天井	良好	
29	高光辉众家屋	前街	清		一间头	一般	
30	高周日众家屋	前山园	清		三间	良好	
31	高培生众家屋	前山园	清		三间二过厢、天井	良好	
32	高跃节众家屋	前山园	清		三间二过厢、天井	良好	
33	高健众家屋	前山园	清		三间二过厢、天井	良好	
34	高飞众家屋	前山园	清		三间二过厢、天井	良好	
35	周氏祠堂	宅下园	清	德恩堂	砖木结构	良好	支祠
36	胡氏家祠	高椅石	清	务本堂	砖木结构	良好	祠堂老屋
37	方仲为故居	宅下园	明	务本堂	园林式	良好	登门坊

徽州水口，常置于村头或路口，是全村风景最美的地方。尚村水口山势天然而成。西北向有枫山墩、高椅石岭山；东南向有哪吒庙后长岗山、帮坞山，两山对峙。村中三股水在水口外碓下桥处汇集，树影婆娑，涧水飞溅，可谓"泉从山骨无泥气，玉漱花汀作珮声"。因山不高，水口不够紧凑，先人在宅下园、枫山墩、板树下、水碓下、水口岸一带沿河溪两旁大

量植树，借以藏风聚气，护佑村落兴旺发达，形成了一道弧形绿色屏障，或隐或现，成为亮丽的风景线。旧时，水口有大小古树20余株，以枫树为主，还有关帝杨、榛罗树、柏树等，郁郁葱葱，枝繁叶茂，形如华盖。这些古树树龄都在三百年以上，树径大的有数人合围之粗。可惜的是，20世纪50年代，几株木质坚硬的榛罗树被伐烧炭，用于土法高炉炼铁；七八十年代，残留的数株枫树用于生产队建蚕室；而最大的那棵关帝杨，因有人高价收购用以制作鼓板而遭砍伐。当葱茏树林消失后，水口显得松散，没有了往日的生机。

村人利用水力资源，曾在水口建有上碓、中间碓、下碓三座碓屋，尤以中间碓规模最大，有四碓一磨，主要从事稻麦粮食加工。碓屋产权按股共有。因人口众多，全村碓屋（包括高椅石水碓）共有7幢。除高椅石水碓是个人独资外，其余水碓都属入股合建，有36股、24股不等。加工粮食时，根据股权大小轮值管碓，大股18天一次，小股36天一次。雨水充足时，水轮车日夜运转不停。一时轮不上且家中米面短缺的村民，可以与当值户去协商，称作"会碓"。如今，水碓仅存遗址，或卖给农户改作田舍，内外陈设较好的只有中间碓，虽残缺不全，但依稀可以看到当年的影子。

宅后溪

水碓，是最具有文化表现力的风土物件之一，镶嵌着平常人家的生活景致，也是徽州村落的一道永不衰败的风景。庞大的水碓构件，沧桑而又精练，所表现的山中情韵，所弹奏的乡土音符，所表达的思想情怀，都蕴藏着人生的哲理。这是一种充满灵气的物件：有了她，偏僻的村中顿时有了生机；有了她，僻静的水口顿时有了歌咏。徽州大多数的水碓，根据水的流量和落差大小，分上下水位两种，既用于粮食加工，也用于农田灌溉，尤其是下水位的水碓，拦水坝旁，一个庞大的水轮，在流水的冲击下，日夜不停"吱呀、吱呀"地欢唱。她何曾不是徽州人生活的见证。她缓缓地转动，那是消逝的流年岁月；她不停地挥汗，那是劳动艰辛的化身；水流轻轻拍打，那分明是一种人生的挑战。

尚村水碓一览表

序号	名称	地址	建造年代	建筑材料	结构	保存状况	所有权人
1	高椅石水碓	高椅石	民国	石木	3只碓1副磨	碓基保存，水轮车毁	胡成立
2	下碓	太子庙	清	石木	4只碓	遗址改农田	32股
3	中间碓	水口岸	民国	石木	4只碓	碓基保存，水轮车毁	36股
4	上碓	下前街	民国	石木	2只碓1副磨	转卖改菜地	24股
5	新碓	桥头	现代	石木	2只碓	转卖改建民房	生产队集体
6	对塘碓	乌石堆	清	石木	2只碓1副磨	遗址改水电站水池	山云庵
7	树林界碓	树林界	现代	石木	3只碓	遗址改砖窑	股份制

水碓置于村口河旁，冲刷的是过去的烦闷。水碓吃苦耐磨，代表着徽州人坚强不屈的毅力和意志。水碓，永不疲倦地踏步前进，代表着徽州人的一分耕耘，一分收获。徽州人头顶山峰，脚踏水路，虽然清苦，但靠山吃山，靠水吃水，能叫高山低头，河水转弯，能让水碓不断地变幻着音乐

节奏，创造出山村的乡土春色。

三　道路

在乡间，村与村相连的主干道，或纵横交错的直街拐巷，大都是石板路。行走在光滑的石板路上，迎面洒来的阳光和炊烟深深浸进脚印里。石板路，已成为乡间一道独特的风景。

尚村通往周边有三条石板大道，一条是通往高椅石、鱼龙山、下许村方向的石板大路，可达竹里、磡头，通往戈溪、金沙、胡乐、宁国、建平。这是高观义父亲高富楷于民国初年捐资兴修的，长三四里。其中，高椅石岭一段是村人周汝功捐资修建的。一条是通往程家墈、胡家、上门方向的石板路，可达胡家、伏岭、县城。部分石板路为20世纪80年代村人章浩达捐修。一条是通往松木岭、梅间及山云荆州的山间小路，随着荆州盘山公路的打通，经过近20年来不断打造，现被称为"皖浙天路"。

清代诗人黄少谷有诗咏绩溪："宿雨初晴五月天，一犁黄犊耕溪烟。行过竹院桑阴下，闲看村农晚种田。"山水因人文而厚重，人文因山水而滋润。这就是对旧时尚村人生活场景的描述。在相当长的一段时间里，村里并没有人理会外面世界的忙碌和焦虑，悠然过着日出而作、日落而息的生活。他们抱朴守拙，勤俭持家，或耕种稻菽，收获杂粮蔬菜；或与山相依，与泥土亲昵，与家人同乐，颇有一番"青箬笠，绿蓑衣，斜风细雨不须归"的桃源意境。

多 彩 链 接

云川秀色

云川水是从山云洞口流出来的，是一条绵长的小溪。云川最早是不是叫"借溪"，"借溪"是不是"涧溪"的讹音已无法考证。也许在地图上找不到，但那是安放我乡愁的地方。

云川是沉睡的美人，无拘无束地流淌着。她睡在险峻的饭甑尖岩下，睡在神秘的山云洞边。山云遮没了她的真容，森林藏匿了她的身躯。突然有一天，新安许透从荆州翻越山云岭来到了这荒芜的水溪边，开荒种地，拦水耕田，静寂荒凉的土地上从此有了人烟。周边慢慢有了人居，有了下水村、上许村、暮霞、松木岭、水屋、鱼龙山等稀落的村庄，有了烟火和田园诗境。我的始祖克光公于明成化年间从绩溪城南来到这片土地安家，取地名鱼龙山。云川周边的大小村落，多是宋元以后发展起来的，云集了方、唐、周、胡、章多个姓氏。弯弯曲曲的云川水成了这些村落的血脉！

秀色是从云川流淌出来的，细细的，柔柔的，变幻着四季风情。家住云川边，从小听惯了涧水吵闹，看惯了河滩乱石，也看透了小桥流水绵长的真情实意。在我母亲眼里，云川只能算是再平常不过的"洼坑"，最多只有几处小孩不能下去玩水的"深潭"。尽管，自尚村至霞水村首尾三里，中间高椅石、鱼龙山、松木岭、水屋还有小股涧泉汇入，在合津处的丫叉溪河床已宽至四五米了，山洪暴发涨水时一改往日的温柔，像一头发怒的公牛咆哮着往下冲，还是有些吓人。

我从小就在这"洼坑"里摸鱼、搬蟹、捉虾，哪个石洞中有鱼，哪个石洞中没鱼一清二楚。我记得，那时，碓下桥深潭很深，水是绿汪汪的，桥上桥下水落差大，水声也很大。夏天来时，小伙伴们便从附近的学校溜出来，在这里"洗浴"。再下去，有座水碓，碓主是暮霞人，我与小伙伴们常从水碓出水阙的涵洞倒爬进去，在里面龙虎相斗一番……

东山、帮坞、岱上、下街、社屋桥下的张家塥的山坡上，数百亩不规整的层叠梯田是早期先民一锄一锄开垦出来的。你看，河边高冈低谷，田塍曲曲，层层绕到山岗，不时有引水塥圳接入。人们春种秋收，伴随日出日落劳作。冈上有一片遮阴的燕竹。我记得，在竹里周氏宗祠发现的明崇祯年间《殊字鳞册》上，载有鱼龙山村田地山场土名和我祖方克光、方克成业主及佃户名字，以及明朝二次丈量的田亩数，这让我有点不敢相信。田地、山场、地名未变，却养育了数十代方姓子孙。

梯　田

鱼龙山居云川中段，是方姓聚族古村，一条小水圳把住家分为"磅上"和"对面"两部分，中央有眼"半月塘"，还有同族人九江知府方体题匾的古宅"介眉堂"和最早的"方家老屋"。村口石碑上刻着：明末，城南方克光公逆云川溪而游，见四周环山，土地肥沃，山云洞口逶迤而来的来龙山脉气势如虹，有涧泉在"龙嘴"喷涌而出，如"水龙"。此水冬暖夏凉，有鱼群在洞口围嬉。公认定此地宜居，即携家适此，名"鱼龙山"。

据说，沿着云川三四里弯弯曲曲的石板古道是尚村商人高富楷捐筑的，最初的动因是他孙子到鱼龙山玩耍时摔了一跤，触发了他的恻隐之心。他在浙江淳安开一个商铺，做杂货酱坊生意。鱼龙山岔上分水眼下边，还有一穴南宋时绩溪西坑农民起义首领汪天石的墓。原墓旁有石亭。汪天石在兵坑竹林中屯兵三十万，因起事败露被岳飞部将所杀。不过，这只是口传，没有人考证过真假！

周边一律是粉墙黛瓦的山里人家，不时有水口、水碓、社屋、石桥美景嵌入。站在鱼龙山高处岔上，上可以看到尚村、高椅石，下可以遥望暮霞、霞水一角。甑峰山下尚村，百户千丁，有山泉筑沟引圳入村，形成高低错落的数片聚落。

霞水村曾是以云川命名的鱼形村落。一条长长水街到底，人居川水两边。入口处是栏杆深潭，曾有数株古柏树和一座水碓。下河洗涤有一级级石台阶，过河劳作有一块块"水踏步"。村水口有太尉庙和太子庙，有禁碑，有古树数株，有现代美学家郭因在巨石上题写的"临水望云"四个字。两百年前，绩溪名儒方白山先生曾在村口回龙殿南北门楣上题额"山云引秀""霞水潴明"。绩溪民间盖房请"老郎"不请鲁班的传说，就发生在这里！

靠山吃山，靠水吃水。云川人世代生活在溪边，一切归于大自然恩赐，一切归于人的智慧。正如清绩溪知县高孝本在《绩溪杂感诗》中所言："山乡无所有，惟有菽粟宜。土人珍苎布，纤纤女手为。"

第三章

十姓九祠

中国历史上有三次大规模的北人南迁，其中，有91个中原姓氏先后入迁地域较偏但山清水秀的徽州。这些衣冠士族，为避战乱，选择此地作为栖息地。他们聚族而居，或数姓共处。人口迁入给徽州带来了多元的文化和深厚的人文积淀。宗族由家衍生而来，聚族成村，分支立派，承载着乡土生活的理想和文化归属。家族对于徽州人而言，有着特殊的意义，常被赋予团圆、温暖、幸福等含义。

尚村聚落虽开发较晚，但后来却成为多族杂居的大村落。北宋年间，绩溪新安许中已过三代移民的云川许姓，因人口增多，有一支分迁尚村另辟天地，明有叶（推测）、方、高、唐四姓陆续迁入，清后又有章、胡、王三姓继续跟进，各姓划地偏安一隅，筑屋立祠。随着人丁增多，彼此居住空间活动距离缩小甚至有了交叉，互动频繁，渐渐形成了彼此为邻的空间格局。人们在经年累月的生产生活中，从多姓宗族竞争、局部冲突到相互包容、和谐共处，渐渐形成一种多族共存的生活方式。这是一个古老徽州村庄独特的自治模式。

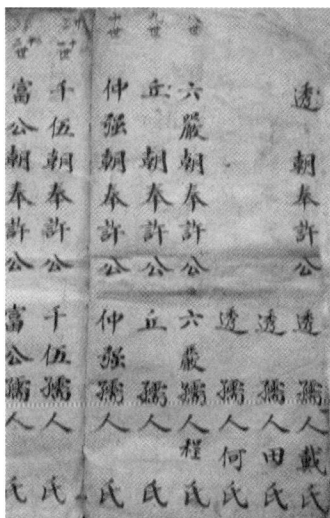

云川许氏抄谱

一 十姓

立祠和修谱，是宗族维系内在血缘关系、凝聚宗族力量的重要方式和手段。祠谱是宗族各种祭祀礼仪活动的基础。经调查，在很长一段时间里，尚村十姓均没有单独组织重修或续修族谱[①]，但村内仍有一些清明纸角簿或抄录的简谱，或保存有总祠的刻本谱牒。如，高椅石许时桃藏有民国版《唐昌荆州明经胡族谱》一套8册，张大苟藏有民国十九年（1930）版《城北张氏

---

① 2018年，尚村方氏续修支谱。2014年，尚村章氏参与了《绩溪瀛洲章氏宗谱·外迁卷》编纂。

宗谱》一套6册，高耀永藏有清光绪三年（1877）版《梁安高氏宗谱》一套
16册，清道光三十年（1850）章本德立《章氏尚村支派（宗祠）简簿》，周
青阳藏有《周氏尚村支祠简谱》一本，唐方红藏有《云川许氏宗谱》手抄简
本，唐建龙藏有抄本《莒国唐氏二分文焕派系谱》一本，章周坤藏有《绩溪
瀛洲章氏宗谱·外迁卷》一本。另外，1999年方永清编有《尚村方氏支祠
沿革史》一册，2014年章熙东编有《章氏宗谱尚村谱系》一册，2021年方
德明等人组织编纂《尚村方氏支谱》一册。一些大姓的手抄总谱也因历史久
远或其他原因被烧被毁。现将各姓来龙去脉作一梳理：

1.云川许

唐朝末年，为避中原战乱，高阳郡许氏从关中南迁新安。北宋年间，
新安许七世许透借山云岭饭甑尖之险峻，依天然山势屏障御敌，后定居绩
溪遵化乡借溪里云川村。许透三世孙丘再迁云川源头建上许村，开疆辟土。
《碙头志》依据民国三十三年（1944）尚村《思敬堂议事簿》及《云川许氏
世系总图》资料，梳理出"云川许"的世系挂线[①]：

云川许丘支

世系	人名	说明
七	透	"云川许"始祖
八	麒	生三子，长子丘、次子明、三子寿。次子明迁浙江泗安
九	丘	生六子，三个外迁，一个住传，仲宜分支后不详，仲强下传
十	仲强	不详
十一	千五	生三子，贵、受外迁
十二	富	不详
十三	十九	生三子，十一、十三外迁
十四	十二	不详
十五	大九	生三子，八、细九外迁
十六	七	生四子，只有八二下传

① 许传成、许晓骏主编：《碙头志》（中卷）第385页，内部资料，1997年。

世系	人名	说明
十七	八二	生二子,一个住传
十八	四六	生二子,千一与千五
十九	千一	生三子,五八、五九、大六下传
(二十)	(附五八)	生二子,兴一(居上许村)、兴三
二十	大六	生二子,兴二、回
二十一	兴二	生五子,电、宪、海、碗、马
二十二	电	电生五子,德完、德会、德聚、德安、德全;宪生一子德仁;海生一子醮
二十三	德完	德完字伯荣,生四子;德聚生一子;德安生二子;德全生四子;德仁生四子
二十四	寄宁	生二子,模、桧
二十五	模	生四子
二十六	明善	生六子
二十七	齐寿	生四子
二十八	禹孙	生一子
二十九	仁虎	生二子,仲详、仲伏
三十	仲伏	生三子
三十一	文进	生二子,观福、观禄(堂兄观明)
三十二	观禄	生三子,永高、永尚、永炳
三十三	永高、永尚	永高生学校、学昊、学根,永尚生学林、学献、学梅
三十四	学校、学林	学校(1783—1824)、学昊(见1825年出当麦田契约)、学林(1787—1853)
三十五	先哲、先荣、先进、先山	另先达、先德、先顺、先魁、先庆无后
三十六	贤能	不详
三十七	告化	不详

续表

世系	人名	说明
三十八	荣其	生三子,华礼、华顺、华福
三十九	华礼	华礼又名周礼,生二子,富全、富高;华顺生女富珍;华福又名周福,生一子,克勤(国兴)
四十	富全、富高、克勤	富全生一子,桂林;富高生三子,桂国、桂飞、桂朋;克勤生一子,旭,迁上海
四十一	桂林、桂国、桂飞、桂朋	桂林生二女,红、青;桂国生一子,建民,生一女,珍;桂飞生一子,宝;桂朋生二女,英、琴
四十二	建民、宝	居云川第36代

云川许到近代后多以"金、水、木、火、土"五字偏旁找字取义取名,并避免重复,均以其父辈议定,周而复始,拘习成俗。目前,在尚村的许姓家庭有40余户,近200人。

2.水云里方

水云里方为歙县北岸方村迁绩溪闵坞,再迁水云里(水村),堂号"保滋堂"。在方德明处,笔者找到了方永清1999年整理的《尚村方氏支祠沿革史》及手抄"总祠方村和支祠尚村"的纸角簿。因为方姓"沿革史"中,自"梓"至"统"辈世系是记忆"空白"。为了弄清尚村方氏这段"空白",笔者又前往本县水村找到了方诒庆。方诒庆介绍,水村原建有方姓支祠或方家老屋,称"锦庭世家",号"保滋堂",20世纪70年代,因火灾被毁。

时年79岁的方诒庆拿出了自己1954年编的"纸角簿",并提供了县城方诒庚有《水村方氏族谱》的线索。在绩溪县城水电局宿舍,笔者找到了方诒庚,并查看了清光绪十一年(1885)修的《方氏族谱》(谱名页已失)刻本。谱载,本邑十五都上(尚)村方姓来自歙县北岸镇方村保滋堂。方村进公先移居绩溪闵坞,传两代,其长孙长忠迁十五都础头党坑,次孙伏忠(广师公次子)迁绩溪水村。水村旧名"水云里",故水村方姓也称"水云里方"。

伏忠公生梓凤、梓应二子。梓凤留水村。明英宗正统年间(1436—

1449）①，锦庭方五十四世祖梓应公迁尚村，落脚宅后，成为尚村方姓始祖。梓生二子，张志、柏寿。柏寿生子仲为、仲琪。仲为生二子，积福、积美。世系为：梓（五十四世）、大（五十五世）、仲（五十六世）、积（五十七世）、法（五十八世）、福（五十九世）、统（六十世）、绪（六十一世）、承（六十二世）、宗（六十三世）、德（六十四世）、诒（六十五世）、谋（六十六世）、启（六十七世）、仁（六

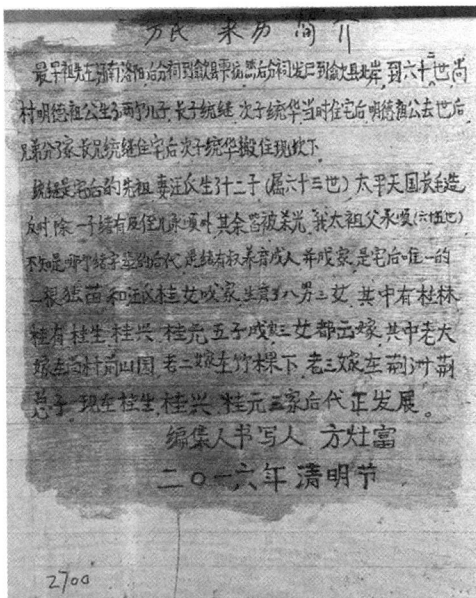

方灶富立《方氏来历简介》匾

十八世）、英（六十九世）。清顺治末，尚村方姓人丁兴旺，民间有"十八条柴担出门"②之说。据方灶富回忆③，六十二世（明）德祖公生二子，长统继，次统华，住宅后。因"宅后域小，居所奇缺"，弟统华搬至坎下。统继娶妻生十二子。太平天国运动期间，除子绪有及侄孙承顺外均遭难。其太祖父承顺（六十五世）是绪字辈的独苗，娶汪氏桂女，生八子三女，后裔枝脉繁盛。统继、统华在坎下建支祠"尊乐堂"。辈分仍以歙县方村派总祠排定的"统绪承宗德"为序，并加"泽薄自周宣，仁声世仪式，道学守家传，忠孝培国极"20字承接。尚村方姓"德"字辈大多健在。2018年，尚村方姓尊乐堂重新续修《尚村方氏支谱》。宅后方氏一支未独立建祠，只在阁楼设有香火堂。

---

① 明英宗朱祁镇（1427—1464），是明朝的第六位皇帝。先后用过正统（1436—1449）、天顺（1457—1464）两个年号。死后谥英宗睿皇帝。

② 指男性劳动力众多。

③ 方氏老屋楼上香火堂，有方灶富写在木板上的《方氏来历简介》。

解粮官方仲为

明嘉靖年间，我国东南沿海一带倭寇猖獗，当地民不聊生。朝廷为抵御敌寇，发榜文募兵，以充实军队。时尚村宅后青年方仲为，恰在徽州府码头谋事，闻讯毅然投身从戎，投奔至闽浙总督胡宗宪麾下。因身高力大，作战勇猛，屡立战功，又因诚实守信，方仲为被统帅部赏识，升迁至后营解粮官，专门负责押运粮草。军马未动，粮草先行。每次作战，方仲为都尽心尽职，出色完成任务，从未贻误军需。从军15载后，战事消停，仲为解甲归田，荣归故里。

为旌表其军功，朝廷特赐其10亩土地建宅院，并敕建登门坊一座。虽历经数百年风雨，院内两幢坐北朝南的通转楼一字排开，楼前水榭曲桥，树木成荫，仍不减当年风姿。门坊虽不宏伟高大，却也玲珑精致，别具一格。大门开八字，宽3米。门楼两边各有飞檐翘角，上方有15块阴刻祥瑞兽纹的特制长砖，用以纪念仲为从军15年；门阙的下方，设有一块高30厘米的青石门槛，意指官家门槛较高。如今，该门坊残缺破损，但仍存原址。

据说，解粮官仲为公的墓就在大宅院的东边山脚。20世纪50年代，因本家方遗法建厕所，需迁此墓，打开墓穴，见棺内官服依然华丽，其胸前金丝兽纹闪烁，但用手触碰即成灰。现时间久了，墓碑也找不到了。（方德明口述，2014年4月25日）

3.瀛洲庆公派章氏

瀛洲章氏世居福建浦城，后迁至浙江昌化览村。宋宣和二年（1120），瀛洲始祖章运"往来父兄官邸，道过瀛川，爱其山水清胜，因置田庄"，遂奉祖母刘太夫人、母徐夫人迁居焉。章运先是在瀛洲的油坑落脚。此地距现在的瀛洲村约一公里，即后来的光明厂旧址一带。数世后才陆续搬迁至瀛洲村。在周青阳家中，笔者找到了清道光三十年（1850）章本德立《章氏尚村支派（宗祠）简簿》、2014年章熙东编《章氏宗谱尚村谱系》，并赴瀛洲找《绩溪瀛洲章氏宗谱·外迁卷》主编章基丰先生进行了核对，基本厘清了尚村章姓的来龙去脉。尚村章姓，来自伏岭镇西坑，属绩溪瀛洲章庆公派西坑瑞洪公一脉，十八世庭德公生四子，如堂、如契、如武、如甫。如甫（19世）生四子，国钢、国金、国链、国槐（二十世），四人均从西坑新店迁尚村的高椅石，清雍正八年（1730）再迁上村板树下定居①。在章基丰主编的《绩溪瀛洲章氏宗谱·外迁卷》第112页中有如下记载：国钢，一名美德，耐劳任怨，笃志成家，康熙五十七年（1718）徙居校（高）椅石。雍正八年（1730）迁居上村，乃于板树下建屋三间，奉祀祖先，亲题"孝、悌、忠、信"四字于其左，垂训后人，今此支称"四德堂"。清中期，章姓人丁鼎盛。如章自镜这一脉有五子、十八孙，号称尚村"章氏十八杆秤"。由此推算，章氏尚村已有300余年了。

太和堂与章姓八大户

尚村章氏分上章、下章。下章祖屋，堂号"太和堂"，为清同治十一年（1872）所建。"太和堂"主人章自镜，名宪福，字以成，号协和，生嘉庆辛未（1811）闰三月二十一日，卒光绪丙戌（1886）三月初八日。娶黄甲村胡有炎之女胡妹玉为妻，生五子：培椿、培楮、培楮、培楷、培榴。这一门出了四个登仕郎②，包括其祖父士泅公、父亲为榴公、子培稽公，官职不大但也风光一时。章自镜在徽州屯溪做信客生意，开邮班，因为和气友善，助人为乐，被恩赐登仕郎。

"太和堂"建筑格局为六部通转楼③，上下堂，前后进（或前后堂），底层正房六部，天井两个。其平面系列为大门、天井、左右过厢、下堂前、左右正房（各两间），此为前进；隔照壁为后进，包括天井、左右过廊、后堂前、左右正房。楼梯设在前进或后进一侧。前

---

① 章新如主编：《绩溪西川》第53页，内部资料，2014年。

② 登仕郎是文职官员的官阶称号，在清代为正九品，也可以通过封赠获得。

③ 徽州传统民居至今保留着明清建筑风格，从平面结构看共有六种不同建筑风格：三间二过厢；岭南通转楼；两种"回"形六部通转楼；"月"形八部通转楼；"目"形八部通转楼。这些房屋形式由明代规定的庶民住宅演化而来。位于上庄的胡适故居便是"回"形六部通转楼的一种，由两幢两层楼加两厢房和墙体构成。

进大门后，一般有仪门屏风。楼上通转。室内有倒爬狮、格子窗等装饰。可谓屋宇宏大，富丽堂皇。"太和堂"匾为光绪年间所立。当时，自镜公在徽州一带做生意，经济富裕后，在现在的章家坦花360块大洋购得地基，主建结构为六部通转楼，占地面积约1500平方米。后院整齐排列十几个厨房，还有众多平房附属屋。八房子孙，五代同堂，二三十户人家生活在一起，济济一堂。民间有谚："太和堂，石门楼，倒爬狮。前进加后进，上堂加下堂。前井加后井，前坦加后坦。"一时间，"太和堂"成为本派宗族公共活动场所，每到春秋两季祭祖，都要在正厅悬挂祖容像、紫微星像，子孙依次祭拜。现主体建筑保存完好。

那时"太和堂"在外村有祖田，说在霞川、西坑等村子都有"太和堂"祖田（俗称清明田），秋收就去收租谷，每年要收1000多斤稻谷，存放在楼上仓里。每年祭祖完毕，就把谷子分给族人。祭祖前各家各户都准备了各式各样的糕点、花生、瓜子、冻米糖等，装到鞋盖或者茶盆里。祭祖是神圣的也是非常热闹的。太和堂祭祖活动从清中期一直持续到20世纪70年代。20世纪80年代末，章氏子孙把"太和堂"的物什都各自拿回家保管着。

自镜公五子十八孙，后裔都是靠手艺吃饭的生意人。第五房培榴，又名华有，育八子一女：长子钟信，二子钟俊，三子钟傑，四子钟儒，五子钟佳，六子钟仪（无后），七子钟修，八子钟候；女荷仙。钟字辈八兄弟，取字单人旁（下辈为"渭"字辈，因寄名霞水村周王庙中周王老爷，取字"王"字旁，例如渭球、渭珉、渭瑛、渭瑾等）。章氏八兄弟一律出门经商，先后前往杭州学做生意，多数从事糕点行业，从学徒做起，靠手艺吃饭，个个都成为杭州"五味和"糕点店铺的大师傅。以前过年，全村人吃的糕点都是"太和堂"专供的，久而久之，八兄弟在老家名声愈来愈响，人称"章姓八大户"。

八兄弟及后裔做生意小有成就，承继徽州传统家风，富裕了不忘公益事业，灾年捐粮，遇病送药，修桥铺路，都是常有的事，被传为

美谈。后辈人中多以耕读为业，各行各业都有出色人才。（根据章本岩等人口述整理）

4.梁安高氏享公派

唐乾符二年（875），高崇文5世孙高戬出任新安绩溪县令，因黄巢战乱不能返回原籍，故留居绩溪，成为绩溪梁安渤海郡高氏始迁祖。尚村高耀永藏有清光绪三年（1877）版《梁安高氏宗谱》一套16册。谱由高富浩主修，周赟协修。该谱记载，梁安高氏主要分布在绩溪县城①、横形、祝三等地。元朝时，二十四世祖四二公，有庆、享、丙、祥、顺、熙六孙，衍分六派。梁安高姓二十八世祖荣继公于明正德五年（1510）迁十四都西坑，两代后约隆庆年间（1567—1572），享公派第三十世祖②世用公从西坑迁往尚村，故属于享公派，谱中还有三十四世祖汝宁公五子士□娶汪氏的记载。依清光绪三年（1877）版《梁安高氏宗谱》中有关县城高氏宗祠建祠"上村捐银八人"的记载推算，迁尚村时间应为明中期。根据高豹生父亲高彰贤1989年整理的《清明祖宗簿》，由于始迁祖世用公后六代失传，尚村支祠奉高大宾（三十七世）为高祖，其后的排行是：美（三十八世）、富（三十九世）、彰（四十世）、秉（四十一世）、耀（四十二世）、广（四十三世）、道（四十四世）、传（四十五世）、家（四十六世）、学（四十七世）。高彰贤在《清明祖宗簿》中介绍，尚村高姓分磡下、磡上、前街、村头四派。高氏宗谱辈分排行表中，从43世开始有"妇排行"和"女排行"。"妇排行"为"淑顺春华秀贞庄玉质清芳仪和娣姒荣贵宝徽音"，"女排行"为"翠琬琳珊璧兰荷桂菊莲娇娥文凤彩珍爱润珠圆"。高姓后来居上，人丁极旺，现有70余户，号称"忠武世家"，成为尚村的大姓之一。

---

① 绩溪高氏宗祠，后被毁，原址在今县城北大街老人武部内。

② 光绪三年(1877)版《梁安高氏宗谱》第三卷。尚村高氏始迁祖为30世世用公，因为37世前失考，民间就以三十七世"大宾"为高祖，但宗谱中没有找到"大宾"名字。

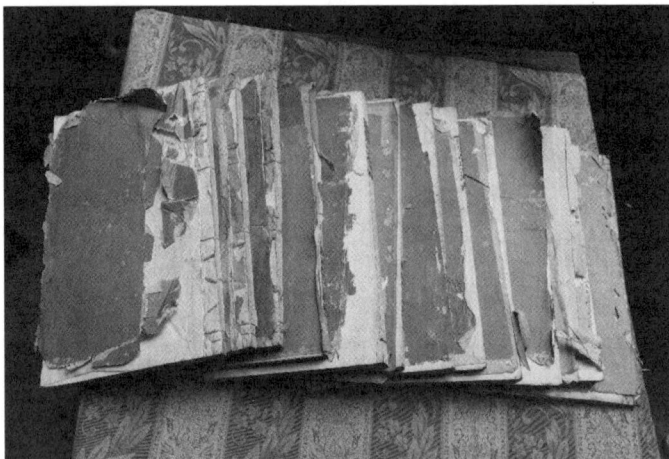

尚村《梁安高氏宗谱》书影

航天专家高锦龙

高锦龙是土生土长的尚村人，生于 1934 年 12 月 9 日，卒于 2012 年 8 月 22 日。祖父高富楷，祖母方青梅。父亲高观成，母亲汪玲仙，生子锦龙及二女。

锦龙出生在经商世家，但时局动荡，民不聊生。祖父两代人重视读书，由于条件有限，锦龙在离家四五里路的竹里村拜师上私塾，小学就读于本村，初中就读于绩溪中学，高中随叔彰如在浙江安吉就读。1954 年考取上海交通大学，1956 年转到成都电讯工程学院（今成都电子科技大学前身）。1958 年毕业分配至航空工业局工作。高级工程师，在第四总体设计部精密设备研究室工作，后任该研究室主任。1984 年 9 月，因工作突出记三等功。1988 年 7 月，研究 SC-500 多功能呼吸机技术有突破，荣获国家科学技术进步奖三等奖。1988 年 12 月，"以三大型号为主各项工作中成绩突出，特记二等功"。1990 年，获"二院优秀科技工作者"称号，同年 10 月，被北京海峰电子新技术公司聘为海峰科技进步奖评审委员会委员。1992 年，从事国防事业 30 年，获中华人民共和国国防科工委颁发的"献身国防科技事业"荣誉证章。1993年，获中国航天工业总公司颁发的"航天创业荣誉证书"。1992年、1993年、1994年、1996年，先后多次被评为"优秀共产党员"。1997年退休。退休后，与人共同出资组建了北京康都医疗器械有限公司，任执行董事。

锦龙娶妻宋雯炎，上海人，是其大学同学，在同一单位工作。生二子，长子高宜明；次子高宜兵，毕业于上海交通大学。

5.莒国唐氏二分文焕公派

绩溪唐氏分两支两次迁入。宋淳熙三年（1176），唐汝淳任绩溪教谕，从福建莆田登云乡信和里迁居绩溪城北崇贤坊，后人称"绩北唐氏"。在县城内城隍街建有宗祠。纂有《绩北莒国唐氏宗谱》6卷。明初，又有一支，唐讨得从徽州府（歙县城）南街迁入，居城内。唐姓是尚村小姓，现有3户，编有分派族谱。笔者看到的是唐建龙藏祖传二十一世学法（明安）公《莒国唐氏二分文焕公派系谱》手写稿谱，共28页。该谱有"叙"，录之如下：

从来族谱之修所以敦一本、序昭穆、别尊卑也。夫族皆有姓，而姓必有所自始，如我唐氏于帝尧封唐侯，于陶邱号为陶唐氏。后即以国为姓。此我唐氏受姓之始也。至周成王以桐叶与小弱弟戏而封叔虞于唐，今之山西太原府即其地也。厥后子孙繁衍拓布星居，所在多有故族，之发祥始于闽之莆田旭公，为江西建昌府刺史。旭公生以改公，以改公生志权公，为杭州府金判。志权公生永宁公，知山东青州府尹。永宁公生汝淳公，于宋淳熙三年（1176）授绩溪县儒学教谕。时当南渡兵乱，扰阻不能回籍，遂家于绩东之崇贤坊。嗣又择里而居，由东而北，以立万世不拔之基，所以不以旭公

《莒国唐氏二分文焕公派系谱》书影

为一世祖，而以汝淳公为一世祖者，以其始居于绩溪也。至于春秋祭祀而仍以旭公为始者，以其近而知之也。旭公以上虽有统系，而我族于前万历丁酉年（1597）纂修统系，抄录刻刊冠于本族图之首者，以俾后之子子孙孙不必查阅福建宗谱，庶可一览自得，以悉木本水源也。其另为一册，而名之曰"古系图"者，以别我族之自始也。

我派十五世祖希毓公，由绩邑复迁十五都上村，至十六世祖应祥公元孙广公，分居休邑临溪已有二世，子子孙孙，枝蔓益茂，咸赖祖宗高源之厚，积德之深，而有润乎！今日后之人，有继此谱间世而一抄之者，则由支溯派，从派溯源，以世继世，脉脉相承，宁不可以敦一本、序昭穆、别尊卑，永永而不紊也哉。

由此可知，尚村唐氏祖籍福建莆田，一世祖汝淳公于宋淳熙三年（1176）任绩溪县儒学教谕，时当南渡兵乱，扰阻不能回籍，遂家于绩东之崇贤坊（仁慈乡义兴里永丰市），即在城门之北的大徽村。后人在县城城隍庙西侧建绩北莒国唐氏宗祠（其址在今县幼儿园处）。越五世，复享公生四子，分仲敬、仲启、仲明、仲德四派。仲启生子子彰（长房），子彰生子二。八世祖文焕（1375—1452），生三子。推测在明嘉靖年间，十五世祖希毓公从绩邑迁十五都上村宅下园，配周氏，生三子，谱中生卒俱缺，葬西坑株树岭脚。周氏葬上村宅下园。至十六世祖应祥、应誉、应绅，又分三脉。应祥生三子，启锦、廷柱（外迁休宁）、玉混（早卒），启锦为十七世祖。启锦生五子，朝江、朝汉、朝河、元科、元相，为十八世祖。谱中有元科"生于万历乙酉年二月"、元相"生于万历戊寅年九月"记载。因此，希毓公作为尚村

唐姓香火堂

唐姓始祖，迁入时间推测在明嘉靖年间①。其后为如（十九世）、广（二十世）、学（二十一世）、献（二十二世）、廷（二十三世）、昭（二十四世），及世、德、大、家、邦、锡、元、建、树、良、宗、成、天、端、立、振、裕、国、徽、光，现已发脉至三十七世左右。

旅台作家唐铁仕

唐铁仕，又名周永，尚村坎下人，生于1921年。父亲唐献琰，行名廷仲，母亲程庆月。因日寇入侵，年仅16岁的唐铁仕毅然从军，投身抗日名将孙立人将军麾下。1942年参加"中国赴缅远征军"进入缅甸作战，转战印度。1946年复员返家，并在宁国胡乐小学教书。

1947年，唐铁仕随孙立人将军赴台湾接受军事训练，后弃武从文，毕业于台湾师范大学。大学毕业后，继承了尚村人的职业习惯，一直在台北市各中学任教。唐铁仕在台娶妻陈缎，生子文秀、文采，女秀琴、秀兰。唐铁仕曾两度携家属返乡探亲，追寻儿时的踪迹，并请来电影放映队播放电影报答父老乡亲。放映前他还即兴吟诵唐代大诗人贺知章的名诗："少小离家老大回，乡音无改鬓毛衰。儿童相见不相识，笑问客从何处来。"

唐铁仕于2015年11月6日在台湾去世。著有《野人山之恋》《伊洛瓦底江畔》《种山人家》《怀旧忆往》《唐铁仕散文集》《绩溪的山泉》等，其中有对故乡尚村山山水水的深情描绘与思念。

6.绩溪城西周氏

唐中和元年（881），周垚官歙州刺史，秩满，值黄巢之乱，隐绩溪十一都虎头山，后人称其地曰"周坑"。垚公有三子：固、国、困。二子名国，一名奕。在长房迁歙，三房迁竹里后，二房国公"以中男代长子，守

---

① 根据《莒国唐氏二分文焕公派系谱》十八世元科"生于万历乙酉年二月"，元相"生于万历戊寅年九月"记载，十五世"希"字辈至十八世"朝"字辈相隔三代推测，希毓公迁尚村时间有可能在嘉靖年间。

《绩溪城西周氏宗谱》
（卷九）书影

周坑庐墓"。后国公三传至守玠公（五世）迁湖里。十三世云龙公迁绩城西市，为绩溪城内周姓之始祖。最初，笔者在周启武家看到了《绩溪城西周氏宗谱》谱箱，里面装着一尊塑像，可惜，谱不知下落。经查，这套刻本《绩溪城西周氏宗谱》，前首与卷一合一册，共21册。清光绪戊戌年（1898）始重修，乙巳年（1905）告竣。编辑为周之屏、周赞贤等。周赟为之作序。后来，笔者在周青阳家看到了手写《尚村周氏家族纸角谱》。谱中介绍，尚村周姓来自县城城西，为垚公二房国公五分世以俊公下一鹤

派世系。根据推算，时间大致为明末。城西周氏二十三世祖伯寿，讳锐公，生三子，仲爵、仲良、仲达（出继）。仲爵（24世）公因经商路过尚村，见帮岭前（小地名）为风水宝地。谱中明确仲爵公为"上许村支祖"。周青阳告诉我，谱记录了仲爵公之子一鹤公以下挂线。仲爵公，字懋仁，娶舒金伦、陈凤娥、胡玉莲为妻，生四子，长为一鹤，次为一鹗，三子为一雁，四子为一鸥，分四房，各房建有老屋。辈分为：鹤（二十五世）、泰（二十六世）、祉（二十七世）、瑞（二十八世）、广（二十九世）、承（三十世）、锡（三十一世）、懋（三十二世）、汝（三十三世）、其（三十四世）、起（三十五世）、秉（三十六世）、善（三十七世）、象（三十八世）等。19世纪初，周姓懋（三十二世）、汝（三十三世）辈在宅下园下首建支祠。现有17户，人口五六十人。

7.绩溪北门后巷张氏

尚村张氏为江西婺源甲道满田派后裔。唐僖宗乾符年间（874—879），彻公随父徙居歙之篁墩、广明，其后又转徙星源甲道（即甲路），是为甲道张氏始迁祖。彻公，字君胜，又字克明，号大三，有3子10孙23玄孙，有五世孙76人。彻公五世孙为"延"字辈，延皸公迁婺源幕山，延皸公五世孙汝舟公于北宋仁宗天圣六年（1028）自幕山迁居歙南满田，开创歙邑满

田派张氏。南宋初，张八五、张万二从歙县迁家绩溪县北门。八五公以下族众，渐次繁衍，主要分布在十五都横山坞、周村、岩下、梓舍干、胡村、田干、尚村、礔头，四都蒙坑及县城等。清咸同年间，为躲避乱战，张德俊迁尚村躲避，落户东山杨柳树凹尖洋山上，为尚村张氏始迁祖。

张大苟告诉笔者，张德俊兄弟二人，兄从县城迁伏岭镇胡村落脚，另一支是弟张德俊从县城暂迁伏岭东干后再迁尚村。德俊生子厚新，厚新无后。胡村传起公生二子，就将次子士铎过继给尚村厚新为嗣。士铎是大苟的祖父，生子永正，永正生大苟，功字辈，因寄名太子老爷，取名太苟（大苟）。大苟生一子明辉，孙子子强为裕字辈。现尚村只有张大苟和张有木、张大光堂兄弟三户。张氏祠堂建在胡村，旧时尚村张氏要去胡村祭祖。辈分"德厚传士永，功大裕家邦"。老人藏有一套完整的民国十九年（1930）版张永年等修绩溪县城北《张氏宗谱》，共八卷六册，编号"收"字号，领谱人是上村庆林和士铎。在邻村霞水村张大谋家，笔者看到了同样的一套八卷六册《张氏宗谱》，谱内有"绩北城后巷"字样。

《张氏宗谱》书影

8.荆州三余堂明经胡氏

高椅石在尚村北隅，因村边有巨石状如靠椅而名。现胡姓只有三户。在高椅石许时桃家里，笔者看到了用木头谱箱装着的民国版《唐昌荆州胡氏宗谱》八册。谱中介绍，胡昌翼（904—999），为唐昭宗嫡子，遇朱温之乱，从婺源考川义父胡三姓，即李改胡。胡昌翼学登明经科进士，隐居教授。后人为区分于陈胡（安定胡），定族号为"明经胡氏"。胡昌翼有三子，长子胡延政一支迁往绩溪县等地，次子胡延宾一支迁往歙县紫阳、汪岔等地，三子胡延臻一支世居在考川。绩溪上胡家胡氏源出昌翼三子延臻之孙胡起岩，官宣城太守，由婺源考川迁居绩溪石京。延臻孙胡兴仁移居荆州，后衍为上胡家大族。胡兴仁生五子，所建宗祠称"五义堂"。

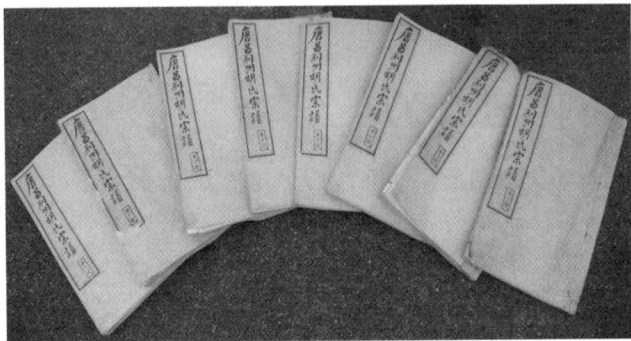

《唐昌荆州胡氏宗谱》书影

谱中夹有一份民国八年（1919）的《合修族谱协议书》。根据协议内容，该谱为荆州中胡家"三余堂"主修、高椅石"务本堂"会修。"务本堂"是高椅石胡姓的老屋堂号。这说明高椅石胡氏与荆州中胡家"三余堂"有关。经请教荆州上胡家胡子光先生，他查谱后告诉笔者，高椅石支胡姓属明经胡，始迁祖胡廷育（三十一世），于明末来自歙东芳塘村，初期暂居绩溪纹川（伏岭下），不久转迁荆州（金川）中胡家村。越三代，应是在清初，胡启弘（三十四世）迁入谱中所言"鱼龙川"（即高椅石）①为婿。启弘后裔仍复胡姓，已历10余代。务本堂排辈：遵、应、焕、忠、良、学、能、成、其、明、广、达。现人口20余人。有民国八年（1919）胡成馥《荆州胡氏续修宗谱序》为证：

荆州胡氏续修宗谱序

木本水源弥深，追远之绪史编谱牒实树稽考之基。盖枝叶之扶丽，须先固其根本，水流之溥远，务必浚其源泉。

---

① 高椅石，旧名鱼龙川。与鱼龙山村仅隔千米，田地相邻，有川绕村入鱼龙山村，故以川为名，即鱼龙川。

考政治之得失，乃有史编之著述，稽姓氏之源流，始有谱牒之编纂，故谱牒者所以上承先祖下贻后嗣者也，顾谱牒虽经纂辑，历年久远，不加重修，长老云亡，子孙散处，姓氏源流稽考无自闉族彝伦于斯衆矣。吾族自芳塘三十一世祖廷育公始迁绩东石纹，复迁昌西荆州中胡建厥及家，仅有四传，及三十四祖启弘公入赘鱼龙川，转徙石旭为家，其间父作子述，历年数百，曾于康熙乾隆两朝而谱牒之会修于歙东芳塘两次矣，迄今一百五十九年未得继起续修之人也。

今诸父老会集族人，就在荆里开始续修，爰将昭穆尊卑而续缮之，诚吾族之盛举也，然则谱牒昭之偕史编而并著云礽继之等。瓜瓞而常绵，咸诸父老之功也！成馥生长龙游，投身军旅服务国家，吾族事迹茫无所知，前接家君函，始悉诸父老命予作序，不揣谫陋聊就续修宗谱之义，约略言之，是为序。

时

中华民国八年岁次己未夏月

裔孙成馥谨序

9.扬溪口王氏

绩溪历史上的王姓，分四支四次迁入。扬溪王氏，由六十二世祖禄公，于宋乾德六年（968）由祁门县山口迁绩溪一都际坑口王家坞。至六十五世祖王成，转迁扬溪口，人称"扬溪口王"，建有王氏宗祠"叙伦堂"。在绩溪城内，有支祠"德善堂"。在九都翚溪口，有支祠"敬爱堂"。宗谱于清乾隆二十四年（1759）与龙溪王氏合修。清道光二十年（1840）扬溪口王氏复修了谱系，民国七年（1918）续修。王姓是何人迁往尚村，待考。

《绩邑扬溪王氏宗谱》书影

笔者走访了尚村79岁的王观仙老人（嫁在本村，高姓儿媳）。她回忆，尚村王姓是从扬溪马路边很小的王氏祠堂里分迁出来的，具体年代和辈分不知。尚村王姓历代经商，村内有三脉，后裔多从商外迁。王氏香火堂设在老宅楼上，现已售给本村方德兵。现存一支是王立高，生子王家清。王姓族簿只剩两册，1984年由她移交村里王家清保管，因为王家清房子转卖，现下落不明，故脉络不清。家清生子根全、根义。王立高曾在汉口做生意，回家后还在本村开过烟酒店。王观仙的父亲王周秉，在宁国东岸桥头铺做生意。尚村第一座砖木结构三层楼出自王家。王姓中有两个重要人物，一是著名碓匠王周保，生前带了许多徒弟。一是民国时当过尚村保长的王善培，绰号"好善培"。

10. 李姓

绩溪有庄川李氏。根据汪琴鹤《徽山余韵》一书介绍，李善长（1314—1390）原籍定远，曾隐歙东，继而助明太祖开国。侄李思和，被明太祖召掌徽州府官民令事，后加掌兵部尚书事，洪武四年（1371）归乡，卜居华阳转九都庄川。李思和为迁绩始祖，称"庄川李"。明嘉靖年间始纂族谱，清嘉庆年间始建宗祠"敦本堂"。由庄川迁往他乡的有：一是李思和兄李思明，于洪武年间迁高枧，衍为高川李氏，已立祠修谱；二是李善长第三子李思贵，明初迁绩溪十三都石纹桥，后成石纹桥李氏；三是李福浩，明嘉靖年间迁十五都中坞，后成呆川李氏。

尚村李小保是民国二十年（1931）左右乌石堆圣恩太老和尚从歙县南乡抱养来的。初住乌石堆寺内，为寺内杂役，后出家，还俗后生子云武、云辉，女红眉、红平。20世纪90年代因生活不便，移住尚村女儿家生活。

采访村人高灶甫时，他说尚村原有叶姓，证据是村中仍保留了"叶家巷"这个地名，其定居时间或比许姓更早。如果这个推测成立，尚村建村时间又可向前推进若干年。

二 九祠

尊祖必叙谱牒,敬宗当建祠堂。徽州村庄最主要、最显目的建筑一定是祠堂,它是村落文化的灵魂。其建筑规模格局等次,一方面对应宗族政治地位和经济水准,另一方面对应宗族文化成熟程度。

由于尚村山高地偏,交通不便,土地贫瘠,人口繁衍相对较慢,村中各姓各族经济发展并不均衡,总体实力单薄,且迁入居民多为周边或邻近村落分迁,宗族支派威望和人丁实力不够,不足以脱离总祠而独立,造成尚村祠堂等级规制不高、格局规模相对较小,且祠堂多以支祠老屋为主。支祠隶属总祠,堂号、世系、排辈、族规等均遵其总祠。

尚村"十姓九祠"从严格意义上说,只有"十姓六祠",有唐、张、王三姓及宅后方氏一支因未建支祠老屋,均在居住房屋阁楼设"香火堂"或称"祖宗堂",祭祖追思。李姓未设香火堂。

1.许氏宗祠

许姓原有简易的"许氏老屋",地点在现祠堂的后进一半,直到清末才另行选址建三进的"许氏支祠"①,堂号"思敬堂",旧有"投苏世家""追远"两块堂匾,砖木结构,占地面积226.64平方米,厢房41.6平方米,没有雕刻装饰。整修后的许氏宗祠,前檐口大挑檐构成一米长廊,门阙为民居式落檐。祠中最有历史价值的遗存是挂在北面墙上的两幅用矿物颜料手绘的地图,一幅是《世界地图》,一幅是《中国地图》。据唐方红女士考证,这是碃头村许家浩(涧洲许氏十九世"家"字辈)老师手工绘制的。其中,钓鱼岛、蒙古均在中国版图内。这是民国抗战期间,尚村人、绩溪中学校长许家骥临时所办"中山学校"的教学用具。

---

① 周赟编纂《梁安高氏宗谱》尚村村图中,有"支祠"标识,应为许氏支祠。

许氏宗祠

2.方姓祠堂"尊乐堂"

方姓从伏岭水云里（水村）分迁，源出歙县方村"锦庭方"，在尚村属大姓之一，原在宅后建有老屋，堂号"德本堂"，后因兄弟不睦，65世统继、统华兄弟出来另立祠堂，称"方氏支祠"，堂号"尊乐堂"。支祠建于清康熙年间，一进，面积约51平方米，祠前有面积五六十平方米的"祠坦"。光绪十八年（1892）重修。土改时，祠被生产队征用。1994年，返还方氏族用。1999年，族人集资在原址上重修，保存了一只清光绪年间的旧香炉。2007年，因右向一墙外民居失火，殃及支祠，故又进行了整修。2018年，尚村方姓"尊乐堂"重新续谱，并整修了支祠。

方氏族人历来重视读书修德，以"传家要在勤和俭，守己常求忠与信"为家训，倡导"父慈子孝，兄友弟恭，夫正妇顺"家风，践行"气必正、心必厚、事必公、用必俭、勤必端、言必谨"处世原则，这些都被制成柱联嵌在祠内，供族人牢记践行。

方氏尊乐堂谱序

元末明初，有五十四世梓应公者，自绩溪水云里涉步驻足上许村宅后，见此倚山傍水，风水极佳，遂择傍临山脚坐北朝南筑舍定居，是为锦庭方氏尚村之始祖也。此后数代皆融入尚村诸姓，辛劳垦荒，躬耕田土为生矣。明嘉靖时，海倭猖獗，朝廷发檄募兵。五十六世仲为君者，年方二十，应募从戎，投身闽浙总督胡公宗宪麾下，迎战骁勇，帅赏之，升任军需，司职前营解粮官。鞍马一十五载，解甲归田，为旌表其功，特在居所庭前敕建"登门坊"一座。清顺治末，族众人丁兴旺，曾有十八条桫担齐出"登门"之盛。因宅后域小，居所奇缺，故有六十二世明德公之二子统继、统华兄弟移居坎下高姓屋前，建房分居，继而合建小巧玲珑方氏支祠，定名"尊乐堂"。为解决支祠涉外事务资费，故在大榨丘辟田三亩余，佃归本族各行耕种，收获谷物，交四成归支祠支配。

其时，吾尚村方氏从总祠领取辈分至"统绪承宗德"将用尽。故由承、宗辈长者合议，续取二十字作为承辈分，即"泽薄自周宣，仁声世仪式，道学守家传，忠孝培国极"，以供后辈承接。吾"尊乐堂"数代皆以农耕为主，兼营工匠，勤俭度日，直至上世纪三十年代才走出第一位大学生即德和公。嗣后益重耕读。德字辈中有三人学成从教终身，即德和、德友、永清三公，育有桃李无数。德林公师出班门，技艺超群，曾主持多处祠宇、寺庙修建，皆获赞声。新中国成立之初，百废待兴，急需人才，方氏有三才俊为政府选中录用，即德涛、德璋、泽木三公，分别就职粮贸和政法系统，颇有誉名。……因我姓宗谱遗失无下落，修祠同时由永清、德友、遗华三公在仅存数页残稿中凭记忆辑编简谱一册，以应急需。尔后四年间，支祠两邻相继失火，房屋夷尽，支祠却未损。众坊间皆言：汝祖阴德有佑也。故于一九九九年集资重修加固，众亲踊跃捐资投工，终成现貌。

历史已翻开新页，科教兴国知识为先。只十多户方姓后裔，就有二十多人从高、中等学府学成结业，更有佼佼者获博士学位，凭专长就职，各领风骚。改革开放后，余众青壮纷纷走出家门，外出打拼，或经商、或务工，在异地创业发展，大多在外成家立业，开枝散叶。

我方氏严谨家风家训，历来早就蕴于祖辈的名讳之中，或题于宗支祠楹联，实属另具一格，以供遵循沿承。

　　时逢盛世，神州涌动寻根溯源之春潮，故族人齐议重修族谱以传后世。修谱旨在缅怀先祖之丰功伟绩，秉持严谨之家风家教，启迪后辈永不忘初心，在任何时代的洪流中一直正步走。

　　本谱序敝有遗误，不吝斧正。

南派六十七裔孙德明恭谨撰文

公元二〇一八年初春月

《方氏支谱》发放现场

3.章姓"四德堂"

　　章姓"四德堂"为瀛洲章庆公派①。康熙五十七年（1718）始祖国钢公于西川上店迁尚村高椅石，雍正八年（1730）入迁尚村，在土名板树下建屋三间。国钢公亲题"孝、悌、忠、信"四字家规于厅堂，以垂训后人。国钢公生五子，士添、士洒、士淇、士汶、观惠（幼夭），衍四房，长房现在还有五户，二房现在还有五十余户，三房现在还有一户，四房已绝。士洒公是清登仕郎，生三子，为桢、为榴、为汉。为榴，生三子，自河、自镜、自庸。自镜（清登仕郎）生五子，培椿、培楮、培槠（清登仕郎）、培槽、培榴。尚村保存完整的章氏"太和堂"为自镜公于清同治十一年（1872）创建。

---

　　① 章基丰主编：《绩溪瀛洲章氏宗谱·外迁卷》第112页，内部资料，2014年。

章氏支祠

民国二十九年（1940），章氏族人钟任、渭善、渭杏、渭达、渭正、渭璜等倡修支祠，捐资筹集经费，在上前街购买土地，鸠工庀料，钟任负责账务，周正负责匠工和监工。历时三年，建成"章氏支祠"，以"孝悌忠信"四字为匾，题额"四德堂"，面积226.64平方米，格局分三进，有天井。边巷坊门署"瀛洲里"二字，以示源自瀛洲，并立有《建筑章四德堂议规》。近年进行了全面整修，原毁损联、匾、香炉等已配齐。

建筑章四德堂议规

（一）缘起：追溯二十世祖，国钢公于逊清雍正间乔迁上村，曾购筑住屋三椽于板树下，以供奉一门先远春祝秋享，迄至今日惟以地处偏隅，空气风景殊欠清丽，加以路途泥泞，屋宇卑陋，殊不堪供奉列祖列宗，此今日先购地基建祠之所由起。祖生四子，咸能以孝悌忠信四德表率后人，今建新祠今谓以"四德堂"三字为名籍示，敬先人之美德也。

（二）新筑地点：以现买上前街高姓之地及采用太和堂后园外渭达、渭连、渭通、渭珉、渭瓒等菜地为祠址，本部及采用本稳上前街之地为祠坛，在未开工前先将以上各地逐一丈量，尺寸绘图载明，待取用后照现买高姓之地价给与价格，其被采用地即作卖与祠内所有，听凭随时扒税过户完纳，采用后倘有余多之地，所有人仍愿要时，得照原价退还之后无异议。

（三）建造式样：以瀛洲六荣堂为格式，惟纵横宽广候地基打掘完竣后再行决定。

（四）施工程序：除在农历二十八年腊月二十五日动土外，限定于二十九年正月内将地基挑掘，完竣于六月间筑成墙脚，再择于秋后开山砍树，限三十年清明前将头门寝室竖造完成，装置龛座择期祧主后，再量经费酌议建造中堂。

（五）建造经费：

甲、国钢公清明除留存国币二百四十元外，余概扒充之。

乙、依照男丁女口之办法，每名捐募国币三元。

丙、曾经保留登记之住户，每户捐募国币十元。

丁、在祧主前如遇添丁进口，得随时分别加募之。

以上各捐如有蒙蔽，一经查出加倍罚收。其捐银分四期缴清：第一期限于民国二十九年清明日缴四分之一。第二期限于民国二十九年七月半缴四分之一。第三期限于民国二十九年冬至节缴四分之一。第四期限于民国三十年清明日缴四分之一。逾期不缴者照四分一之数加十分之一催收，逾二期不缴者照四分之二之数加十分之二催收，逾三期不缴者至民国三十年清明照全数加倍罚收。

（六）配享每座十二元。

（甲）在民国二十九年农历五月内缴者每座九元。

（乙）九月内缴者十元半。

（丙）逾上两限收取全数。

（七）设后裔热心为祖慷慨捐输者，不论现币、粗工、地皮、木料等概折国币满三元者雕刻名，昭示后世子孙籍表纪念。

（八）推定周稳、钟顺、周正、渭奎、祥春、生祥、元庆、渭准、锦林、文斋等为建筑时负责人。

（九）如有违背本议规者，酌议罚十五元以上二十元以下之建筑费。其不愿受处分者，免族，将其不动产六估价扒税来充祠内，所有永远不准取赎找价，以儆不孝。

（十）本议规于民国二十九年正月初二日议决。

合议人

柏生、高庆、周瓒、周明

周正、渭奎、钟顺、周稳

永安、浩达、生祥、祥春

细庆、渭溃、渭炳、周益

定生、锦林、渭达、元春

渭德、渭善、定如、元庆

渭璜、观如、文斋、渭准

4.高姓"世保堂"

高氏于明末从绩溪岭南西川迁入，属绩溪梁安高氏享公派。宗祠建于清末民初，一进，虽未称支祠，但建筑规模较小，堂号"世保堂"，面积为87.7平方米，内部没有雕饰，前有祠坦。祠内有香炉，祠前添置了一对石狮。后裔人丁最为旺盛。

5.周氏支祠"德恩堂"

"德恩堂"建于清朝初年，位于宅下园水口地带，属绩溪周坑一世祖周垚公二子国公城西一脉。祠一进，祠内面积约132平方米，厢房40平方米，结构简单，外有庭院，占地一亩多。

6.胡姓"务本堂"

胡姓为明经胡，民国初年从荆州中胡家迁来，安居高椅石。胡姓老屋外观完整，结构为简单"亭屋"，一进，30平方米，中间"务本堂"匾仍挂堂中，放祖宗牌位

高椅石胡氏"务本堂"

的"龛"格窗基本完好。

唐姓、张姓、王姓没有建支祠老屋，但有"香火堂"或"祖宗堂"置于民居阁楼上堂前，以安祖先灵魂。有特制的高大木矩"龛"，分层格，置放祖宗牌位。平时，格子门关上，需要祭祀时打开，并置香火。唐氏香火堂在祖屋楼上。宅后方氏也有香火堂，在宅后登门坊主屋楼上。王家"祖宗堂"原设在老宅楼上，曾有官匾、官帽、官服，后被烧毁。

三　村落意识

聚族而居是徽州人的基本生活方式。单姓村的村落意识往往是和宗族意识重叠在一起的，族就是村，村就是族。而在一个多姓杂居的村庄，各姓氏的聚居空间虽然有着明显的街巷分界，但血缘的聚合功能未必就能超越地缘的聚合功能，村落意识形成的过程是漫长和复杂的。尚村村落意识离不开这十姓之间互相联姻和生活上的相互依赖，也包括相互排斥、相互竞争，甚至为了争夺空间和资源而明争暗斗。大致经历了三个阶段：

一是划地为界，各占一隅。最先入主尚村的许姓选择在高爽避风的许家垱定居。同期到达的叶姓（也有人认为叶姓定居时间更早）则在比较开阔的板树林立的板树下筑屋。高姓选择在相对平缓的前街建家立舍。章姓选择在高姓之上的上前街落脚。叶姓消失，章姓成为叶家巷的新主人。方姓选择在水源充足的宅后生活。周姓与许姓紧挨，住周家垱。王姓住碥下。唐姓与方姓、高姓相连，住小地名"唐家"。

二是生活圈扩大。随着人口繁衍和生活空间的扩大，各姓之间有了共同生活空间。如有共同水源、连片山场、同一道路、毗邻菜地和共同话题。宅下园就是多姓各自开垦的一片菜地，而宅下园旁的打水坑担水用水生活设施，村头水口边创设的三座粮食加工水碓又更加拉近了各姓之间的生活距离。这种生活接触和联系仍是以家族为中心展开的，包括婚嫁活动方式也是各唱各调，共同的村落意识淡薄。

三是村落意识形成。生活环境的形成是水到渠成的事。各种心理需求是内在动力。首先打破的是以家族为中心的地理空间界限，有了相互杂居的现象。其次是"族"的影响力在减小，"村"的内涵及意义在不断丰富。如节庆约定、习俗融合、建筑格式、衣着审美，以及后来为信仰需要而共同建设的社庙、亭阁、戏台等载体，成为村落意识形成的助推器。如农耕中最为重要的"安苗节"的协商和约定俗成，是以"村"名义一致对外的声明与宣誓，最能体现村落意识统一的精神。

经过资料比对，尚村姓氏迁徙从许氏建村始横跨900余年，历经南宋、元、明、清、民国。不论改朝换代，不理春夏秋冬，这里沉淀着尚村人漫长的平常日子，埋藏着尚村人的生活故事，而留给现代人看到的仅仅是微不足道的"极少数"。各姓迁徙顺序如下：

南宋：许姓，稍后叶姓。

明英宗正统年间（1436—1449），锦庭方梓应公从水云里迁入尚村宅后。

明嘉靖年间（1522—1566），周仲爵从绩溪县城西迁入尚村西园。

明隆庆年间（1567—1572），梁安高氏享公派30世世用公从十四都西坑迁入尚村。

明万历年间（1573—1620），莒国绩北文焕公派唐希毓从绩邑北门迁入尚村宅下园。

清康熙五十七年（1718），章氏始祖国钢公于西川上迁尚村高椅石，雍正八年（1730）再迁尚村板树下。

清同治年间（1862—1874），张德俊从县城北门迁入尚村东山。

清初，明经胡启弘公从荆州中胡家迁入高椅石。

民国二十年（1931）左右，李小保被乌石堆和尚圣恩太从歙县南乡抱养。

徽州秘境尚村①

尚村位于徽州大山深处。未曾知晓，让人向往；终于抵临，令人迷恋。尤其在冬日、在四周无风的当下，仿佛阳光只普照在这一片山野里，而世俗已经被这里淡忘。尽管人们知道，这里村民的生活并不太富裕，且劳作依旧艰辛。留守村庄的，大多是老人与小孩，空荡荡的古巷内很少见到年轻的身影。

尚村，古时称"砚瓦村"，寓意家有砚台、户拥瓦房的农耕理想。山云岭村旁环绕，一条溪水蜿蜒而出，成为长江水系水阳江的源头之一。古代交通闭塞，林密山险，仅溪流、山径与外界相连，山村成为秘境之地。宋朝始，每历战乱，士族便悄然遁入，形成徽州极少数多姓氏合居的世外山谷。尚村有10姓，人丁一度逾2000，现留存祠堂6座，历经"文革"，依然被许、周、方、高、章、胡等姓氏传承纪念，构成氏族和睦相处之局面。

因为与外界几乎隔绝，村人历史上自给自足，各类匠工皆有，多种手工艺被传承下来，但是最年轻的工匠也有50多岁了。据统计，目前村内还有一批老匠人健在，如铜匠、箍桶匠、古法榨油匠、棕毛匠、弹棉花匠、窑匠、旱烟匠、吊酒匠、纸扎匠、解板匠、草鞋匠、粉丝匠、麻糖匠等。如果冬季去尚村拜访，在与亲朋过年团聚时，一定会遇上诸多老匠人，听到老匠人的传奇。而关于传承，似乎即将是一个梦想。略微打动人的，还是初冬尚村的"晒秋"。

无风，冬季的阳光晒得人头脑嗡嗡作响，四周一片静寂。院子里的簸匾与阳台很热闹，你能够看见蔬果被晒干的过程。农人此时已经赋闲，忙着冬季的粮食储存，以及丰收后各类土特产的干腌处理。

---

① 陈忠平著：《写意·山野》，安徽文艺出版社2023年版，有改动。

郭因《山云印象》

萝卜丝被晒在水泥平台上，光影述说着时光以及农人的思绪。从二楼伸出去的水泥平台与邻居家屋顶齐高。邻居家还是旧屋，上百年了，屋顶还是徽派建筑的传统瓦檐，而我住的人家，已经是崭新的水泥钢筋楼房。乡村正在递进中改变，村支部书记说，这家楼房目前是村内最新的，也是最高的。去年春节，他家失火，幸亏及时扑救，没有殃及别家。老屋没了，重建新房，家中经济能力还好，一幢4层楼房在村中央拔地而起，远远高出周边原来的旧式马头墙，成为千年古村落新建筑的代表作。

尚村的"晒秋"，虽然少了徽派建筑的背景，但是不锈钢管的围栏和晒架，的确为"晒秋"提供了最便利的方式。而阳光在这样的水泥建筑上，似乎更为恣肆和绚烂。在这里，建筑方式的传承服从生活的需要。

站在水泥高楼上俯瞰，比较黑灰格调的白壁黑瓦马头墙与火柴盒式的水泥钢筋楼房，不由得觉得，阳光似乎只钟情明亮的建筑。从生活的角度，但凡有经济能力，文化一定服从生活的需要。建筑传承，崇尚什么，我们才会去传承什么。

2014年12月3日，在黄山山顶飘拂大雪时，尚村也下雪了。接待我们的村支部书记老高说："下雪来吧，雪后这里非常漂亮。"一位奔忙在大山深处的彪形大汉脱口此言，让我期待殷甚。但是如何进来，进来后吃住到哪里？尚村目前还没有开发旅游。虽然已经有慕名而来的游客，每一位游客对这里都赞不绝口，但是他们都只做了匆匆的过客，没能留在村内吃住，或者吃住都是村民免费接待的。淳朴的性格，让这里的乡民觉得来的都是客，谈到收饭钱、收房钱，他们感到羞怒。

高书记已经在逐步转变观念。他望着水泥平台的晒秋场面，微笑着与我叙谈。尤其当谈起这一家失火时，他不禁一阵叹息。当时救火急切，高书记冲出家门时，完全忘掉了脚上过年新买的一百多元的"名贵"皮鞋，火灭后，发现自己的新鞋焦烂，心疼得无法言喻。

我想，等到有一天，当徽派建筑的传承给他们的生活带来了改善时，那么，文化就落地了。我想象着这样的画面，阳台上晒的还是简单的萝卜丝与山芋干，高书记总是穿着新鞋，站在徽式瓦檐的阳台上，俯瞰四周，给游客讲着村内的故事。他最后的话语从风中传来："下雪来吧，雪后这里更加漂亮。"（陈忠平）

第四章

积谷自治

清乾隆版《绩溪县志》①云，罗氏《新安志》曰："郡在万山间，其地险隘而不夷，其土骍刚而不化，水湍悍，少潴蓄。民之田其间者，层累而上，指数级不能为一亩，快牛剡耜不得旋其间。力耕而火种，种十日不雨，则仰天而呼；一遇雨泽，山水暴出，则粪与禾荡然一空。盖地之勤民力者如此。"此说虽罗氏为合郡言之，而在绩为尤甚。平原又苦蛟水横溢，不甚，则沙石壅涨，胼胝累旬，始可艺植；甚，且冲激倏成溪河，虚赔粮税之农。农困如此，则又罗说之所未及者。

明清时期的古徽州，为了保护聚落生产、生活与生态环境，管理村落公共事务，维护社会秩序稳定，常由当地宗族族长（房长）、乡绅出面组织"众议"，达成"公约""合议"，成为具有约束力的自治《规约》。

尚村山高偏远，人言山最瘠，土不盈一掬。田土山场都是原居民一锄一锄开垦出来的。土地贫瘠，属红土壤，农作物产量偏低，粮食缺口较大，人口最多时，可谓"地狭人稠，三不赡一"。村中曾有"山下的田只准种粮食，不准种蔬菜"的众议约定。即便如此，也常有一年缺半年或几个月粮食的。新粮旧粮脱节严重，各姓田地数量悬殊，缺粮程度不一，又因交通不畅，少田者或佃农到处"借粮接脚"度荒。遇大旱大涝或虫害等年景，屡有无米下锅现象，故民间有谚曰："水楂红，饿煞人。"

围聚而乐

封建经济是一种相对封闭的自然经济。古徽州村落大多聚族而居，一

---

① 知县陈锡主修，赵继序等纂：《绩溪县志》，清乾隆二十一年（1756）刊本。

族一村即一家，自给自足，同舟共济。在杂姓共居，人口和实力相对均衡的情况下，依靠一族一家无法解决缺粮问题，各族合力，团结起来共渡难关就成为一种必然选择。在这种特殊背景下，村里一些有识之士，酝酿救助办法和粮食接济模式，于是就产生了有别于祠堂自治的民间自救组织——"积谷会"。积谷，顾名思义，即囤积谷物粮食。这一民间组织，最初是村民缺粮断炊时生存互助的一种应急办法，后来渐渐成为尚村社区自治的一种特有模式，成为社会"良秩"的基础。

一 积谷会规约

根据已发现的文字资料，尚村积谷会诞生于民国二年（1913）。最初由本村有影响力的士绅唐明安、胡子方、许友松等人发起，通过全村粮食余缺统筹，建立度荒救济的急救仓库，采取九姓摊股出谷和以股享权议事共管方式，实行集体决策。积谷会通过调剂全村余粮，确保所有村民不因缺粮饿死，以维护社会稳定。

在采访调查过程中，笔者首次在唐方红女士处发现了一张民国三十四年（1945）《积谷会规约》（简称《规约》）。《规约》由章本德代笔，普通绵纸，落款有26人签名，确立了这一组织的基本架构和操作模式。内容如下：

> 缘本村前辈士绅唐明安、胡子方、许友松等于民国二年间为救济村中无告之贫民，特组设积谷会，意义至深且大，当蒙勇跃参加者九十六人，定名为上村积谷会。兹为求本会永久保留及管理健全起见，爰订规约于后：
>
> 一、本会定名为上村积谷会。
>
> 二、本会以救济贫民为宗旨。
>
> 三、本会之财物不得移作任何公用，倘遇发觉此情，不拘年限，得向授受经手人追算赔偿。

四、本会原有九十六股之所有人，不得以本会之财物视为私物。

五、本会计高姓三十股、许姓十二股、方姓十股、章姓十八股、胡姓七股、周姓十二股、唐姓二股、张姓二股、王姓二股、周春闵一股，共九十六股。

六、本会设委员九人，每姓一人，推定高观义、许子平、章文斋、方宗明、周富廷、唐廷保、胡子方、张永全、王善培担任之，并推定高观义为主任委员，督理本会一切事宜。

七、本会每年设值事七人，以原有九十六会员轮流担任，负进仓出仓之责。

八、本会定每年安苗后一日开仓借谷，十月初一日还谷进仓。

九、本会至本年秋收，除开支外，上仓计风扇干净谷六千六百八十四斤（大板仓一座）。

十、本会每年还谷进仓之日，由会供给晚餐，其用费不得超过干谷一百斤。

十一、本会租用谷仓之地点，其出租者负有保管之责任，如遇鼠耗雨漏及意外情事，当即来会报告主管人员，否则负有赔偿之责，其租金年酬干谷五十斤。

十二、本会借谷之利息，每次以加一为准则，出借谷数依照贫户多寡平均分配。

十三、本议约一样九纸，每姓各执一纸存照。

十四、本会借谷之各户须觅保证人一人。保证人负有代偿之责。

十五、本议约于民国三十四年十月起实行。

十六、本议约如有未尽事宜，得召开会员大会修正之。

中华民国三十四年农历九月二十三日立。

合议人：高观义（盖章）、高耀笙（盖章）、高彰铎（盖章）、高周皋（盖章）、许友松（盖章）、许政（盖章）、许子平（盖章）、许传安（盖章）、方宗明（盖章）、方宗元（盖章）、方德林（盖章）、方太璋（盖章）、章文斋（盖章）、章周正（盖章）、章本德（盖章）、章周益（盖章）、周富廷（盖章）、周森林（盖章）、周观永（盖章）、周富兴（盖章）、胡子方（盖章）、胡成维（盖章）、唐廷保（盖章）、唐廷仕（盖章）、王善培（盖章）、张永全（盖章）。

代笔：章本德（盖章）

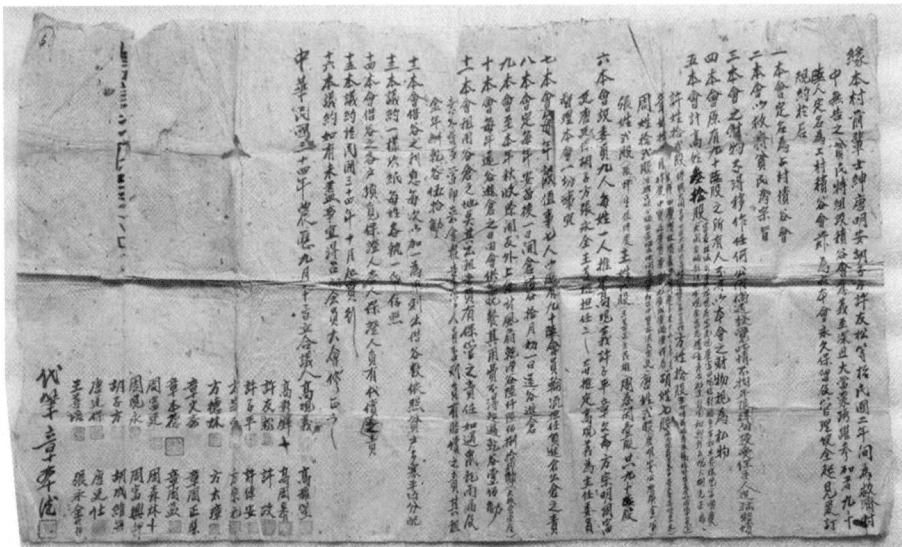

积谷会规约

这张《规约》于民国三十四年（1945）农历九月二十三日立，是积谷会运行约30年后的总结，表明这一互助救济模式经过长期实践得到了全村人普遍认可，而且运转正常。正如《规约》会言，"为求本会永久保留及管理健全起见"，制定了较详细的规则。这一时期的积谷会，仍然以9姓人口实力摊股出谷，保持96股，产生96名会员，以股享权决策议事。只有会员大会可以修正规约。股权分配为：高姓30股，许姓12股，方姓10股，章姓18股，胡姓7股，周姓12股，唐姓2股，张姓2股，王姓2股，爱心人士周春闪1股。积谷会最高管理机构设委员9人，每姓各推1人，并推高观义为主任委员，督理本会一切事务。签约代表人包括高姓4人、许姓4人、方姓4人、章姓4人、周姓4人、胡姓2人、唐姓2人、王姓1人、张姓1人。

随着影响力的扩大，积谷会实际上成为尚村各姓共治的民间组织，许多其他需要各姓共商的大事，也由积谷会主导或出面主持，并对全村所有人有约束力。多姓无法一家独大，原来传统宗族自治已不能适应这种居民结构，因此需要一套新的联合管理机制和方式。积谷会管理模式比徽州村落中传统宗族自治向前推进了一大步。

二　积谷会运行

为让积谷会进入实质性运转，村中富裕一点的几个家庭捐资兴建四座积谷粮仓，包括许家上坦许友松家一座，爱日升老店唐明安家一座，高耀求祖居高炳绩家一座，高健祖居高周林家一座。每个谷仓设值事7人，共28名代表轮流值守。四座大粮仓风扇干净谷总计为6684斤，进出仓年费用不得超过100斤谷，谷仓年地租50斤谷，借谷按贫户多寡平均分配，利息每次加一，借谷必须有保证人，积谷会财物不允许任何私用。

（1）每年安苗后一日开仓借谷，十月初一日还谷入仓。中间相隔四五个月时间，主要就是为了解决这段时间粮食青黄不接的问题。

（2）有借有还，还要加算利息，即这只是救急不是救穷，只有这样，积谷会才能良性发展。

（3）以股享权，大事集体决策，决策民主，依《规约》而行，责任明确，章法严谨。30多年，尚村积谷会运行如常，成效显著，影响深远。1960年，因自然灾害严重而停止了积谷会互助工作。

第一任积谷会会长高观义

清朝末年，尚村商人兼郎中高富楷，夫人方青梅，生三子，彰宾（观成）、彰贤（观义）、彰如①。他们凭着自己的勤奋和聪慧，在浙江安吉梅溪镇创办了万寿南货商店、食品厂和酱油坊，前店后坊。自制各式糕点、酱油、酱菜等。本村唐周富就在他的酱油坊当师傅。后

① 徽州人有寄名社公、汪公、关公菩萨以求保佑风俗，取别名社×、汪×、关×。"观"与"关"同音。因没有寄名关公老爷，故兄弟中，彰如没有"观×"的别名。

来，又在绩溪胡家横形头村开油坊，在宁国塘坑、沙塍、蜀洪等地购买田庄，用于出租，积累了一些资产，生活比较富裕。高富楷虽经商，也算是儒商，为人乐善好施，并自学中医，帮人看病给药从来不收钱，伤风感冒等常用药都是从梅溪直接采购放在家中由他人自取。据说，有一次，其长孙锦龙到鱼龙山村去游玩，在岱上水水眼的地方摔了一跤。高富楷于是想到了捐资修路。他捐资铺设了尚村至下许村路段三四里的石板路（高椅石上岭一段为尚村周汝功家捐修）。

高观义是富楷次子。生四子二女，四子即陆生、豹生、虎生、龙生。高观义读过六年书，写得一手好字，一直跟随父亲在梅溪自家店里工作。父亲年老归养后，与兄观成一起，从父亲手中接过了万寿南货商店。观成是老板，观义为股东兼伙计。1954年公私合营改造，万寿南货商店变成了供销合作商店，观成、观义成了国营企业职工。观成在梅溪镇企业界很有威望，曾被推选为梅溪镇商会会长。观义为人厚道，做事踏实，当过梅溪镇第四社区居委会主任。

高观义

高观义子女都在尚村读书，所以他回家照应较多，在尚村威望很高，平时乐于助人，有头脑有担当。每次回家，他总要买些糕点食品给左邻右舍的老人小孩吃，找他们谈心聊事。从1913年起，因为是多姓聚居，开始筹划成立积谷会，每次开会商量事情都在观义家里。高观义被推为首届积谷会会长，一当就是30多年，他为村中济贫救急做了大量的事情。有一年，灶元家屋背后的石板路坍塌，是观义与胡志生出钱帮助修复的。1947年歇业回家，观义将胡家横行头油坊转给了松树岭周德黄。

高观义2001年去世，活了90多岁。（2018年6月9日根据高豹生口述整理）

村约管理，无论家族大小及定居尚村的时间先后，各家族间以平等的方式自治互助，这是尚村在历史进程中顺势而为并沿袭至今的传统。长期以来，尚村各姓之间没有宗族械斗、生死纠纷等记载，各族间相互友爱、和平共处。除了积谷会济贫救急措施之外，还发现了众姓《烧灰合议书》《三公塘香水股配水合同》等，这是村人友好协商，各姓合议共同谋事的例证。"村人"概念的出现，比"族人"合作能量更胜一筹。

烧灰合议书

　　立合议合村人等，今因务农烧灰之事，人心不一，以致农业务陷。合村商议，逐年挨灶。共烧灰五灶，拈阄为定准，于十月内一准烧出，准早不准迟烧，不得违拗。倘有违拗，甘罚灰五担，入与四灶均吃。五灶合议，堆散灰草，准于外灶为止，毋许堆到灶里。倘有失误之事，众议不得倍偿。议定五灶前后，开列于后。今欲有凭，立此合议，一样五纸，各执一纸，永远存照。

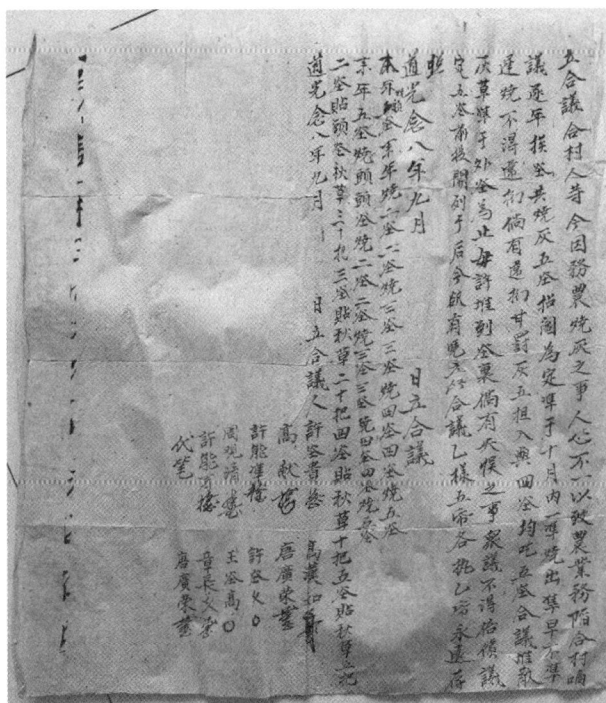

烧灰合议书

道光念八年九月 日立合议。

本年烧头灶，来年烧二灶，二灶烧三灶，三灶烧四灶，四灶烧五灶；来年五灶烧头灶，头灶烧二灶，二灶烧三灶，三灶烧四灶，四灶烧五灶。二灶贴头灶秋草三十把，三灶贴秋草二十把，四灶贴秋草十把，五灶贴秋草五把。

道光念八年九月 日

立合议人：许灶贵（押）、高献（押）、许能准（押）、周观清（押）、许能寿（押）、高汉如（押）、唐广荣（押）、许灶义（押）、王灶高（押）、章长义（押）

代笔：唐广荣（押）

再如民国四年（1915）订立的《三公塘香水股配水合同》，不分姓氏，也有类似的管控功用：

三公塘香水股配水合同

立合同人高正福、高观庆、高顺庆、高观富、章田庆、高观大、高大开、高观寿、高灶丙等，今有土名大□大拜头、四亩头、枣树丘下、四亩、三亩丘等处之田，原在土名三公塘积水浇灌以防年旱。因上首未立规矩，放塘不公，致塘破坏未曾修理。今岁集众商议，将塘修理积水浇田。合塘人等新立合同议定放塘规矩，逐年用二人管水，轮流推转，照香水股分，进田点香，水路归□□□。每根香水出谷四斤，以归管水者工费。自议以后，毋许恃强霸水，亦毋许私放塘水。倘有不遵众议者，罚洋四元，归众公用，断不徇情。恐口无凭，立此合同，一样四纸，各执一纸，永远存照。

民国四年五月 日

立合同人：高正福（押）、章田庆（押）、高观庆（押）、高顺庆（押）、高观富（押）、高观大（押）、高观寿（押）、高大开（押）、高灶丙（押）

代笔：许传学（押）

香水股分开列于后：

高正福香水半根，浇土名凹丘之田。

章田庆香水一根，浇土名枣树丘之田。

高观庆香火二分半，浇土名大拜头之田。

高顺庆香水二根二分半，浇土名四亩头之田

高观富香水三根，浇土名长丘之田。

高观大香水七分半，浇土名下四亩之田。

高观寿香水二分半，浇土名大元之田。

高大开香水一根，浇土名四亩头之田。

高灶丙香水一根，浇土名三亩丘之田。

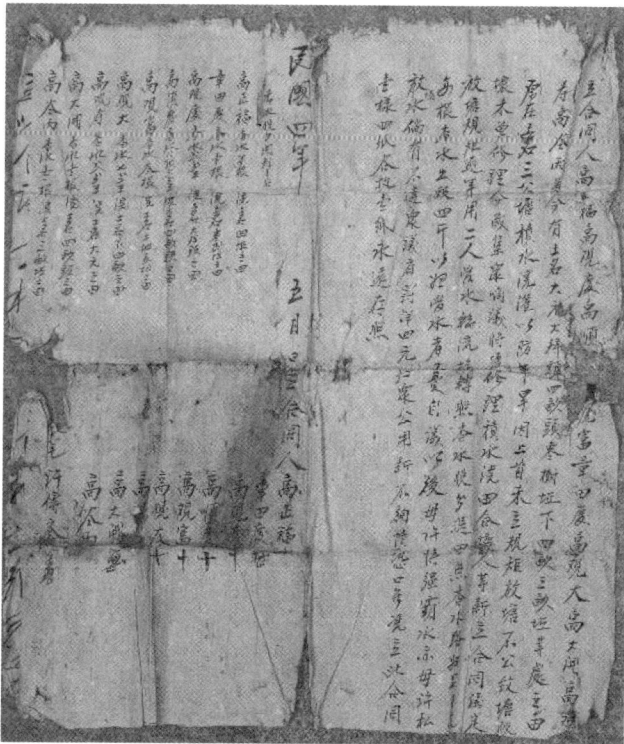

三公塘香水股配水合同

另外，笔者还发现了两份分别为光绪、民国年间的《禁约》，内容均为禁盗损五禾的，前后相隔14年。其规定之详细，处罚之严实，在徽州乡村是罕见的。两份《禁约》虽不是以积谷会的名义，但也是多姓参与签署，超越了"宗族自治"模式，以各姓代表联合发布，实为积谷会管理模式的深入，进一步丰富了积谷会自治的内涵。

禁约（一）

立禁约合村人等，缘因国以民为本，民以食为天，为农之耕，种五禾之谷，上裕国课，下资民生，勤于东作，无不望其收成。突有不法之徒，黑夜盗窃，不但国课无从，抑且民生以赖。因此，合村凭保鸣锣，□禁议立规例。嗣后，如敢仍蹈故辙，一经撞获，照规干罚，归众公用。否，轻则经公理论，重则呈官究治，断不徇情。恐后无凭，立此禁约为用。

计开赏罚规例列左：

严禁盗稻者，罚洋十元。

严禁盗麦者，罚洋五元。

严禁盗芭萝者，罚洋三元。

严禁盗芦稷者，罚洋三元。

严禁盗赤黄豆者，罚洋三元。

严禁盗豌豆、蚕豆者，罚洋二元。

严禁盗竹笋者，罚洋二元。

严禁盗菜蔬、田塍等物者，罚洋一元。

严禁田干放牛。不看、损害禾苗者，罚洋一元。

上下两忙，倘有失误，照赃公赔。

撞获报信者，赏洋一元。

撞获得财卖私者，查出合并公罚。

光绪三十四年八月　日

立禁约合社人等：许启明（押）、高美通（押）、高富存（押）、高富有（押）、方承顺（押）、方承寿（押）、周懋江（押）、周懋华（押）、章培楮（押）、章培楷（押）、章钟岩（押）、唐广全（押）、张善青（押）、周敦法（押）

代笔：唐明安（押）

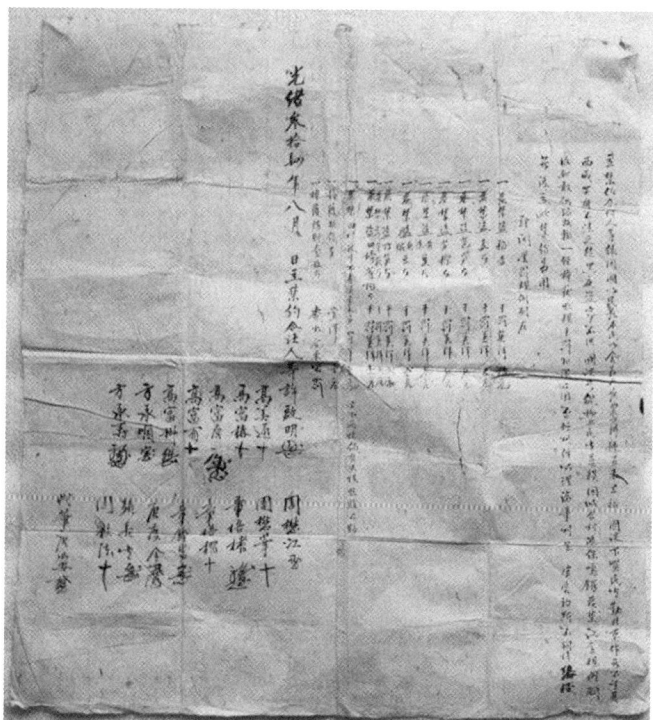

禁约（一）

禁约（二）

立禁约合社人等，为田街五禾、豆、麦、芦稷、苞萝，场围瓜藤蔬菜芋头，山场树木、柴薪、笋苗等项近被盗害，预行严禁事。切惟农作之勤劳，只望现成之收获，上输国课，下育家人，奈人心不测，古道无存，只图利己，专欲害人，见者伤心，闻者抱恨，不知律例禁规森严，毁伤五禾、豆、麦、芦稷、苞萝、莲芦，国法所不容；肆偷树木笋苗瓜藤蔬菜，亦刑所不恕。爰鸣梓里互相严禁，倘敢仍蹈前辙，恣行无忌者，无论当场捉获或系过后查知，除赔原物外，公罚银洋以充公用，或葺路途，或修亭宇，以昭鉴戒，以警浇风。倘敢恃强，不依公议，立即送官严行究治。如有挟同徇私隐匿者，一经查出，并行公罚，专此布闻，各宜自儆，务须急改于前，毋致追悔于后，各无异言。今欲有凭，立此禁约为据。

再批：开会费用无论多寡，概归受罚者承担。如有不受罚者，呈官究治所用之费，该被盗者自作主张，案情事务亦（由）该会内人等同心相议，协力帮助，毋得反悔又照。

计开罚规：

耕牛走出损伤五禾者，照估公赔。闲时放出不顾，损伤五禾者，罚洋一元。

盗豆菽苞芦芦稷者各项，罚洋二元。

盗瓜藤蔬菜芋头笋苗者各项，各罚洋一元。

盗小杉木者，各株罚洋二元。

盗大杉木者，每株罚洋十元。

盗小松木者，每株罚洋一元。

盗大松木者，每株照价值，照一罚十。

盗砍茅柴者与肩干柴者，每担罚洋□。

撞获拿刀斧者，赏洋一元。

撞获报信者，赏洋五角。

徇情隐匿者查出，照受罚者加倍。

民国十一年三月　日

立禁约人：许全鹤（押）、高富堃（押）、高富科（押）、方福寿（押）、高富厚（押）、周正顺（押）、周懋升（押）、周富廷（押）、章培楷（押）、许泰全（押）、高观全（押）、许泰贵（押）、方金干（押）、张长望（押）、章钟顺（押）、王顺章（押）、章望祥（押）、唐献高（押）、高富田（押）、胡秉玉（押）、高大开（押）、胡成维（押）、高福楷（押）、胡汪望（押）、高鉴安（押）、方德林（押）、胡芷芳（押）

代笔：唐明安（押）

禁约（二）

　　第一份禁约抬头有"立禁约合村人等"，由14位姓氏代表签字，以高、周、章姓居多。第二份禁约抬头有"立禁约合社人等"，由27位姓氏代表签字生效，以高、胡、章、方、许姓居多。第一份禁约强调"合村人等"，体现民约特征。第二份禁约强调"合社人等"，包含了祠堂、社庙组织及居民三位一体，祠社组织作用其中。第二份禁约对罚洋的去向也作了规定，"公罚银洋以充公用，或茸路途，或修亭宇"，并要受罚者承担"开会费用"。《禁约》没有以县府告示的形式出现，而是由各姓推选德高望重者签字画押，号令全村共同自觉遵行，体现"民约"性质。在各姓祠堂作用有限的情况下，民间组织"积谷会"发挥了积极的统筹作用。这两份多姓合签的《禁约》，同样表明了尚村人通过各姓友好协商，在村风培育、村务共管、村规禁约执行上，开展了成功的自治实践。这同样是徽州人对宗族自治管

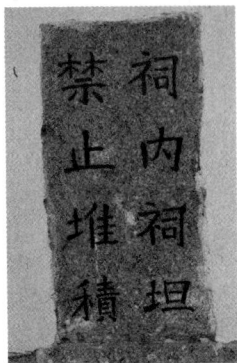

禁 碑

理模式的创新和发展，在徽学研究上意义重大。

从重要性上看，积谷会规约规定"本议约一样九纸，每姓各执一纸存照"。两份《禁约》理应"勒石为碑"，但正文没有具体规定。笔者推测，是有可能在公共场所立"禁碑"的。在采访高灶甫时，这一推测得到了基本证实。旧时，在哪吒庙附近立有三块石碑，碑文有可能就是这些"禁约"。遗憾的是，这三方石碑皆于20世纪六七十年代被毁。

三　族内自治

村人共同体利益并不影响宗族内务的自治。尚村各姓自行管理一些本族事务，并形成了规制。对于涉及本族事项，一般都由本族自己协商解决。笔者发现了一本许姓议事薄《思敬堂会议薄》，记录了对许氏宗祠捐资维修事务议决过程。从会议记录中可以看出，族中主事者仍为德高望重的族长（许政），开会前须行"宗族礼仪"，会议议决效率很高，也体现了民主议事原则。现摘录如下：

第一次会议录

地址：许友松宅。时间：三十三年十一月三日上午六时。

出席者：许子平、许太成、许传年、许传早、许传安、许传富、许传开、许观高、许传高、许传化、许友松、许家全。

行礼如仪。

主席：许政。记录：许子平。

讨论事项：

一、（祠堂）中堂望砖、前堂桥板、大门口庭（栏）杆是否装打案。

决议：应即装打①。

二、装打经费应如何筹措案。

决议：（一）女工负责供饭；（二）男丁每人出工一天（即出五十元）；（三）自由认捐。出捐（名单）列后：许太成五百元，许传高二百元，许传年四百元，许政二百元，许传安一百元，许传金一百元，许传开一百元，许传立二百元，许观高一百元，许观详一百元，许灶（托）一百元，许周生三百元，许传化一百元，许传书一百元，许传（薄）一百元。

许政、许子平（签字）

大家族分家析产是重要内务之一。尚村人依照儒家理念，在处事礼仪、财产分析继承等方面，建立了宗族伦理条规和"不孝"条框。这里仅举高姓《祖父高板凤主盟阄单》、唐姓《爱字号次子献琪阄执》二例。

其一：康熙三年（1664）高板凤作为盟主，将家产拼搭分为"礼""乐""射""御""书""数"六阄，分家析产涉及子汝光、汝健、汝耀、汝晓，孙士德、士瑜。因是孙士德代笔，故称高板凤为祖父。

祖父高板凤主盟阄单

立阄单主盟祖父高板凤

今将本家十五都上许村"乐""业"二号山场开载字号，品（搭）作"礼""乐""射""卸（御）""书""数"六阄，各人拈定，各管各业，毋得混乱砍斫；其有钱粮亦照六股需纳。仍有众存"贱""堂""礼""贵""政"等号田地、山塘听后再分，其钱粮日后照依所用字号各□本户需纳，毋得推挨为□。

今将十五都上许村"乐""业"二号山场土名、字号开后：

"乐"字一千十二号山一亩，（土名）下塘头；（一千）十六号山一亩，（土名）山云；（一千）四十四号山、四十六号山、五十八号

---

① 即装修打理。

山，（土名）岩上；（一千）六十五号山、六十九号山、七十八号山，（土名）乌石堆。

东至上横路，上十官步有大石，横到降为界，仍四至不开，照依经理。

（以上为）"礼"（阄），汝耀阄得。

"乐"字一仟廿二号山一亩，（土名）上塘头；（一千）十六号山一亩，（土名）山云；（一千）四十八号山，（土名）岩上；九百十八号山、（九百）十九号山，（土名）方岭前。

西至横路，上十官步（有）大石，横至降为界。

（以上为）"乐"（阄），汝光阄得。

"乐"字一千廿三号山二亩，（土名）上敬山；（一千）五十一号山，（土名）大岭上；五十三号山，（土名）岩上；六十三号山，（土名）挂竹塔；六十七号山，（土名）乌石堆。

南至横路为界，内陈□宅有山。

（以上为）"射"（阄），汝晓阄得。

"乐"字一千廿四号山二亩，"业"字七百□十五号山一亩，（"业"字）七百〇三号山，（以上均土名）下敬山。

内陈宅有山，□至横路为界。

（以上为）"御"（阄），士德阄得。

"乐"字一千廿六号山二亩，（土名）塔元后上；（一千）廿七号山，（土名）塔元后；九百七十八号山，（土名）沙子岭；（九百）七十七号山，（土名）练罗，胡宅□合本家三股之一，其□未过来；（九百）九十七号山，（土名）果木培，内卖与许去一角。

（以上为）"书"（阄），汝健阄得。

"乐"字四百五十九号山，（土名）水曹头；（四百）六十九号地，（土名）同（水曹头）；（四百）九十一号山，（土名）屋后；九百卅八号山一亩，（土名）方坞；一千四十八号山二亩，（土名）岩上。

（以上为）"数"（阄），士瑜阄得。

康熙三年二月廿日阄单

主盟父高板凤

男汝光（押）、汝健（押）、汝耀（押）、汝晓（押），

孙男士德、士瑜（同押）

代笔：孙士德（押）

其二：立阄书人唐学法，有子献玟、献琪、献璜、献琰。生前立有爱字号、敬字号阄书各一份。其中，《爱字号次子献琪阄执》及阄书前所写序言和《规例》，展示了尚村人自古以来所遵循的契约精神。小到父子分家、兄弟友爱，大到祭祖敬宗、税粮完纳，管理井然有序，以家庭为核心，以孝悌为底线，以国法为最高准则，可见尚村人做事理家的严谨。

爱字号次子献琪阄执

迳启者，缘吾祖如高公生吾伯父兄弟三人，长广福公、次广禄公（即吾父）、三广有公，惟三叔未婚早逝。吾伯父广福公娶方氏续曹氏，均未生嗣。吾父广禄公娶吾母章氏，生吾兄弟四人，妹五人。惜二弟学海公配周氏而早逝，三、四弟亦均幼殇。吾父即身承祧吾伯叔广福公、广有公名下。吾娶高氏所生四子。长曰献玟，婚配王氏，承祧广法公派学妹名下，不幸早故。次曰献琪，婚配洪氏，现生二男二女。三曰献璜，婚配王氏，承祧广荣公派学炉名下，亦不幸早故。四曰献琰，婚配程氏，承祧吾弟学海公名下。次子献琪现生长子廷仁，承祧吾长子献玟。四子献琰后出长子取名庭仕，承祧吾三子献璜。循序相配，昭穆相当，满望四房均匀，皆必籍吾父之灵护也。

追思吾父，三岁失怙，家贫母老，未曾读书。及至咸丰末年，粤匪入境，逃避阳山。吾祖母年迈不能逃走，吾伯吾父回乡救母，被匪一同掳去，幸吾父后日独回。至同治初年，世界清平，嘱予进馆读书，吾父躬勤农亩，节用持家，置田十余亩，造屋一二堂，只望予笃业前光，出人头地。不料，光绪十年，吾父抱噎重疾，忽登仙境。斯

时，一家八口，用度难支，谨遵母命，半耕半读，以资饔飧，惟俭惟勤，常虞竭蹶，二十年来纷心家务，未领青衿，尤赖吾母把持家内，吾妻帮理家外一切，不辞劳苦，抚育次、四二子成人，耕九余三，年顺一年。惜次子攻书未久，识字不多，至光绪三十年间开设爱日升店，率次子经手账目，立练书算，店运颇顺，剩利非轻，田产又增，新屋又建，欲效姜家义重，大被同眠。无如吾年花甲，精力渐衰，家务纷纭难以料理，爰请亲族商议，将祖遗田地山场屋宇并新增产业，坐落清明等项外，尽行品搭均匀，以作爱、敬二阄，拈阄各执，不得争论。自分之后，尔等务要同声相应，同气相求，友恭是笃，勤俭是持。家虽分而情如未分，产虽辙而义若未辙，是则吾之所深望也，于是为之启。

中华民国二年岁在癸丑清和月　日

阄书主盟：父学法，子献琪、献琰

凭：舅兄高美干，表兄章金寿、高富厚，堂叔广金

宗侄凤翔亲笔（签字）

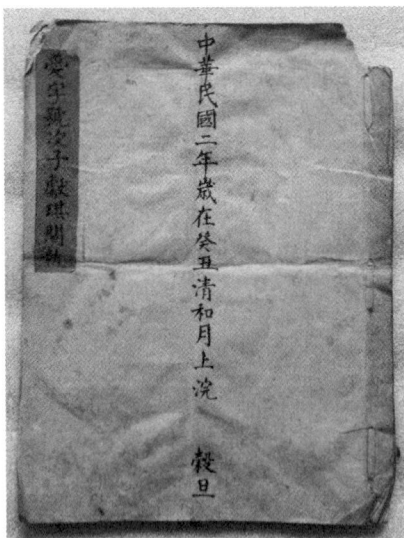

《爱字号次子献琪阄执》

该分家阄书前还对执行阄书作出了详细的规定，称为《规例》。这是比较少见的文书，也充分说明尚村人治族理家规矩的成熟。

《规例》如下：

议清明租息逐年挨房轮收。值年者正月拜坟年，清明节标挂坐用纸箔、火炮、完粮等项仍余，均是照丁发胙，到坟者给胙。倘有子孙好□□停胙，贴补攻书，其契批存值年者收执。其租息不得霸收，如违，听以不孝罪论。

议爱日升店，共结本店账净存美洋四百元整。业中面议扣实七折，共计美洋二百八十元。该店归献琪执管，开设一切往来账目亦归献琪承当收取。本当合每阄琰得进洋一百四十元，分作三年归清，不得短少。店中柜台、货厨并一切所用家伙，均是归店执用，不得争论。因上堂旧屋朽坏，广金堂叔与身商量改造，业中复议将此洋坐造屋八十元，仍洋二百元，坐予夫妇与吾母三人百年衣食、棺椁等项开用。此照。

议屋业各房照阄执管，路地照旧通行，各处田产所有灰舍、厕所及地坲、田磅、树枝等项，均是各业各管。又，土名邦乌口山一全业，现坐长子、三子两房均分，契批存爱阄收执。

议土名冷水圳上田水，自七亩塔至二亩降等处，一切塌水均是全浇。

议各处田中水路照旧过水。惟敬阄土名大亩头大丘，每年上忙先耕，有水灌满，准予爱阄土名砂塔放水添补，以便碌田种稻，以后不得私放。若遇富足，两造定要通匀，自后复议种稻以后概不准放。另将土名新岭脚上塘香（椿）水（树）一根作抵。

议将土名塘背湾清明田磅杉木出拼，议定四房均分。

议土名冷水圳上大买小顶田一亩二分半，现已析业，爱、敬二阄均分。田契存爱阄收执。

议土名砂塔大买小顶麦田七分半，现已折业。阳边扒出小顶田五分，计田一丘，分与爱阄执种，计大买租三勺，归与清明收租。阴边仍有大买小顶田二分半，现已成地，又田头地两片，爱、敬二阄均分，田契亦随存爱阄收执。

议官粮逐年各阄照产均配完纳。又，各处塘水各阄照田浇灌。

议风水①倘遇损坏，各配钱文修理，不得违误。否则，以不孝罪治。

多彩链接

写意山云岭

我的家就在你的山脚下，抬头就能看到你那整日云雾笼罩的绝顶——饭甑尖。想你的时候，我就往深山里跑，踏着"阁桥坎"，跨过黑猪石滩，来到姐妹石或冷饭石下，听鸟兽躁动，听泉水叮咚，吸着带有青草味的鲜湿空气，享受你那份原始的世外宁静，放纵那份难得的年少惬意。

小时候，我好奇，你那悬崖峭壁分明已够着湛蓝的天，白云紧贴岩尖飘荡，分明我伸手就能够着那天，但我一爬上绝壁山顶，天反而离我愈来愈远。石缝中长出的那棵不老黄山松，任凭风吹雪压，都是那么挺拔，那么顽强。这或许就是山云岭的性格、山云岭的生命力！

山风吹来时，松涛一阵越过一阵，我喜欢你排山倒海中那披头散发的飘逸；山雾偷袭时，薄纱白绫袅袅缠绵着山腰，似万马奔腾，我喜欢你在变幻无穷中那羞羞答答的朦胧；山雨袭来时，黑云压阵，山吼水啸，眼前一片残泥剩污，看到的是你那滑稽的落汤狼狈。尽管如此，在我眼里，雨雾中的山云岭，那才是浪漫的大写意。

没有荆州公路时，阴阳两边都是看不到边际的原始森林，灌木丛生，山上的松树密不透风，石上的苔藓似有千层。山谷沟壑的清泉，在悬崖洞隙上发飙，瀑布千丝万缕好似泻银卷雪。每年暑假搞柴火，

---

① 指坟墓。

我就在你的身边挤来钻去，渴了山泉就是乳汁，饿了野果就是大餐，累了就躺在石壁床上，直勾勾望着天，好像我是世界中心。

那笔架山峰，石峰如笋，号称"小黄山"。有时，我就站在那块叫"和尚寺"的遗址旁，望着山上山下发呆。

春光明媚时，有股吹来的气息叫青春，让人心旷神怡，让人激扬文字。我看到了你翠色茫茫中层峦叠嶂的曲线，看到了你高昂起伏的胸脯，看到了油菜花、杜鹃花花海人家的一张张笑脸。

山云岭风光

夏日炎炎时，你就是一个清凉世界，让人精神倍爽，视野宽广。我在树林中打坐，慢慢欣赏着你健壮的筋骨，光滑的肌体，还有来自心底的禅意。

秋叶纷纷时，我的眼前就是一幅画，能想象空山鸟语的情趣，想象孤芳自赏的舒畅。我看到你穿着火红火红的衣裳，绽放着云霞斑斓的美妙，脸膛挂着秋天那份倦怠的醉意。

冬雪融融时，我在白雪世界里张望，你的身体是那么臃肿，呼吸是那么吃劲，你苍白的睫毛和胡须是那么夸张，冰柱亭亭玉立，冰花飞溅四射的画面是那样鬼斧神工，仿佛内心的强大不可战胜。

有一日，我顺着荆岭的方向攀登，寻找着紫色映山红，无意中听到了山那边荆州的人语与牛鸣，追寻中，攀上了山云岭最高峰饭甑尖顶。我压着心跳，提着精神，陶醉在"一览众山小"的仙境美妙之中，体验了一回"无限风光在险峰"。

饭甑尖，高居于巍巍群山之上，周围众峰耸立，遥相呼应，脚下绝壁孤松，一个角度一幅美景，搜尽风光几为绝胜。海拔1349.6米的饭甑尖，峰顶突起一圆柱形巨石，高约15米，状如饭甑。顶部宽平，约50平方米，上有小"天池"3口，积水不涸。旁有一长石矗立，人称"饭匙"。传说，天放晴时，从这里能遥看到歙县岩寺文峰塔塔尖。这里的水，与清潭下直通。

站在巨岩上，我扯着云雾，搭着松风，仿佛成了山云岭的星星，成了梦幻中顶天立地的英雄，脚下的山峦显得那么渺小，峡谷沟壑中的村落那么袖珍，白墙黑瓦藏匿在丛林中。但我知道，在龙脉水口中藏着数千年的家族历史，那里有我方姓的血亲、乡人和我的童年。

山外青山，天外是天。我感叹大自然的伟大与壮观！从这里放眼世界，我看到了来自宇宙的大美和伟岸，听到了风起云涌中悠扬的乐声。

啊，这就是我诗意中的故乡，这就是写意中的山云岭！

第五章

茅屋书声

"十户之村，不废诵读"是徽州古村的普遍现象，偏远的尚村也不例外。尚村经历了宋元两代草创时期，明清时得到了快速发展，崇文重教之风开始盛行，各大姓皆设立了让自家子弟上学的蒙童馆或私塾。家庭重视读书，宗族间暗自较劲，各姓均有奖励读书规条。一时间，尚村人口千余，家家藏有砚瓦，户户备有纸笔，茅屋书声不绝，被外村人称为"砚瓦村"，可见当时崇文之风深入人心。

一　投苏王光环

宋时，云川许许寿从小熟读史书，精于韬略，智勇双全，立志从军建功，跟随岳飞将军抗金作战，由于作战勇猛，初授兵马先锋，又升为车骑都尉。每次作战，他谋定而战，身先士卒，后以战功晋升为投苏将军。绍兴十六年（1146），因"乏粮、情状"被敌方侦知，"公仪绝援力竭殉于阵，犹魂气敛积尸不坠于马者"。皇上知道后，追封投苏王爵，赐食庙祀。自此，宗族勃兴势大，子孙耕读多有成就。可惜，宋元明三代有关云川许家族的读书功名资料没有留传下来。清时，村人许泰侗创办蒙童馆，不分姓氏，对本村及邻村的孩子启蒙课读。后代子孙秉承先辈的教导，勤奋读书、勤勉做人。又有章氏太和堂私塾，唐氏学法公[1]在村中设立书馆，从咸丰到民国，几代人在家设办蒙童馆，兴启蒙义务教育之风，免费招收子弟及外姓村人读书。其中，唐学法更在私塾的基础上创办了女子学校。1905年结束开科取士后，唐家学馆的从教人员有8人，学生数十人。高姓、方姓随后也创办了宗族蒙童馆。民国时，清末秀才胡永年（绰号"老东"）在自家庭院开设蒙童馆，教课训读，后来当过尚村小学校长。

二　启蒙教育

徽州村落建筑中的蒙童馆，又称私塾，是供儿童识字读书的场所，一

---

[1] 唐学法，清咸丰丙辰年（1856）生，二十一世，字让斋，号明安，光绪丙申年（1896）例授登仕郎。

般与居室连在一起，正堂处，供奉着孔子和朱子的画像和牌位。这是一个受人重视和尊敬的地方，更是一个教化和形成民风的场所之一。数百年来，徽州人宁愿缺衣少食，但唯独不能缺少的，就是这块不显眼的启蒙育人基地。徽州大一点的家庭居室，都造有这种专门供子孙读书的场所。名族大户，甚至建有多处这样的蒙馆族学。可以说，蒙童馆的普及表明徽州人在教育上具有超前的意识。知书才能明理，明理才能为人处世。徽州人抓住幼苗哺育，胜过其他任何事，确实对徽州民风的教化，礼仪的培养，知识的普及，起到了极其关键的作用。徽州的出门客，必须懂得两样东西，一是写信，二是精算。这种知识的普及，礼仪风俗的教化，多从蒙童馆而来。

"几百年人家无非积善，第一等好事只是读书。"徽州社会，"惟仕为尊""学而优则仕"，同时"儒贾同好""耕读传家"。小小的蒙童馆，成了塑造社会性格，培养高尚人格的摇篮。徽州蒙童，读的是《三字经》《千字文》，从小受《家礼》训练。蒙童馆通过启蒙教育的铺垫，为徽州书院精舍输送了大量的人才。

自民国始，尚村的启蒙教育、小学基础教育一直很扎实。笔者在高广成家发现一本周秉清编写的初高两等小学男女德育读本《养蒙便读》（印刷本）。该读本共分十九章，分别为：立、行、坐、卧、言语、饮食、衣履、读书、习字、卫生、事亲、友爱、事长、夫妇、交友、服务、改过、立志、修德。从课本内容可知，过去启蒙教育不仅仅重视识字，更重视修德。尚村每学期就读学生数量保持在较高水平，尤其是20世纪六七十年代，政府号召扫盲，村里办识字夜校或扫盲班，组织大家读夜校。村民白天劳动，晚上自带煤油灯识字，积极性较高。本村章本金担任老师，自编教材，小学提供粉笔，学生不用交学费，老师不要报酬。20世纪60年代至80年代，尚村基础教育红火。

据统计，在20世纪60年代前后，尚村的大学毕业生就多达16人：许守德、许守仁、方德和、许家本、许家政、许家骥、章熙永、高耀虎、高锦龙、章本信、章本助、周观俊、高助立、周其成、唐日助、唐廷仁。其中，方德和1945年毕业于东吴大学，在苏州当老师；高锦龙1954年考取上海交通大学，1956年转到四川成都电讯工程学院，1958年毕业；章本助、唐日助1962年毕业于安徽大学，章熙永毕业于安徽农学院（今安徽农业大学），周观俊、许守仁毕业于皖南大学（今安徽师范大学），高助立毕业于皖南医学院，许家本毕业于蚌埠医学院（今蚌埠医科大学），许守德1962年毕业于合肥师范学院等。他们在不同的岗位上兢兢业业工作，在各自不同的领域都有不凡的建树。20世纪60年代初，尚村有一年同时考取8个大学生，其中许姓4人。这个小小山村在绩溪教育界引起了不小的轰动。

笔者在高文、程雪平家中堂前看到了左右板壁上贴着110张外甥女潘佳盈从幼儿园到初中的学习奖状，十分震撼。这至少表达了两层含义，一是家长对子女读书取得的学习成绩充满了荣誉感，二是尚村人家的小孩读书刻苦认真，对知识的渴望和进取心强烈，充满了自豪感。

左右板壁上贴满奖状

新中国成立初期，百废待兴，尚村小学师资缺乏，先后聘请了许媚时、章本廷、许守利、方秀平、方德明、周孝仁、洪新民、许观眉、高美玉等担任民办或代课老师。尽管报酬很低，但他们辛勤耕耘，教书育人，培育祖国花朵。村中从事教育者诸多，如方德友、方永清、方德和、唐廷仁、唐友金、周其成、周其昌、周其德、高耀石、高耀虎、高耀瑜、高耀富、章周坤、章本金、许媚时、胡亚如、许守德、许守仁、周观俊、周祥俊、周青俊等。如今，尚村一大批教育工作者，把教师当作一个崇高的职业来追求。他们接过前辈的接力棒，在教育战线上默默耕耘，教书育人，他们的名字是：许守有、高健、高耀斌、高道龙、周吾、方明珠、周起飞……长期以来，尚村出了十几位中小学校长：许家骥（绩溪县初级中学校长）、方德和（苏州大学毕业，曾任江苏顺泽中学校长）、章本助（宁国胡乐中学校长）、章周坤（尚村小学校长）、唐友金（鱼龙山小学校长）、许守有（华阳第二小学副校长）、周吾（孔灵小学校长）、许守德（睢溪中学校长）、高耀富（金沙小学校长、胡家小学校长）等等。

采访胡州华时，他提供了父亲方德友1954年在徽州师范学校学习培训两年，由于"成绩优良、操行甲等、注意锻炼身体"获得的三等奖奖状。尚村良好的基础教育环境和浓厚的求学氛围，为国家培养了众多的人才。如唐廷仁（副县长）、许家球（乡党委副书记）、高陆生（县政府办公室副主任）、许家斌（乡党委书记）、高灶兴（乡党委书记）、方泽木（县检察院副检察长）、高秀霓（徽州学校党委书记）等。还有唐日助，1959年任清华大学动力系办公室副科长，1983年返乡任绩溪县文化馆馆长；高健，绩溪县委党校老师；胡明义，绩溪县教育局局长；高攀，芜湖市农商行副行长；唐春飞，道同律师事务所律师；等等。

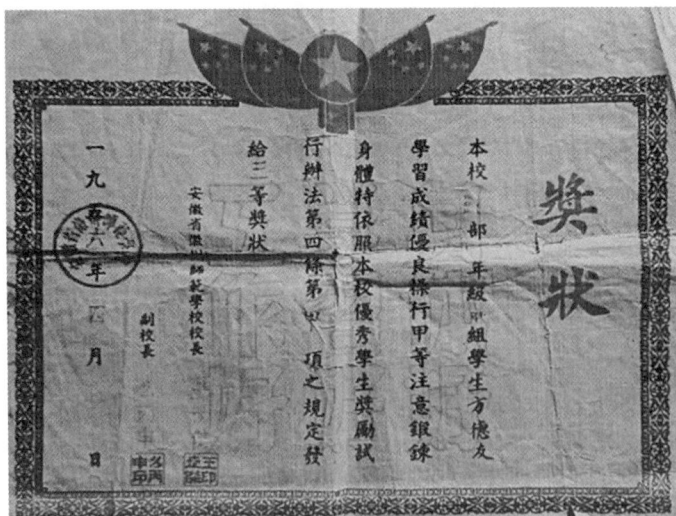

方德友的奖状

我的父亲是尚村小学教师

我的父母都是尚村人，父亲周其德是小学教师，母亲章柳时是公社干部。20世纪60年代初我出生后，他们陆续调回家乡，父亲到尚村小学任教。我在父亲身边度过了我的金色童年，完成小学学业，14岁我才转到家朋中学跟随母亲读初中。

尚村小学是由哪吒庙逐步改扩建而成的，校舍门窗几乎没有完整的，桌椅破旧简陋，庙坛当操场，秋收时则成为村民晒谷场。在国家财力紧张和人民生活贫困的年代里，乡村教育主要通过各乡村组织和村民的自发投入。当时的乡村小学课程简单，语文、算术、写大字、体育、劳动等，偶尔讲讲地理、教教唱歌。学生来自东方红大队所辖的五个自然村：尚村、暮霞、鱼龙山、水屋、松树岭，有一到五年级，有的年级合并到一个教室分开上课。寥寥几个除我父亲外，还有章周坤、章世泽、胡亚如、胡灶清、许媚时等老师，大多是公办教师，也有民办教师，基本上是本村或附近村的。

我的父亲还真算是全科教师，除了教语文、带体育、教唱歌，还讲地理。学生们的行为也被他纳入管理范围。比如：每天上课要把手背过去，抬头挺胸，离开桌子一个拳头距离；看书时，眼睛要与书保持一尺以上距离；写字时，不许趴在书桌上；课间必须走出教室去活动。那时候小学生眼睛视力保护挺好，几乎没有戴眼镜的。

父亲作为老师对学生比较和蔼，相处十分融洽。下课铃响起，父亲悠然拿起凳子坐到走廊上掏出旱烟筒，学生争着去给他装烟丝点烟，嘻嘻哈哈。我记得他只惩罚过两个学生。这两个淘气的学生逃课到塘半弯塘里游泳，被路过的生产队长胡其明发现带到学校交给我父亲。我父亲让他们站到教室前，打了几板屁股，罚站一节课。被惩罚的学生第二天被家长揪着推到我父亲面前：周老师，我家不听话，你尽管打，我就交给你了，你别不管他！边说边要去拿桌上的教鞭，学生嬉皮笑脸地躲，这事就过去了。

父亲写得一手好字，会拉胡琴，除了上课教好学生，还主动做村里的宣传工作。每到过年或村里有红白喜事时，也经常出现他提笔写对联或坐礼桌写礼单的身影。样板戏流行那几年，村里自导自演《沙家浜》《红灯记》《智取威虎山》《洪湖赤卫队》等戏剧参加公社汇演时，他又活跃在舞台上的乐队里，拉着二胡、京胡伴奏。

父亲是新中国成立后的第一代乡村教师，没有惊天动地的事迹，一生扎根乡村，兢兢业业教书育人，为国家输送了一批人才，为当地培养了一批又一批的知识农民和能工巧匠，同时也得到了村民的尊重。从我记事时起，全村男女老少都叫他："周老师！"（周孜）

三　重要事件

近代尚村人对读书的重视，有三件事值得一提。

第一件事，尚村有两位在教育界有影响的人物。

许家骥（1901—1961），毕业于江苏教育学院，曾任教于安庆中学，先后担任"教育部各省民教干部训练班""安徽省建校人员训练班"的教学工作，历任安徽省教育视导主任、省立徽州师范社教部主任、江西省立国民教育师资培训所训导长。1942年10月至1946年5月，任安徽省绩溪县初级中学（绩溪中学前身）教导主任、校长。在抗日战争后期，他曾以绩溪中学名义，在尚村许氏宗祠开办"中山学校"班，解决了当时尚村及邻村适龄儿童就近读书问题。这里一度作为绩溪中学入学选拔考试场所。迄今，祠堂的墙上还挂有两张教学用的《中国地图》和《世界地图》。这一举措对尚村人才培养影响较大。如高彰如、高锦龙、周其成、周其焕、方德和等都是民国时走出去的大学生。民国三十二年（1943），绩溪县银行成立，许家骥任银行经理（行长）。1946年5月，当选绩溪县第一届议会参议员。因县参议员不能兼任中小学校长，故辞去了绩溪县初级中学校长职务，但仍主持了一段时间的学校工作。

唐廷仁（1910—1989），又名唐克坚。尚村人，绩北唐氏文焕公派二十三世，中国民主促进会会员。5岁进入私塾读书，8年的私塾学习为他打下深厚的文字功底，15岁时，他跳级进入明伦堂小学。两年后，又进入绩溪县初级中学学习。1929年，考入浙江省立湘湖乡村师范学校（简称"湘师"），毕业后辗转江苏无锡继续求学，民国二十年（1931）考入江苏省立教育学院，后在嘉兴、杭州和绩溪等地任教。1939年，回到南迁浙闽山区坚持战时办学的母校，任附小部主任等职。在松阳期间，编写大量乡土教材，并由出版社出版发行，供全国通用直至1950年初。在湘师任教40年（包括退休后返聘回母校担任校史编撰工作），他宣传陶行知创办湘师的实践，为浙江研究陶行知教育思想作了奠基性工作。新中国成立后，唐廷仁任湘师函授部主任。1953年3月，唐廷仁在童友三、金海观介绍下加入民进，与金海观等筹建了全国第一个县级民主党派地方组织——民进萧山县委会。1956年底，唐廷仁出任萧山县副县长，并兼任政协萧山县第四届委员会常委，这是新中国第一位党外副县长。1957年6月至1958年10月任民主促进会萧山县第一届委员会主委，后又回湘师。唐廷仁1971年底退休，回原籍，担任绩溪县第一、第二届政协委员。1989年2月，唐廷仁去世，享年79岁。

唐廷仁（前排中）全家福（1983年摄）

唐春飞提供了祖父唐廷仁在绩溪县初级中学上学时的日记，真实地表现了他从小勤思好学的精神品质。现节录如下：

唐廷仁日记（节录）①

五月十八日　月晴

下午在操场操棍棒，有几位无知识的旁观者在那里口中不住地咕哝着讥笑我们唉！我们绩溪教育不发达，祸源就是给一班无知识者弄到这个步儿，他们以为这种体操不是学者所锻炼身体的，只做学者的事，终日孜孜、穷年碌碌于四书五经上，考秀才、中状元，这是他们所合意的，却不知终日孜孜穷年碌碌于四书五经考上了一个秀才、中了一个状元，身体有多少衰弱，精神有多少疲乏，眼光有多少近视。人生百年，在青年时受这种恶习压迫，难道不要短命？呜呼，到此处秀才状元还在世吗？

现在欧美许多文学家身体仡仡，精神偪偪，然学者若不锻炼体育去追，将来难免国也不国。

五月十九日　火晴

鸟声啁啾日已入屋。此籀今日早晨未起身时之景致也。早操毕，倪师训话，云西谣曰："时，金也。"孟子曰："一日暴之，十日寒之。"今早高级学生皆有汲汲然皇皇然知时之贵如黄金，但勿一日暴之十日寒之。倪师训话宜书诸绅。

五月二十日　水晴

无论做什么事情总少不掉锻炼的工夫，如我今天作一篇怎可不用功呢？脑里错乱得什么似的，这是缺乏锻炼的缘故。

---

① 日记原稿存唐方红女士处。

五月二十一日　木晴

下午体操汪老师说去野外操练，以关帝庙为目的地，于是就整队前行。过张家巷、舒家巷到胡氏学校，恰巧他们一班高级生在那里操哑铃操。当我们经过的时候，他们的教师还是一二三地喊着口令，一节还没有操好，他们就开口哈哈哈地向我们嘲讪的笑，他们的教师也不加以责备唉。这有什么可笑的，我们同是一个人，况且同国同省同县同做学生，衣裳鞋袜也相同，五官八体也相同，笑的是为什么才智的，是为什么呢？他们要这么我们睬他！只管我们走着。穿小东门，过川上桥，越后外村，从此道路渐渐直竖起来了，足儿的运动也渐渐缓慢起来了，心脏跳动也随着渐渐地迫促起来了。到周仓庙，心想再不能走了。但那庙前的树木里蝉声不住嘶噪着欢迎，我们就鼓起勇气经过那直竖的八个螺旋的路才到了关帝庙。先到庙内，四面一看才到一方石槛上坐下，向袋里取出一面小镜来一照，见镜中的幻影已和关帝的面容一样红了。在四面徘徊了一会后就依原路返校了。

五月二十二日　金晴

日光如火，暑气薰人，正午温度在华氏表八十度也可算得热了，受课时若不提出精神来就要到睡甜乡去了。看书也没往日容易记忆。

五月二十三日　土晴

东方白了而起身铃还没有响的时候，朦胧间忽有一阵清脆的读书声送入耳鼓，把我唤醒了，急忙坐起来把衣服穿好，便到自修室里拿了语文也咿唔地念着。

五月二十四日　雨

上午，听倪师周会训话。后看《友声》二十分钟。又看学生杂志二篇，里面所写的话都是说我们弊病怎么割除怎么更正，并且有二个秘诀。我们对于一星期里的弊病到星期日来把它编成一种诗歌，以书法绅籍以更正——不忘今天不是星期日吗？我也把他所写的秘诀实地作成一首诗。

日已三竿，

喔喔鸡声已渐渐持续。

同学们已在那里不住咿唔地捧着书儿读，

只剩下我还在睡乡里怅惘地踯躅。

五月二十五日　月阴

下午体操做棍棒操罢剩下的二十分钟做"矮倭子贪心占国"的游戏。这个游戏很有趣味，并且有关系，如矮倭子要求我们四万万同胞的二十一条条款的贪心。做这个游戏一来表示他的贪心，二来表示我们二万万学者纪念不忘，卧胆发愤勉学，以备将来复仇。

五月二十六日　大晴

今天语文所授的课是《武松打虎》。课文里叙武松在酒家喝醉了，后到冈上去，一路的情形和他打虎时的情形及打死掩下山冈子的情形。我读过这文后不觉奖励武松的勇武了。这样雄伟的吊睛白额虎给七尺之躯的武松一顿拳脚送它到鬼门关上去，可见他的勇武了。阳谷一县的人民应该怎样感激呢？

五月二十七日　水晴

晚饭吃饱了，身体上觉得有点不耐烦，就偕汪群绍华登了贡山。恰到山麓底下，映衬着一位渔夫垂钓回来得意洋洋的，又看见一位牧童在半山里手牵着牛，口唱着歌，好像这个当儿莫如他们快乐了。听的是鸟歌，看的是青山绿水，踏的是蔚蓝青草，顶的是天然荫盖，真任谁都没有你们的快乐。后面的布谷鸟催耕了，快到田里去耕种吧。天儿渐渐地黑了，就慢慢着返校。

他們要這麼做，我們隨他只管我們的走着穿小衫
門過溪上橋越引村從此道路漸漸直墜起來
了足兒也漸漸緩慢起來了心臟跳也隨着漸漸
地促起來了到同廟舍心想再不能行了青來
靈香還角是那廟前的樹林裏蟬聲不住嘶噪
歡迎着就起鼓勇氣走過那直豎的十八個
螺旋路才到關帝廟先到廟內四面一看才到一方
石橙上坐下向袋裏取出一鏡來面庭一照見鏡
中的幻影已和關帝的面容一樣的紅了在四面
徘徊後就依原路返校了。
五月二十二日　金晴　日光如火暑氣人在華
氏表八十度這也可算得熱了對於受課

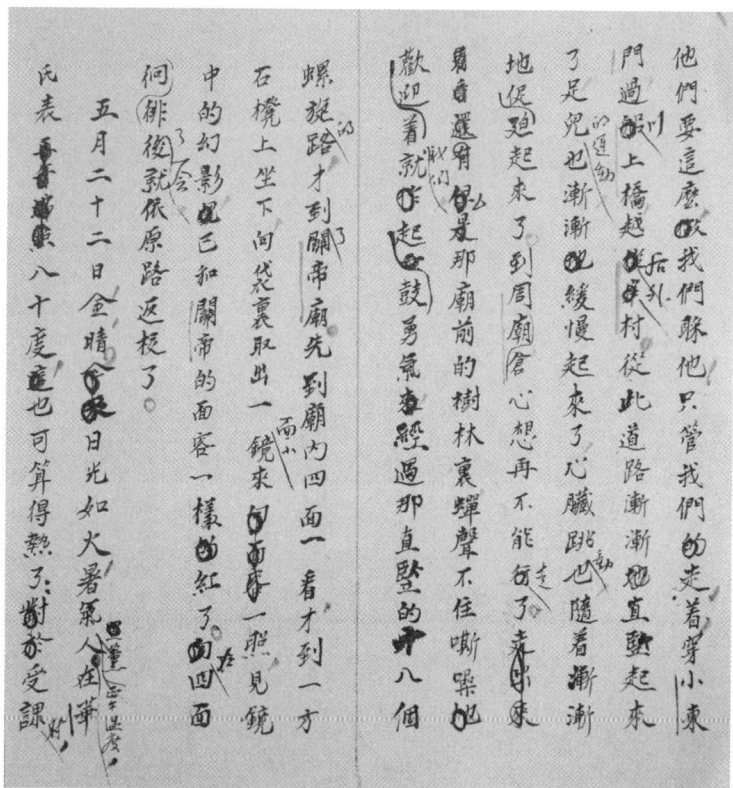

唐廷仁日记原稿

五月二十八日　木晴

下午操场上体操，正操罢散队的当儿，在一片青草上低着头踱着。忽然后面来了一个本乡人，口里喊着我的乳名，我听了急忙抬起头来乱望，原来是一个很熟悉的本乡人，就谈起话来。我这么问他这么答了，问答了好久。下堂铃声响了才和他辞别归队回校。

五月二十九日　金晴

今日的天气很热。坐在自修室里，那个珠似的汗儿在两额边徐徐地直流下来，把头发弄得潮湿湿的，很是难过。就走出去叫总校役上街去叫一理发匠来把我的黑漆漆的发儿剪去，哪知回来却说不在店里。

五月三十日　土阴

　　早上闻到周群如松这么说："我下午要回家。"我听了就写了一封信，托他放到大石门胡永芳号转去。

五月三十一日　雨

　　今天本是我们休息踏青的日子，奈不知好歹的天面呈黑暗暗的怒色，放下一丝丝的雨来瞅视着我们。非此别天那样青郁郁的，怡怡如也，色照出一轮和暖的阳光来，消除我们的无聊。为什么今天这么乌暗暗地放下脸儿？是不是我们得罪了你？我们愿意请你加罪，但是那铁般的气色不要呈在脸上，请你放出温暖的阳光来照得世界光明，令我们在这六天里的无聊到星期日来到野外踏青去而消散掉。你息怒——宽宥。

　　第二件事，就是清末民国时期，本村唐廷仁在太子庙开办过女子学校，先后有数批女生就读。这一传统观念的突破，无疑使尚村的读书之风更上一层楼。高元霞、高油霞、章婉婷、胡安清、唐荷六等是尚村女子学校最后一批女学生。

　　第三件事，1971年始，章周坤担任尚村小学校长期间，由于升入初中学生增多，在政府教育部门的支持下，尚村小学附设了初中班，初一、初二各设一个班，归胡家辅导区管理，中间中断，1976年又连续办了三年，1979年下半年撤销。这是偏远乡村基础教育的又一次突破。代课老师有方永庭、胡灶清、胡清泉、周其德、周孝仁、洪新民、周厚根、方德明等。采访当时任教的洪新民老师时，他提供了一份1977年红旗公社尚村初中班初二年级学生名单，共有36人。

1977年红旗公社尚村初中班初二年级学生名单

姓名	性别	家庭住址	备注	姓名	性别	家庭住址	备注
方成有	男	鱼龙山村		胡名林	男	高椅石村	体育委员
方浒	男	鱼龙山村		方周华	男	尚村	
周起明	男	尚村		高瑞霓	女	尚村	文娱委员
周吾	男	尚村		方龙华	男	鱼龙山村	
许守林	男	尚村	班长	方国武	男	鱼龙山村	
方永灶	男	暮霞村		周明政	男	松木岭村	
高耀元	男	尚村		章熙辉	男	尚村	
周文亚	男	松木岭村		周文玉	男	松木岭村	
唐家益	男	暮霞村		许政平	女	尚村	
方国炎	男	鱼龙山村		方敏	男	鱼龙山村	
周文念	男	松木岭村	学习委员	汪花平	女	水屋村	
许秀元	女	尚村		方满平	女	鱼龙山村	
方名来	男	尚村		周志钟	男	松木岭村	
高峰	男	尚村		周秀红	女	松木岭村	
许美平	女	尚村	劳动委员	高耀光	男	尚村	副班长
方野平	女	鱼龙山村		方金眉	女	鱼龙山村	
高林玉	女	尚村		高时元	女	尚村	
章时光	男	尚村		胡其炎	男	高椅石村	

多 彩 链 接

过客尚村

　　旧时，人生活的圈子很小很小，我老家鱼龙山离尚村仅一里路，尚村是我"老家"概念外延的重要部分。春雨清明日，我陪家人沿着儿时的记忆，对尚村作了一次"深度"重游。

从县城驱车出发时已九点，约莫十点到达古村磡头。一路上，田里山边油菜花娇艳欲滴，赏花人簇簇。我们避开梅间岭上赏花的人群，下磡头岭经竹里，在霞水村口沿云川小溪而上至鱼龙山村。车就停在村水口坦。我们踏着小时的足迹步行。

不管走得多远，家乡永远是我们最眷恋的归宿。从鱼龙山到尚村这一里半路，小时用脚板量过千万遍。每一块石板每一道沟坎，我都能说出它的故事。最先映入眼帘的是尚村水口路旁的周氏支祠。祠已修缮，围墙空院如故。水口已名不符实，往日枫树的洋洋大观已成记忆。原先村口沟圳两边乱石堆中那片挺拔粗壮的水口林只剩下了两株，我掏过鸟蛋的那棵又大又粗的古杨树幸还健在，旁边的两座水碓却没了影子。最下端两水合津处是我的同学周孜家的一排房子，但已"旧貌变新颜"。他父亲是我五年级的语文老师，我是他钟爱的学生。每次走到这里，我都要在路边停几分钟。由于圳陡水急，熟悉的水声不绝于耳。

村里老房子粉墙黑瓦，顺着山势错落而筑。许多老房子已倒塌破败了。走进一个旧院落，有门坊，有水池，有菜园花草地。据说，这个大户人家祖上曾是明代胡宗宪部队的押粮官。并排两幢三间二厢古屋，八仙桌椅如旧，静静地摆着。

村中央前街最热闹的地方，是高姓、章姓聚居的地方，算是较为平坦了。两条沟圳流水在这里汇集。我记得，水圳旁，小学章周坤老师退休后开过小商店，当时人气挺旺的，我买过无数次东西。石板路交错纵横，巷道曲径通幽，不时有一两幢望街楼出现。引水溪圳，弯弯曲曲，时明时暗。由于地狭人稠，一些房子就建在小溪上，闻水声而不见水。溪水或暗藏在厨房下，或隐于卧室底部，许多村民宛如"抱枕听溪吟"，酣然入梦，妙不可言！

尚村人是我儿时生活圈的一部分，印象特别深刻。我第一个接触的尚村人是我的小学启蒙老师唐友金。在我母亲再三请求下，我未满7周岁就进了小学一年级。每次轮到我家给唐老师派饭，我母亲总是要到二里多远的霞水村买块豆腐用心烧上三四个小菜。第二个就是裁缝章周瓒。一到腊月我们兄弟三个就左盼右盼，希望放学能看到有缝纫机从岱上抬下来，因为他每年春节前要给我们家做新衣过年。再后来，还有赤脚医生豹生、杀猪的本本、劁猪的夜姑、教书的本金、打铁的师傅、算命的家平，以及后来小学五年级老师和章本光、许守忠、高建丈、章本照、许守光等一批同学。我记得，家平是个盲人，以算命、打草鞋为生，几分钱至一二毛钱一双草鞋。我去山云搞硬柴就穿过他打的草鞋，因为他做的草鞋"不打脚"。再后来，两村联姻的情况愈来愈多，我们村的方大木长女素贞、方周勇次女体平、方殿高长女国眉、方永佳次女金眉陆续嫁到了尚村，尚村的秀文、体眉、眉娟又嫁到鱼龙山村。吃安苗包、吃裹粽、吃年饭，看戏、看电影、看热闹，乡村里这些普通婚嫁亲戚往来成了我少年生活、乡愁记忆的重要话题。我记得，第一次到尚村做客，东家会捧上"三道茶"，或煮一碗手擀的盖浇面；若是小孩，会热情地为他扣上"长寿线"，头上嵌些"甜竹叶"，意在祝愿小孩"长命百岁"。这种终身铭记的印象，来自我小时随母亲到尚村的一次次访亲经历。

尚村山僻地塞，有种特别的幽静。村边不远的北面山坡上，有座"岫云古庵"，俗称"乌石堆和尚寺"，是绩溪有些名气的佛寺。寺屋虽由两幢普通徽式天井楼居组合而成，但寺前庵后山溪流淌不息，尤其是寺前那口面积不大的荷塘，一汪清水嵌着山光倒影，别有一番风韵。塘边有数株古柿树，林荫小道春光明媚一片。室内正厅有副抱柱联，概括了寺院周边景致的气势："乌石从白云堆起，尖峰似饭甑飞来。"我记得，读小学五年级时，我们曾去寺对面的小坡上种山芋，勤工俭学，看着那排黄色的高墙深宅，隐约的木雕老爷菩萨，愣是没敢踏进寺院。记得寺内曾住着一位已还俗的和尚，名叫李小保。现人去寺空，空旷的山野里，显得有些惆怅和凄美。

哪吒庙边的山头上新建了一个观景台。登观景台，可以看到整个尚村及附近村落如画一般的景致。这是一些摄影人发现的审美视角。

村居瓦舍或隐或明，石桥古树，林荫如华盖笼罩，仿佛世外仙境秘地。若遇雨后山雾弥漫，桑田花海嵌着麦禾，随风起伏如浪，锦绣田园有嚼不尽道不明的美。现时节，只见山边杜鹃簇簇，田间油菜花黄如金，赏花人三五一群，也成了风景变幻的一部分。

从观景台下山，我仍沉醉在故乡审美的情感荡漾中。那种自然的文化情愫涓涓而流，那些熟悉的生活画面奔涌而出。我得感谢"绝摄徽州群"的男男女女们，是他们拨开深埋太久的历史尘埃，揭开了尚村千年古村的神秘面纱，用文字、用镜头、用行动，把最美的人文山水展现出来，把最普通朴实的农民、草根匠人展现出来。

其实，人生都是过客。每个阶段都有每个阶段的精彩，都有不同的情感经历，而孩童时的画面最实、情感最真，回忆也最为甜美，记忆尤其刻骨铭心。

丰　收

第六章

百匠补农

元代徽州知府崔孔昕有诗《绩溪道中》："一径羊肠道涧泉，岚光浓随笋舆前。荒祠树色含秋雨，茅屋鸡声破晓烟。山有一丘皆种木，野无寸土不成田。时和物阜常如此，焉用黄堂太守贤。"①其实，尚村就是个"野无寸土不成田"的村落。站在尚村后山头，可以俯瞰整个村落。水自山脊分流，因山多田少，山陡水急，不免土瘠民贫。

每到秋收的季节，沿着村头蜿蜒的石板小路行走，一侧是青青的菜地，种植着常见的瓜果蔬菜，竹篱笆上，红辣椒、金黄玉米随便挂放，有着一种说不出的好看；一侧是稻田、草垛，还有几只从容散步觅食的母鸡。这个皖南的古村落，至今依然遵循着古老习俗，人们一日三餐，下田上山。

一　以匠补农

旧时，尚村人以林山为依靠，以农耕为根本，勤俭持家。要养活一家人就得起早摸黑，不管上山还是下田，天刚蒙蒙亮，就带上"冷饭馃"开始一天的劳作。尽管起早贪黑，劳作十分勤勉，但生产效率不高，粮田产量极低，有的还不能让一家人温饱，只得另谋出路。人们为了生存，过上好的生活，大多给孩子安排两条出路：一是另辟蹊径，外出谋生，"十三四岁，往外一丢"，指望"以商助农"；另一条是从小就拜师学艺，农闲之时做一个靠本事吃饭的匠人。为了生存，村里几乎每个成年男子都有一门手艺，好吃"百家饭"。因此，每年农忙一结束就外出找副业，有谚语"麦仔一揿，往外一冲"，打工或做手艺来补贴家用。要么外出烧石灰，要么出门做手艺。这就是尚村手艺人的生活。故尚村有句口头禅："两年吃了三年粮，三年困了两年床。"这是尚村人一生忙碌而庸庸无为的写照。

一年四季，上山下田干活，草鞋、斗笠、蓑衣成为尚村人不可缺少的物件。邵名农先生采访许家平时整理了一首《草鞋谣》，讲述了尚村人打草鞋、穿草鞋的心境，表达了尚村百姓生产劳作的节俭与辛苦：

---

① 程慕斌主编：《绩溪古今诗词集萃》，现代出版社，2015年版。

　　草鞋四根筋，到老献终身。

　　草鞋线长与短，一达四分最标准。

　　草鞋没样，箬皮照样。

　　七月龙须八月芒，九月十月切葛藤。

　　草鞋越要好，葛藤丝夹糯谷草。

　　草鞋越要牢，草穰捶成跳狮毛。

　　草鞋勤翻边，经着好多天。

　　冬天赤脚穿草鞋，冻来没得谈。

　　冻来真不行，草补脚，壳袜笼。

　　要想脚快活，咬牙买山袜。

　　尚村离县城较远，与外界交通不便，许多农具、家具等必须自行生产。因此，各种工匠都有市场需求，百工自备，典型的"以技补农"，既解决了一个人"吃"的问题，也可获得一份额外收入，彰显了勤俭持家之风。至今，尚村村内仍有铜匠、箍桶匠、纸扎匠、棕毛匠、旱烟匠等多种匠人。这些民间手工艺人身怀绝技，离土不离家，充分利用当地资源发展手工业。

　　采访村人高灶甫时，他告诉我"以技补农"的两大好处。一是为了给家里省下一口粮食。许多工匠走村串户，用他们精湛的技艺挣得微薄的工钱，并换得一日四餐（早、中、晚和下昼），算下来，一个匠人一年中能为家里省下不少口粮。20世纪七八十年代，木匠、石匠工价是1.5元一天，竹匠是1.2元一天，裁缝是1.15元一天，剃头匠是0.12元一次，而当时猪肉是0.73元一斤，谷9.5元一担，米13.9元一担。二是能满足村内及周边生活资料和生产工具的加工需要，实现家族或村落的互帮互济，稳固自给自足的良性循环模式。

二 手艺人生

在绩溪十五都一带，尚村工匠以家族集群、世代祖传技艺而扬名，包括铁匠、竹匠、石匠、木匠、砖匠、纸扎匠、窑匠、砖瓦匠、铜匠、杀猪匠、碓匠、弹棉花匠、锯板匠、箍桶匠、裁缝、旱烟匠、棕毛匠、磅匠、漆匠、草鞋匠等40余种。大凡匠人都有自己的绝门技艺，村人中不乏民间大师级艺人。这些民间工艺设计制作，真正从民众日用而来，为百姓生活而设计。这些日用生活器物，在不经意间彰显大众的生活美学。其实，每一件器具作品都是有灵感、有思想的，有些图案花纹的创造，甚至成为乡土经典的民间审美元素。这些匠人，传承徽州工艺，积累自身经验。目前还有不少手艺人仍然穿行于本村和邻村之间，为乡人带来快捷方便的服务。

靠手艺吃饭的人，主要是为了生存，以勤补拙，以技补农。他们既可以相互"换工"，也可凭一技之长赚钱补贴家用，尚村传统手工业发达，形成了百工竞争的局面，也有垄断一方的情况。

采访退休返乡养老的许家斌时，他告诉笔者，认识传统才能创造未来。

尚村工匠都是祖传技艺，以姓以家传授，形成习艺传统和从艺范围。如砖匠许泰成，砖雕手艺娴熟，创作设计充满情趣，乡土韵味甚浓。其子许传早，孙许天光、许飞光、许光华，三代相传，均是村中一流工匠。较早的许家老屋上的砖雕是他的杰作。高周根、高观均、高龙三代家传铁匠，绰号"高铬铁"，从小耳濡目染，实践中得到真传。方桂兴、方德华、方灶正、方灶元也是祖孙三代铁匠，手把手传授，他们家打的锄头、耙子农具好用，菜刀之类钢口恰到好处。

严师出高徒。过去拜师学艺是很讲究的，没有关系，拜师很难，因此，传艺多是本家本族，一日为师，终身为父，要行拜师礼，喝拜师酒，形成了更紧密的师徒关系网。拜师学艺是男人走上社会的开始，是从少年走向成年的第一坎。经过传承和积淀，尚村造就了一批批精湛的手艺人。

日出而作

徽州一带建新居乔迁，专备酒席以感谢匠人师傅辛苦。酒席有顺序，砖、木、石匠，砖匠排第一。砖匠中，尚村比较有名的有许泰成、章周政、高秉维、高跃准等。砖瓦匠较苦，取泥、踩窑泥、制砖瓦胎胚、晾干、烧制、出窑，有章熙准、方助元等。尚村木匠最多，有好几十人，多前往临安做工，包括许守灶、许辉华、高熙立、周根志、许传立、唐大为等。

高灶甫、章本岩告诉笔者，尚村山云盛产麻石，周边还有烧石灰用的黛青石料。人们盖房修路就地取材，石匠较多。高耀全是岭南十三、十四、十五都一带石匠的祖师爷，梅间、竹里、磉头、鱼龙山、大石门等都有他的徒子徒孙。高灶甫从小做石匠，手艺是跟着本村高耀全师傅学的。石匠活主要是做屋，如凿门岩、凿柱磉，以及开石磨，凿碓口、石臼、石锁等。另外，还有坟墓上的石料。过去，石匠是力气活，饭量大，工资最高。石匠中以高姓为多，如高耀全、高周斧、高秉有、高伍贤、高灶甫等，周姓有周启建，许姓有许守云等。

木匠、箍桶匠、竹匠，也都是就地取材，有着广泛市场，每个人都有自己的"势力范围"。如箍桶匠章熙军，当过村长，每年都到金沙黄土坎、蒲藤坑做工，这一带成了他的"根据地"，家喻户晓。尚村竹匠也比较多，老前辈有高彰林、高德兴等，现在有周其培、章熙成、章渭瑭、章熙民、周林哲、许云忠等。章熙成手艺精，在附近邻村声誉好，还参加过省农展会。

竹　匠

尚村杀猪匠，一般"传亲不传外"，长期由一族或一家垄断。在20世纪计划经济时期，屠宰业是"强势"行业。杀猪匠有方宗元、方宗善、方德本，其中最出名的是大队支书方德本。这个手艺原是其父亲（桂元子）跟着高灶甫祖父高桂华学的，高德本跟着父亲学了这一手艺，后来由于不外传，他成了当时尚村大队唯一的杀猪匠。近几十年，杀猪匠主要是高广明、方灶元、高耀球等。

尚村也有几家铁匠铺，手艺最好的师傅是"高烙铁"。打铁是个技术活，需要掌握好火候、温度、力量等，一般的工匠三年就出师了，而铁匠最起码要五年。随着生产条件的不断提高和科学技术的不断发展，铁匠这一行业逐渐消失，但在尚村发展过程中留下了不可抹去的印迹！

裁缝有章周瓒、方建东、章周庭等。章周瓒的裁缝手艺是跟着黄甲村叔伯姐夫胡富学的，方建东是跟着霞水村宗鼎学的。裁缝手艺，也算是技术活，需要精细、用心、安静，所谓"心灵手巧"。最主要的是基本功扎实，一件衣服上万个针脚，匠人要用最好的缝制技术做到美观耐用。老裁缝还要懂得量身裁衣，依胖瘦个性缝制衣裳。

旧时，乡下裁缝是比较吃香的，每逢过年过节，家家户户的小孩就盼着穿上一套"过年衣""端午衣"等。那时全村老少都盼着裁缝师傅进村。缝纫机是东家自己来抬的，师傅进了这个村子，一家挨着一家做，做完了才能出得来。遇到村里结婚办大事，裁缝还要赶活计。现在，乡下裁缝基本失业了，大部分衣服都是从商店里买成品，只有少数特殊体型人的衣服及谢世老人长衫还需请裁缝来做。

民 居

那时最好的职业是"一劁猪、二打铁"。劁猪匠，尚村及周边只有方依华（外号"夜姑"）。絮匠，又叫弹棉花匠，尚村有许观元、许守福、张大江等。还有旱烟匠许光华，草鞋匠许家平，棕毛匠胡其飞，窑匠、泥瓦匠高大元、李小宝、章周利，以及大量外出谋生的糕点师。

尚村工匠艺人敬业，肯吃苦，会琢磨，对生活充满了乐观。每到雨雪天，那些工匠总在家里做这补那，敲敲打打，成为小街里坊一条亮丽的风景线。即使是现在，一些匠人仍然活跃在村里村外。

民间有一种说法，尚村地处偏僻，背靠山云岭原始森林，与一山之隔的荆州有隐蔽山路相通，曾长期作为荆州反清复明的一股"流寇"生活物资供应基地，客观上刺激了手工制作商品需求，工匠技艺因此日益精湛。

老村长章熙军

尚村老村长章熙军，是一位土生土长的尚村人。他为人正直，办事公道，待人真诚，尚村的男女老少都称他为"军倌"。

"军倌"是一名手艺精湛的好匠人。尚村贫寒人家的孩子，在那个"卖田卖地卖不掉个手艺"的年代，学手艺养家糊口是上上策。"军倌"学的是桶匠，德艺双馨，誉满乡邻。年轻时他常受邀在金沙等地献技，家乡姑娘出嫁时嫁妆中必有五样盆，以"军倌"打造为荣。近年来，尚村打造工匠一条街，"桶匠铺"首席师傅非章熙军莫属。他现场手艺展示赢得众多视察的领导、观光的游客、围观的村民以及摄影师们的一致点赞。记得他跟我们分享过这样的从艺细节：坚守手艺高水平，对贫寒又好客的东家，他身体力行教会徒儿，"蒸火腿"等佳肴不要使劲夹来吃，好让东家下一餐还能端上餐桌，时时处处为他人着想堪称模范。

"军倌"是一个对妻子关爱有加的好丈夫。章熙军祖上和尚村绝大部分人家一样贫苦，但他和哥哥章熙准齐心协力竖起了老三间，并相继迎娶了心爱的姑娘，亮哥俏妹的生活也算顺风顺水。可惜天有不测风云，他妻子在生二宝时，产褥期间不经意得了重病，如植物人般，在东方红瑞金医院住了40天后才开口，至此一病入冰窖。妻子出院后，有时腿脚行动受阻严重，起床困难，走路也不稳，出门干活成了奢望。"军倌"对妻子不离不弃，男主外女主内，顽强生活着。为了方便妻子起居，他将床搬到厨房，并在床边绑吊绳，在床、餐桌、厨房沿线的墙壁、门板上钉横杠，好让妻子练习独立起床，扶杠到灶台。后来，他还在厅堂开了个小百货店，一方面补贴家用，另一方面帮妻子减轻孤独。但由于没钱进一步治疗，妻子的腰越来越伛偻，借助板凳助行成了常态。雪上加霜的不幸还是降临了悲惨的家庭，"军倌"本人得了病，前前后后大医院就医三次，财尽人空，甚是凄惨。

"军倌"是一名不计得失的好干部。他当了十八年半的村长，卸任几年后，依然关心国家大事、村里琐事。村里一有什么活动，他总是带头参与，重建尚村庙坦古戏台，他慷慨解囊，积极捐款捐物；建造尚村观景台，他义务出工出力。他担任村长时是没有工资的，凭着带领村民走上新台阶的美好愿望，与时任的村两委班子开源节流、勒紧腰带过日子，让村庄的各项工作持续走在发展的轨道上。记得他说，"处理邻里纠纷讲公道，不喝两边茶"，"村干带头扑灭山丘大火，大人义务，小孩奖励作业本"。还记得他在尚村、霞水拆村并村，尚

村村名和中心村二选一的关头，选择了保留尚村村名而舍去中心村……连续几届的村干部当下来，他积累了人脉，也积攒着诸多不被理解，但他心中始终保持一笑了之的豁达和任后人评说的坚定。

2023年5月30日晨，"军倌"在家中病逝，享年75岁。"军倌"走了，但他的精神永远值得我们学习！（许守有）

三　工匠名单

尚村因工匠而精彩，尚村因工匠而自豪。

安徽大学艺术学院副教授、社会创新设计研究中心主任陈庆军博士在《尚村老胡的困惑——从一个棕毛匠看乡村手艺与民间造物的嬗变》一文中写道："老胡本名胡其飞，是土生土长的尚村人。在他14岁时，随父学艺，以编织蓑衣为业。至90年代中期，老胡编织的蓑衣已经无人购买，随即以棕绷床垫延续他的手艺，至2010年前后，老胡绷的棕毛床垫也失去了市场。近10年来，老胡几近失业。尚村手艺人的境遇大抵如此：早年以一技之长营生，倒也还能滋润地乐土营生，可近10年以来，他们的手艺全无用场。近些年在乡村旅游兴起时，老胡和乡亲们以另一种形式重操旧业，即带表演性地向进村的游客们展示民间手工艺。"过去，村人引以为豪的"以匠补农"随着现代生活方式的转变而渐渐退出历史舞台。

经调查，已故知名工匠名单如下：

杀猪匠：方德本，曾任大队支书。木匠：许泰成、方德林（乌石堆和尚寺是他主持做的）。铁匠：高周根、高观均、方灶正、周春、周银炎。裁缝：章周瓒。砖匠：章渭奎、章周政。石匠：高跃全。劁猪匠：方依华。竹匠：高彰林。棕毛匠：许守水。酱菜匠：唐周富。碓匠：许传立、王周宝。纸扎匠：许传书。糕点师：章渭璜、章浩达、章八生等。箍桶匠：方家安、章熙军。

现在，尚村工匠仍是一支非常活跃的劳动生力军。经调查，名单如下：

当代尚村工匠名单

序号	名称	姓名	学艺时间	学习途径
1	裁缝	方建东、高教时、章本日	16岁始	拜师
2	杀猪匠	高耀求、高广齐(其)、方灶元、方助元、高广虎		拜师
3	酱菜匠	唐建龙		祖传
4	麻糖匠	周启建、许志成		拜师
5	锯板匠	方德武、方德阳、周启红		自学
6	鞋匠	方金眉、方助平、方银青		自学
7	棕毛匠	胡其飞		祖传
8	草鞋匠	许家平、周光德		自学
9	扎扫把	许灶助		自学
10	旱烟匠	许光华		拜师
11	糕点师	周少飞、章本兵、章渭理		祖传
12	弹棉花匠	张大光、许志成、许守华		拜师
13	木匠	唐大维、方光明、高西立、许守灶、张来明、许亮光、方明来、周辉星、周县辉等		拜师
14	竹匠	章熙成、章熙明、周林节、许云忠		拜师
15	箍桶匠	高耀武、方庆波、高培生		拜师
16	铁匠	高周根、高观均、高龙、方灶元、胡明林		祖传
17	砖匠	高建厂、高耀准、唐铁明、章熙东、高跃山		拜师
18	土医生	高豹生、章本岩		祖传
19	窑匠	高广雄、高大元、许守炎		自学
20	纸扎匠	朱建一、章美萍		自学
21	石匠	高耀节、高武贤、高灶甫、许守云		拜师
22	厨师	高教时、方俊(红泥坊主厨)、许旭辉(山东)、高跃家(在合肥开七家饭店,厨师老板)、朱丽云等	年少至今	拜师
23	磅匠	高耀文、高广雄、高耀求、高耀体		拜师

续表

序号	名称	姓名	学艺时间	学习途径
24	碓匠	高熙立、唐大维		拜师
25	爆竹匠	许守廷		拜师
26	豆腐匠	周晓春、周启红、方建华等		拜师
27	劁猪匠	方九明		祖传

多 彩 链 接

绩溪有个尚村

过上退休生活的三五好友，揣着寄情山水的情结，金秋时节出去走走，除了名山大川，安静的农家小院也是好去处。

皖人对徽派景致是念念于心的。每年春，油菜花开了，每年秋，乌桕红了，庄稼收了，要晒秋了，都会令我们向往。

绩溪有个尚村，是典型的徽州古村落，据说历史上以"十姓九祠""徽匠第一村""家家有砚瓦，户户有毛笔"而闻名，获得了中国美丽休闲乡村的美名。

尚村属家朋乡。家朋的梯田式油菜花海闻名遐迩，每年春天游人如织。尚村是游人喜爱的摄影小村。

我们到达尚村的那一天，天蓝蓝，山林斑斓，秋意已浓。徽州乡道，车少人稀。从尚村南入口下车，路边一面砖墙上整齐地排着一溜老旧的瓦罐，间隔着从罐子里流着清凌凌的山泉，让一个质朴的徽州乡村，瞬间泛起了文艺味道。

呼吸着山里秋日温暖的气息，缓缓拐入小道，往村里走。一抬眼，就见一家竹器铺，用竹子作顶，作桌、作凳、作柱、搭起偌大的一个休闲厅。厅外，皇菊、十样锦，黄黄红红开得正艳。与家相依的一面，一丛青竹幽幽地立在光影里，大厅正面一块黑色青石上刻着三个字：幽篁里。

让人见了，心随之一动，想起王维的诗：独坐幽篁里，弹琴复长啸。深林人不知，明月来相照。此时，虽然晴空朗朗，没有人迹，没有琴声，一点也不缺幽篁里的静雅。

沿着曲径通幽的小道，在村里徘徊，不时遇到一面招牌插旗，在白墙灰瓦边飘摇，桶匠铺，铁匠铺，弹棉花铺，粉丝铺，竹器铺，扫把铺，豆腐铺，看得人好奇不已。这些标志，昭示着小村的过去，让人浮想联翩，穿越回当年。

在一家飘着豆腐铺小旗的门前，立着一面白墙，墙上挂着一件蓑衣，下面的一丈红正红艳艳开得正旺，蓑衣上方写着"晒秋影巷"。我们忙着拍照的时候，从豆腐铺里走出一妇人，问我们要不要吃碗豆腐花。

想不到这家豆腐铺是真的，我们回应说，可以，便随她进了家。整洁的堂屋，八仙桌边，一位老人坐在轮椅里。我们围坐在堂前的矮桌上，妇人揭开摆放整齐的大瓷盆，从里面舀出几碗豆腐花。矮桌上放着装了盐、糖、葱花、辣椒酱的瓶瓶罐罐，我们自己动手调味。我只放了少许辣椒酱，一勺入口，嫩滑的豆腐花即无踪迹，一碗下肚，口中有若隐若现的豆香，无一丝豆腥和涩味，心中称奇。

我们问坐在轮椅里的老人高寿几何，没想到夫妇俩，有些羞怯地低声回应："不能说高寿哦，才60多岁，因为得了脑梗，有后遗症，半身不遂。"

这位男子以前是位手艺人，做木匠的，家中的家具都是他亲手做的，八仙桌和旁边的香案，都做得很精致，有木雕花纹。他们夫妇有两个女儿，都在外地工作，有一女及女婿都在医院工作，老人的药，都是女儿配好带回来。

从豆腐铺出来，继续在村子里闲逛。不大的村子，房舍错落有致，窄窄村道边，依附着一条清清的水道，在村里蜿蜒。如果没有墙上的标识，我们很有可能迷路。

　　村子里极为整洁，白墙上还挂着摄影人的作品，有的作品下立着用粗木块定制的小兔，有的墙上还画着黑色的简笔画。一位男子挑着担子，两头貌似食盒，上书"尚村毛豆腐"。

　　农家小院里，一畦畦绿油油的青菜，青青的萝卜缨下露出点点红的、白的萝卜；院墙上，从墙缝中伸出来的皇菊，此时开满了一朵朵明黄色的菊花。一个个老坛子里长着一颗颗青菜，菜叶里透着绿光，也成了一道风景。

　　在一家老房子前面的院子里，地上晒满了高秆白菜、玉米、辣椒、南瓜、黄豆、红薯。这就是典型的徽州晒秋呢，我们忍不住挤进收成里拍照留影。户主是一位老人家，看着我们开心的模样，又带我们走进老屋去看家中古老的陈设。

拍摄晒秋场景

　　我们说，你们这个村子不错啊，可以收费的。老人说，我们村民开会，大家都说，不收费，有人来，热热闹闹，我们就开心了。

　　此时家家院子里都晒着红薯，绩溪产红薯，也是出粉丝的地方。我们问了粉丝价格，才知道粉丝比肉还贵，30元一斤。乍一听，令人吃惊，到了粉丝作坊才知道，这个价格的缘由。这里的粉丝都是手工制成的。红薯洗净，打碎，用水一遍遍过滤，渣子喂猪，含淀粉的水沉淀后，铲出湿淀粉晒干成粉，10斤红薯才能晒出一斤粉。到了冬季将红薯粉蒸熟，刨成粉丝，制作过程还会有边角料粉丝头。这样算下来，30元一斤的手工红薯粉丝，好像还不够本呢。

绩溪炒粉丝，是徽菜中的一道经典家常菜。我从小就喜欢吃粉丝，物资匮乏的年代，粉丝是稀罕物，家里很少见，食堂里一角钱一份，一般是家里来客人才买。我对粉丝的喜爱，一直延续至今。

到了饭点，路边的土菜馆都关着门，我们问了一位坐在家门口的白发老人，村里没地方吃饭吗？他说有啊，直接领着我们进了一家土菜馆，很大的厅，几层楼，却空无一人，老人让我们坐着，他去找人。

不一会老人找来了店老板，原来他去挖红薯了。老板是位中年男子，也是我在尚村见到的最年轻的一位。他有些不好意思地说，现在游客少，没有准备多少食材。我们说，你家有什么给我们做什么。

他将冰箱打开，给我们做了油豆腐烧肉、西红柿炒鸡蛋、炒青菜。我们提出要吃粉丝，他再次微笑着抱歉说粉丝不多了。我们说尝尝就行，他加了笋干炒粉丝。粉丝端上来，我迫不及待地拣了一筷子，一人一筷，瞬间光盘。

我们一边吃饭，一边跟店老板聊天。你家这么大房子，这么大店怎么你一个人忙呢？他说因为疫情，游人少，没有收入，孩子在读书，妻子去城里打工了，他独自守着店，还得做农活。

我们问他，这么大房子，你出门都不锁门啊，我们刚刚推门就进来了。他笑呵呵说，没关系啊。

一顿真正的家常便饭，不过百十元。茶足饭饱，阳光亮得耀眼，我们懒懒地在店里休息、打牌。老板收了碗筷，直接下地去干活了，我们找到电水壶，自己烧水喝，仿佛在家里一样。

下午三四点，我们才缓缓离开。临走随手带上门，没有锁。（张桂兰）

第七章

商旅如烟

明清时期，尚村重农耕，营商氛围不浓，经济并不发达。咸同年间，太平军七进七出绩溪，给绩溪城乡带来了极大破坏，乡村一片狼藉，尚村人口也一度锐减至二三百人。晚清后，人口复苏较快，男人到了十三四岁，都面临着谋生出路选择，天资好的，留下读书，差一点但机灵的，可能就是"包袱雨伞，往外一赶"，掀起了"十三四岁，往外一丢"的高潮。因邻近江浙，到临安、孝丰、杭州一带做生意者居多，也有到上海、汉口、郑州等地当学徒的，主要从事茶食、酱制品、糕饼业、餐饮、百货等微利行业。

一　村内店铺

村内街巷店铺并不多，以日常生活用品为主，自产自销，或以物易物，如杂货、肉铺、油坊、豆腐坊等。随着外出经商的人增多，经济意识的增强，村内商贸渐渐热闹繁荣起来。

笔者在唐姓后裔家中发现一份《十五都屠宰议约》，都内共有13户肉铺店号，而尚村除爱日升外，至少还有许正泰、周隆昌等三爿肉铺。

十五都屠宰议约

立合议约十五都屠宰业全体同人许正泰、唐恒泰、汪义昌等号。缘我肉业，自民国四年奉令认捐，每猪一头计洋五角，于花户担任二角，商家三角，名曰屠宰税。我都当经认定一头每年计洋一百八十元，列入正项税则。

迩来国事多艰，需款浩繁，税额递加已达三百七十余元之多，人心狡诈，往往有私宰私售，不认分毫税率，使我店家独负重责，血本堪虞。爰集合都同行酌议，自此以后，所有本都花户，除婚丧要事及度年关者一概免捐，此外，无论何人，倘敢私宰私售，或经由经纪报告，或被访查，勒令认捐大洋一元八厘，内扒两成归入经纪，以昭公允而重责成，若私敢抗违，公同罚酒六席，折洋四元。若同行中，知情蒙隐，及交涉时托故规避者，是有意徇情，甘心破坏，照偷税者加倍议罚，所收零税或罚金，公立账簿三本，存储汪义茂、唐恒泰、许正泰肉铺，年终结算，照认捐税额摊派。此系全体议决，各无异言，恐口无凭，立此合约，一样十四纸，各执一纸存照。

民国十六年端午节

合都同业具：胡合仁、胡忆泰、高益泰、爱日升、胡裕泰、唐源泰、周隆昌、周鼎隆、周鼎昌、章德兴、许正泰、汪义昌、汪义春。

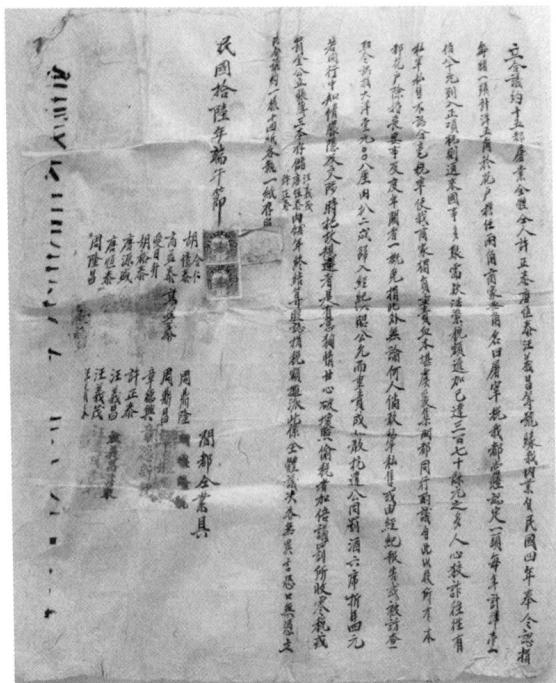

十五都屠宰议约

据发现的资料，尚村唐姓虽是小姓，却是率先于清朝初年在前三园开设肉铺（店号不详）的。咸丰九年（1859），太平军入境。三岁丧父的广禄公携年迈母亲及弟兄躲避至山云阳山，全家不幸被掳，后仅广禄公得以逃生，店铺生意受到冲击。同治元年（1862），广禄公在村中再设肉铺店，节俭持家，维持一家八口生计。后有盈余，置田十余亩，造上下通转堂屋。

其子学法，继承祖业，维持店铺经营。唐学法为了方便儿子唐献琪学习，决定设学馆兼开店，店号"爱日升"。"日则经营在外，夜则整理店务。""爱日升"商铺在村里规模越开越大。光绪三十年（1904）学法去世后，时年20岁的唐献琪继承先志，勇敢地挑起家庭重担，照顾全家三男六女的生活。唐献琪有经济头脑，扩大经营范围，加卖日用百货、苏州布匹等，安排妻子和母亲手工舂米转卖赚取附加值，还与村中人合股经营木材和粮食。"爱日升"商铺产业日增，资产积累较快，经济日昌，家道大有起色。尚村至今仍保存有仁记、义记、礼记、智记、信记等店号账务。遗憾的是，民国二十七年（1938）后，"爱日升"店铺因社会动乱而关闭。下面是民国二十四年（1935）正月立的《爱日升店铺流水》账簿[①]，从一年的流水账中，大致可以看出这个家庭商铺与村人、外村间商品流通、金钱往来的状况。现节录《爱日升店铺流水账》如下：

爱日升店铺流水账

爱日升堂收支总登

二十六年款项详见保记总清二十六年一月三日之册内。廷仁识。

民国念七年

正月十五：

付高周金会洋六元（内收周金还款洋四元，保记填付二元）。

付汪俊贤会洋五元（内收俊贤账洋一元，仁记填付二元，保记填付二元）。

二月十五：

付高社根会洋一元，内在渭璜处借十元，保记填付三元。

收汪俊贤会洋一元（此洋是前代付会洋）。

付程灶来会洋八洋。内保记填付五元，仁记填付三元。

收汪俊贤缝工 此是二十六年冬六妹缝制嫁衣。

---

① 爱日升店铺流水账簿原件由唐方红收藏，笔者存有复印件。

四月十一：

收方德全小猪洋三元。此洋存保记处。

收借章渭璜洋十元。由仁记对斋归还。

收周观永麦租二斗。仁记收。本年欠一洋，去年欠三升。

收典记麦租四斗（仁记收二元）。

五月十五：

方桃生介方德荣洋二元。借方德荣洋二元。

七月初一：

收方灶成石灰洋一元（此石灰仁记收）。

付高周金洋五元五角（仁记付）。

五月十五：

收高观琴灰洋半元（保记收）。

收方桂元如手洋三角（保记收）。

收典记第二坵租谷四十斤。太子庙租谷六十斤（仁收三元）。

收周正顺下碓租谷四十斤（仁收）

收周观永下碓租谷六十斤（仁收）。

十月十二：

收松木岭租谷老秤二百四十斤，合公秤二百七十斤（仁收三元）。

又收租洋二元仁收（外方根法租洋□，中资洋三元，仁付）

十月十七：

付与程荣根交涉费洋（肉面洋四角，保付。香烟两合，保付。香烟两合仁付。香烟一合，仁付。保丁洋□，仁付）。

十月二十五：

付汪俊贤会洋五元。内赊账三元，仁填付四元，保填付一元。

付冬至节费（香二支、锡泊二把、正古五刀）。

十一月五日：

收许傅化洋一元。保收。

补付桂兴会洋三元。保记付。

收德本堂洋五元。存保记。

收保记租谷洋二元。保记收。

收仁记租谷洋二元。仁收。

十一月十日：

收方桂元刀手洋四元。仁记收。

十一月十日：

预付高周金会洋四元七角。（保记付）

收乌石堆枯松洋一元（保收）。

（下略）。

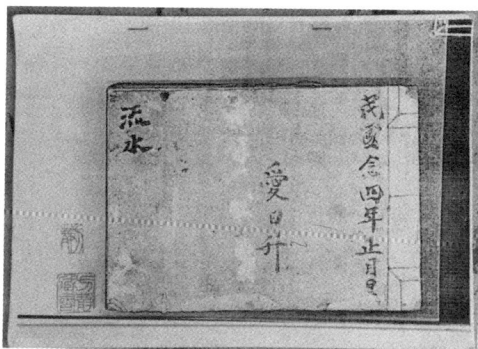

爱日升店铺流水账簿

　　从唐方红提供的民国唐广禄"爱日升"商号流水账簿（唐献琪记录）及店铺留下的大量"泥条""凭条""收条"中也可以看出，店铺业务涉及本村许姓"思敬堂"、周姓"德恩堂"、方姓"德本堂"等之间的经济账目往来，以及典记、保记、仁记等山场林木管护，太子庙、鱼龙山方氏家祠、霞川村等之间的谷麦租借，表明村内村外民间贸易往来频繁。

二　旅外经商

　　村中在外经商比较成功的有高姓、唐姓、章姓和周姓四大家族。高姓即高富楷祖孙三代，主要在安吉梅溪开南货商店，店名称"万寿南货商店"。据说商号匾"万寿"两字是镀金的。后办有油坊、食品、糕点等店铺。唐姓即广禄、学法、廷保、廷仁祖孙四代，主要在余杭经营茶、糕点、食品等杂货。章姓即章自镜一族，也就是有名的"章姓八大户"，是余杭"五味和"糕点作坊的大师傅，后代相继有人继承祖业，投股从事糕点生意。周姓即周汝功一族，主要在孝丰一带经营杂货，生意也十分红火。

笔者发现民国二十六年（1937）《合股议据》一份，合伙人都是尚村人。这从一个侧面说明，当时尚村有一部分人手头有些资本，也积累了一些营商经验。这份《合股议据》中，唐廷保、唐廷仁又与本村许荣滋、章渭璜等十一人集合资本计国币三千一百元，合股在杭州官巷口设"味时新"茶食糖果号，在杭州卖鱼桥开设"味乐斋""宜香斋"等三个糕饼店，成为这一带有影响的店铺商号。

合股议据

立合股议据人许荣滋、章问斋、高耀笙、章昊达、章渭璜、穆警予、唐廷仁、唐廷保、高灶有、高灶源、高周皋。

缘吾等或属同志，或属戚友，意志相投，愿抱同舟共济之义，管鲍是仰，合力创设共利之业，于是集合兴隆资本，计国币三千一百元整。在杭州官巷口地方，开设味时新茶食糖果号，业于本年国历八月九日开幕。该资本当由许荣滋、章问斋、高耀笙、章昊达、章渭璜以上五人，各认定股本三百元整。穆警予、唐廷仁、唐廷保、高灶有、高灶源、高周皋以上六人，各认定股本一百元整。其各认定股本均已一概收齐。嗣后，该店盈亏概照认定资本多寡摊派。不得一人利己怀私溢，从此生意兴隆有日，财源茂盛可期。所有条规开列于后：

（一）本号牌号定名为味时新茶食糖果号。

（二）本号事务进行于每年新正会议一次。

（三）本号推定经理一人，协理一人，执行本号一切进行事务，平时个人不得干涉防碍店务进行。所有用人及解雇全为经理一人裁处，不得用情推荐妨害店务。

（四）本号官息长年以二分计算，于次年新正给彩时，照股本分给，平时不得支取。

（五）本合股议据一样十一纸，各执一纸为凭，如有在外抵押或让与，概不生效。倘遇必要退股时，须于三个月前通知本号经理人，由经理人征求各股东意见后行之。

中华民国廿六年九月　日立

合股议据人：许荣滋（盖章）、章问斋（盖章）、高耀笙（盖章）、章昊达（盖章）、章渭璜（盖章）、穆警予（盖章）、唐廷仁（盖章）、唐廷保（盖章）、高灶有（盖章）、高灶源（盖章）、高周皋（盖章）

执笔：高耀笙（盖章）

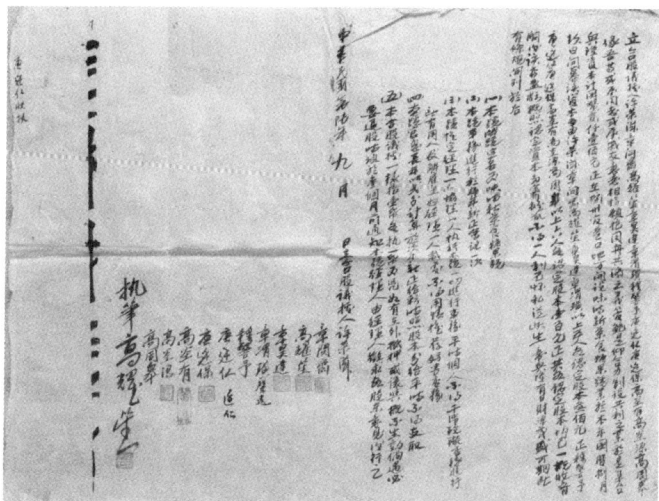

合股议据

这张《合股议据》中合伙投资规模还是比较大的，股东大部分是尚村人或尚村人的亲戚，包括许姓、章姓、高姓及唐姓等，真实反映了清末民初尚村已经完成了资本原始积累，经济实力有了较大发展。由于人口大幅增长，尚村外出谋生者在民国时达到高潮。如章渭信，字锦林，又名渭杏，曾出任宣城粮食会会长，抗战时曾帮共产党到孙家埠、宣城等地采办军粮，民国三十六年（1947）起在宣城、杭州一带做粮食生意。章渭信生二子，本德、本金，本德在家开店。据不完全统计，尚村1949年前外出经商的人员有33人。名单如下：

唐荣保（杭州，食品），王日高（汉口，百货），许观华（宁国，烟酒），许家玉（上海，餐饮），高耀托（郑州，餐饮），方宗年（上海，餐饮），高观禄（杭州，食品），高彰早（杭州，食品），高观成（安吉，百货），高观义（安吉，百货），高彰如（安吉，百货），高观根（湖州，百货），高观炎（安吉，百货），章渭璜（杭州，食品），章周鸣（杭州，食品），章锦林（宣城，粮食），周观助（歙县，饮食），周观丰（歙县，饮食），周根托（柳州，面馆），高炳成（孝丰，百货），高定苏（女，安吉，饮食），章浩达（杭州，食品），周汝功（孝丰，百货），王观仙（绩溪，华阳饭店），高观康（上海，饮食），周观福（杭州），唐周富（安吉，酱油坊），高观光（上海，饮食），许守水（宁国，手工业），高观生（孝丰，小吃），高培丰（安吉、梅溪，木料生意），章渭善（孝丰，印染厂），章渭通（云南，做生意）。

出门挞馃

绩溪挞馃，亦称出门馃，属乡土面食。"挞馃"一词是徽州绩溪方言，发音为 tà gǒu，官方史书鲜有记载。绩溪挞馃和其他地域的面馃，如面饼、大饼，最大的区别是为出门做生意的商客，或为外出求学的学子量身打造的干粮面食。为使他们携带方便，睿智的绩溪女人把猪油裹在馅里，烙熟后油从内慢慢渗出，表面虽不诱人，但外素内秀，味正可口，自成特色。而其他地域类似挞馃的面饼，食油往往涂在表面，如歙县的石头馃，它的制作和绩溪挞馃相差无几，但他们把食油刷在铁锅上，涂在表面，用扁平的青石压住烙熟，表面油香诱人，却不便携带。北方的面饼、大饼，虽也方便携带，但大都无馅，若不和其他食品混合食用，其味道和绩溪挞馃是难比试了。

绩溪挞馃对面粉的选择就非常讲究，既不能筋道太足，又要有一定的韧性。旧时，小麦是通过手磨和水碓磨加工，面粉分头等、二等、三等和四等，四等面又叫糙面。头等和二等是白面，头等面筋道太足，适合做面条；二等面、三等面适合做挞粿。绩溪挞粿从和面到成形，都是手揉手捏，最后一道程序是用铁锅"糇"（方言）挞粿。"糇"是徽菜烹饪中最古老的独门火功，掌握中低火候，火太大，粿易焦，火太小，粿不易熟，难出粿香。挞粿烙熟后外表蜜蜡金黄，浓香四溢。一经加热，越烤越香。

百姓把挞粿分为盘缠粿、冷饭粿、时令粿、酱粿等。

盘缠粿。亦称出门挞粿。古人把路费称作"盘缠"，于是徽商出出门做生意携带的挞粿，也就叫成了"盘缠粿"。"前世不修，生在徽州，十三四岁，往外一丢。"徽州人从小就要背井离乡外出学生意，"讨生活"，绩溪人叫"出门客"。在出门客离家前，母亲或妻子都要为他们精心制作盘缠粿。儿子出门，"儿行千里母担忧"，一个个精致的盘缠粿寄托着母亲对儿子的希望，一揉一褶渗透出母亲对儿子的种种不舍；丈夫出门，"日日思君不见君"，每一个盘缠粿都蕴含着妻子的别离情愁，一麸一馅沉浸着徽州留守女人那份深深的眷恋。小小的盘缠粿，承载着徽商人家太多的情感和希冀……由于长途跋涉，为使盘缠粿不易变质，贤惠的女人们就用干香椿、干萝卜丝，干渍菜等做馅，条件好的人家用肉丁豆黄做馅，既可让出远门的亲人携带保存，又好吃耐饥。

挞　粿

冷饭馃。徽州农民上山、下地干农活，为节省路途上的时间，带到山上、田间地头吃的快餐，称"冷饭"。如果"冷饭"是挞馃，绩溪人就称这种挞馃为"冷饭馃"。它和盘缠馃所不同的是不需要保存时间太长，做工上也略显粗糙。这种挞馃一般当天食用，最长的也不过两至三天，对馅的要求相对简单多了。

时令馃。这是一种用时令蔬菜做馅的挞馃。一般农家为尝鲜，也可招待客人，现做现吃，通常有韭菜馃、苋菜馃、青菜馃、南瓜馃、萝卜馃、刀豆馃（四季豆馃）、角豆馃、茄馃、笋馃等等。待客的挞馃还有糖挞馃、豆腐挞馃等。平常人家招待客人第一个挞馃是糖挞馃，第二、第三个挞馃可按客人的口味和喜好或南瓜馃，或萝卜馃、刀豆馃……先甜后咸，回味绵长。清明吃笋馃，笋是"醒"的谐音，寓意为寒冬已过去，万物复苏，列祖列宗醒来接受子孙纸钱，保佑子孙平安。

酱馃，顾名思义是制酱用的食材馃。它用四等面（糙面）制作，又糙又黑，无馅，俗称"夹白馃"，一般不食用。它烙熟后，晾干，铺放在晒匾的麦秆上，再盖上鲜嫩的黄荆条，让温度促进酱馃发酵，产生的食用菌会使酱馃发生质的改变。待酱馃上长出一层绿色的花毛菌粉后，把它撕碎放到酱缸里，用水和食盐搅拌均匀，再放到太阳下暴晒月余，一种古老工艺生产的调味食用酱就出炉了。酱加上辣椒，就叫辣椒酱，是徽菜烹饪中必不可少的佐料。（邵光端）

三　章姓糕饼大师

章姓一族的手工糕点制作在杭州是出了名的。20世纪20年代，章钟候（又名八生，1908—1985）、章渭连（又名浩达，1905—1995）、章渭璜（1910—1983）三个十三四岁少年，经人介绍，结伴攀山越岭，走徽杭古道来到杭州菜市桥（今庆春路杭州利民食品厂），在一家绩溪大庙汪村人开的糕点作坊落脚，学做糕点，开始了学徒生活。从此，尚村章姓与杭州"五味和"糕点演绎了许多故事。

糕点盒

他们三人从学徒做起，吃苦耐劳，凭着自己的领悟和勤奋，很快学会了中西式四大类糕点的操作和配料。"五味和"糕点作坊，主要产品是酥糖、云片糕、糖枣奶、土饼干等。其中，玫瑰酥因其内有玫瑰花作为辅料，具有玫瑰花香而得名。云片糕是久负盛名的传统糕点，师傅们操刀切片的基本功一流。例如：一条云片糕能切出130多刀，风吹能翩翩起舞，在同行比赛中，徽州人做的糕点获奖最多。他们三人成了"五味和"糕点作坊第一代师傅，是"五味和"品牌走向兴旺发达的亲历者。

百年老店五味和

清光绪二十九年（1903），杭州"五味和"糕饼店诞生于杭州庆春街小福清巷口。创始人王金发，时年20岁，嵊州世家子弟，性豪侠，爱习武，曾以第一名的成绩毕业于日本大森体育学校。当年，有文化的热血青年多热衷于革命。王金发奋不顾身地投身于光复会。1907年，他奉徐锡麟之托，送一份手札给秋瑾。而那份手札的内容，是要秋瑾到培养革命军事干部的绍兴大通体育学堂执教，并领导浙江方面的起义大事。后来起义失败，秋瑾被捕，清吏以酷刑相逼，盘诘王金发的下落，但秋瑾始终不语。王金发曾作诗"莫道丈夫尽豪侠，英雄还让女儿占"，来纪念这位战友。

1915年6月，王金发被枪杀于杭州陆军监狱。此后，"五味和"易主，盘给了在店里做工的安徽绩溪人汪村汪昌鳌、汪昌隆兄弟。"五味和"在新任掌门手中开始发迹。汪昌鳌凡事亲力亲为。他先是重金聘请了家乡的糕点名师，又从徽州采办名特农产品做原料，制作重糖重酥的四季徽式茶食糖果，"五味和"一时成了杭州城里徽式茶食的主要经营商户。同时，店里还经营一部分苏式糕点。用心总有回馈。"五味和"的苏式百果月饼、大麻饼、麻酥糖、椒桃片、寸金糖、枇杷梗、洋钱饼、大桃片、玉带糕、太史饼等产品，渐渐声名鹊起。

到了20世纪30年代，汪昌鳌的孙子汪德孚接手"五味和"糕饼店。汪家家底殷实，祖上三代都经营茶叶、丝绸，已经完成了原始资本的积累。他大刀阔斧，重新改造，开出了排面、品种都属当时最大规模的店铺，"五味和"由此进入一枝独秀的鼎盛时期。

那时的"五味和"采用前店后场的格局，店面朝向整日熙熙攘攘、车水马龙的庆春街，三开间的欧式门面，气派非凡。店内丈柜三组，陈列自制产品，所制糕点贯通江南特色，以精细的苏式糕糖为主，逐步融入了杭州地方风味；工场则在铺面后的小福清巷内，雇的伙计则多为老板的绩溪同乡，至于工场内的几名"把舵"师傅，一律为徽州绩溪人。直到数十年之后，仍有不少当时的徽州伙计的后人在"五味和"工作。

20世纪30年代的黄金十年，汪德孚将"五味和"发展为杭州城里首届一指的糕饼业内龙头。那时庆春街上，能坐小轿车的老板屈指可数，汪德孚是其中一个，足见其实力。1937年，抗战爆发，"五味和"迁至金华。抗战结束，迁回杭州原址。1956年，公私合营，"五味和"改名为"地方国营五味和食品厂"。1966年，改名为"杭州利民食品厂"。1978年，商业部和浙江省杭州市有关部门联合投资300余万元，在杭州望江门外（秋涛支路）实施利民食品厂迁址扩建工程。1983年，扩建工程竣工投产，成为大型食品厂，庆春街上的原址仍保留"五味和食品商店"名称。1985年，利民食品厂与其他7家食品厂并入新成立的杭州市食品工业公司。

新中国成立后，工商企业实行公私合营改制，名噪一时的"五味和食品厂"和他厂合并成立国营食品厂，生产品种和规模都有所扩大，也生产水果糖、绿豆糕、月饼等应节食品。章浩达进入国营恒大食品厂（今卖鱼桥），任当家师傅，直到退休，晚年回到老家尚村生活。章渭璜，则进入余杭县沾桥供销社食品厂，任当家师傅，直到退休。章渭珉进入余杭县工商局工作。章本和进入临安县食品公司工作。章八生因家庭原因，回到绩溪老家，后被伏岭、磡头供销社食品厂聘为大师傅，他的徒子徒孙最多。2001年4月，杭州市食品工业公司转制为杭州市食品酿造有限公司。2006年，"五味和"品牌被商务部授予"中华老字号"。（根据绩溪瀛洲汪村汪蒲生、汪骏恺口述整理）

随着手艺的娴熟和人脉的积累，渭璜、浩达、八生三兄弟成为杭州西桥五味和食品厂的大师傅。因老板娘是上海人，通过关系与上海一家糖厂建立了稳定的食糖供货渠道，故生意稳定，局面大开。制作的糕点由于价廉物美，口感适中，生意越做越好，在当地有了一大批忠实顾客，"五味和"品牌愈叫愈响。于是，他们开始自立门户，另设店铺。后来，在八生、浩达等老师傅的介绍下，尚村本族章渭珉、章本和也顺利进入五味和食品厂，他们是"五味和"糕点制作的第二代传人。随着"五味和"在杭州一带名声越来越大，作坊规模不断扩大，老板开设了许多分店。许多糕点食品厂如雨后春笋般发展起来，一些厂长和师傅都是他们手把手教出来的徒弟，余杭、临安、孝丰、昌化、绩溪的较多。章渭璜三子章本穆，是"五味和"糕点制作的第三代传人，他初中毕业后，顶职进入余杭沾桥供销社食品厂工作，从学徒做起，后来成为骨干，被聘为厂长，前后任职20多年。这和他的敬业精神，以及坚守传统手工特色制作是分不开的，厂里至今还保存着"五味和"传统工艺的工具。

据章氏后人介绍，玫瑰酥以细白糖、芝麻、面粉、饴糖等为主料，辅以玫瑰花、青梅、橘饼、红绿丝制作而成。芝麻手工脱壳，炒熟后碾细过筛拌上细白糖烘干成麻屑，用少量的饴糖和拌有麻屑的上等面粉分层卷叠起来，按一定规格切成块后，表面再均匀地撒上细白糖、玫瑰花、切细的青梅、橘饼、红绿丝等。切块后的玫瑰酥，按比例再切成四块，然后包装，每盒10小包。这样制成的玫瑰酥，洁白如玉，丝丝点点的玫瑰花、青梅、橘饼等若隐若现，宛如翡翠玛瑙嵌于白玉之中。章八生开发的"寸金糖"糕点，也深受食客喜爱。一寸长的金黄色小圆棍儿，酷似小金条，"寸金"名形象贴切，又饱含"寸金难买寸光阴"的警世之意。其内夹心是咸桂花拌碎橘饼的馅，中间层是糖皮儿，外裹芝麻，吃起来香甜嘣脆，既不粘牙，又带着芝麻、桂花、橘饼的香味，美味可口。

尚村章姓将糕点制作技术带回了绩溪，丰富了绩溪的食品种类，包括麻酥糖、玫瑰酥、云片糕、寸金、芝麻片、芝麻球等等，深受家乡父老喜爱。"逍遥茶，大障笋，荆州山核（核桃）伏岭饼。"声名远播的伏岭麻饼及玫瑰酥，都是从"五味和"回家的章八生被聘入伏岭供销社当糕点师时开发的著名糕点。1985年，伏岭玫瑰酥送京参加全国食品展览会并获奖，成为尚村人的骄傲，也成为绩溪乡间拜年馈赠亲友最受欢迎的糕点年货。

尚村有许多故事。这些故事就是百姓生活本身，是村落文化的重要组成部分。这些故事有虚有实，代表了尚村人的朴素理想和美好愿望，反映了某一个历史阶段的社会现象。正是这种日积月累的人文积淀，吸引着人们向前追寻探究。有首署名"终结者"的《尚村之歌》这样写道：

　　　　让我留恋难释的，不止荷花的美，
　　　　让我情感至深的，不止山间的水，
　　　　兜转之间几多来回，辗转才可追随，
　　　　在我内心深处的，是那落日余晖！

　　　　停留总是短暂的，梦境是思念的愁，
　　　　蜿蜒的云川流水，澄澈出世代精髓，

在这座避世的徽州国，我始终铭记你，

尚村，带不走的，只有美！

和我在尚村的石板路上走一走，

直到马头墙上的鸟儿，散了也不停留。

清风拂动我的衣袖，雨雾蔓延到那山头，

走到古祠堂的门口，为聆听宗训而等候。

火熥总是温暖的，乡情是难舍的忧愁，

山云岭下的回眸，换来一生守候！

在这座阴柔的小村里，

我不曾错过你，

尚村，忘不了的，只有你，

和我在春天的油菜花田走一走，

直到冬天的雪花零落也不停留。

百年老屋述说温柔，

历经风雨难成忧愁，

漫步到乡亲家门口，

听百匠之乡的艰辛，

和我在尚村细雨朦胧中走一走，

直到所有的云雾散了也不停留。

多 彩 链 接

一张灵隐寺合影背后的故事

这是一张保留了92年的珍贵历史照片。瞬间定格的场景是在杭州灵隐寺的一次家庭聚会。1936年10月底，"两忙两种"双抢农事结束后，育有一儿一女、早年丧夫的小脚老太章荷仙在邻居方永清老师的帮助下，一手抱着外甥唐友金（唐献琪的孙子），一手牵着外甥女唐丽平（唐献琪的孙女），从尚村沿着村后山路，一路颠簸，翻过山云岭，去杭州与在外经商的亲人团聚。

光绪三十年（1904），唐献琪、唐献琰两兄弟继承祖业，在尚村设"爱日升"商铺号，经营糖果糕点、烟酒酱醋、日用百货及苏松布匹。有了资本积累后，又在家设馆办私塾，办女子学校。后与本村意志相投之人，集兴隆资本，合股在杭州开店，经营茶食生意，包括杭州官巷口的"味时新"和卖鱼桥的"味乐斋""宜香斋"。一大家族在外忙碌，与尚村的亲人相隔千里。

合 影

照片里共14人，包括2个小孩，12个大人。后排从左到右：唐廷保、唐廷仁（唐廷保的大哥）、章钟佳（唐廷保丈母娘的大弟）、唐丽平（唐廷保的女儿）、唐友金（唐廷保的儿子）、高耀笙（唐廷保的老婆舅）、章荷仙（唐廷保的丈母娘）、方永清（唐廷保的邻居）、章钟候（唐廷保丈母娘的四弟）。前排从左到右：章钟修（唐廷保丈母娘的三弟）、章钟儒在杭州娶的小老婆（唐廷保丈母娘的二弟媳，姓名不详）、章康霞（唐廷保丈母娘的侄女）、章钟儒（唐廷保丈母娘的二弟）、章根富（唐廷保丈母娘的侄子）、沈月香（唐廷保丈母娘的大弟媳）。

为迎接从老家尚村"太和堂"来的章荷仙长辈和乡贤方永清老师，他们相约在一起，到杭州灵隐附近酒店设宴款待，并在"一线天"留下了这张珍贵的照片。

转眼数春秋，一眸承桑海。这张旧照片，再现了在杭州经商的尚村游子见到家乡亲人的欢喜心情，背后也透露出清末及民国时期，尚村先贤在杭州抱团经商开店的实力与欣欣向荣的景象，从中也可以悟出骨肉分离的伤感和短暂聚首的兴奋。

岁月沧桑，故人已去。这场几十年前的探亲活动，让人历历在目，更让多少眷恋多少情怀多少乡愁，都在谈笑中。（唐方红）

第八章

乡土风俗

　　费孝通在《乡土中国》一书中说过，"中国社会是乡土性的"。所谓乡土性，一是说大多数阶层都是从乡土社会中分离出去的，在很多行为习惯上都有相似之处，带有乡土性。另一说是这个乡土性只局限于乡村，人们热衷于土地，向土地去讨生活的传统。"生于斯，长于斯，老于斯"，终老是乡、落叶归根，人们都在乡土社会中这样生活着。每当人们走近这山村乡土人情时，总会发现那些散落于村落的一字一句，一颦一笑，一礼一俗，千百年相承，为人、亲子、治家、处世之道，何尝不是过好当下生活的智慧？村中烟火人家，祠社并存。生活细节中，隐藏着乡土风俗。

　　北宋，儒释道三教合流已大致成型，明代以后则成为社会主流思想。儒家重在"治世"，佛教主张"治心"，道教重在"治身"。宋明以降，已形成今日人们所看到的祖先崇拜的各种礼俗，以春节为重头戏而展开。徽州人信仰多具有功利动机，什么菩萨适用、什么菩萨"灵"就拜什么菩萨，故哪吒庙、汪公庙、太子庙、关帝庙、和尚寺、社庙等相依相存。

　　数百年来，尚村人从小受儒家传统思想洗礼，孝悌为先，礼仁为上，与人为善，勤俭节约，低调行事，虽杂姓聚居，但整个村犹如一个大家族，和睦相处，有事互相帮衬，有乐共同分享。这些均得益于优良的族规家训，形成了传统的公序良俗。

一　自然崇拜

　　自然崇拜是原始人类的一种自发"宗教"，没有固定的形式。古时人类只凭着极不发达的思维观念和微妙的实践经验，去观察周围庞大的、神秘的世界，又因为自然界是人类生存和依赖的基础，所以对于凡是不可理解的自然现象，人们都会将其作为自己崇拜的对象。自然崇拜往往具有功利、适用、迷信的特点。除自然崇拜外，民间还有英雄崇拜等。

　　1.土地崇拜与土地庙

　　土地崇拜是一种原始自然崇拜。民以食为天，禾赖土而生。尚村自然条件恶劣，土地贫瘠，故敬畏土地神灵愈为强烈，村边路口以土地庙（社庙）

最多，且香火四季不绝。建村以来，尚村先后建有七处土地庙。这些土地庙，都是依山傍路，因陋就简，用砖或石头搭砌而成，庙内供奉土地神社公社母。村民希冀土地爷显灵，祈求平安及五谷丰登。这些庙大都遗迹尚存。

接土地 农历二月正是万物复苏、庄稼下种的时期。俗传农历二月初二是土地老爷生日，即中和节（也称社日节）。这一天家家户户都要裹"裹粽"，吃粽子接土地。凌晨，各家各户要用粽子和猪头三牲在堂前的天井处接土地神。这天，全村妇女停止针线一日，忌到别家串门；而男人则可以随意串门。这天首次登门的男人被认为是土地公公，会受到主人的欢迎。上午，家家户户都挑选几张特大的箬叶包上两个大粽，来到土地庙祭拜。粽里一头红枣、一头栗子，寓意接请土地神时"早早得力"，希望有一年的好收成。后再祭猪圈、鸡舍，祈祝六畜兴旺。

绩溪人二月初二吃粽子的习俗，还有一段趣闻。咸丰十年（1860）二月初一，太平军由旌德县经徽岭攻打绩溪县城，清军副将余永椿和知府苏式敬领兵数百在徽岭和新岭一带阻截，不想竟被太平军击溃。太平军一举占领绩溪县城，清军向徽州府逃窜。令人疑惑的是，太平军已时进城，当夜五更便急速退回旌德。后来才得知，太平军仓促撤退的原因竟是"见家家户户均煮粽子于锅中，疑有预谋"。待被告知这是绩溪习俗后，太平军便于二月初四辰时复攻县城。这一趣闻记载于《绩溪县志》中。

请山神 立夏前后进入农忙季节，尚村人历来都有上山割板树条等嫩草作水田绿肥的习惯。平日上山割草，山高岩悬，一不小心，容易发生事故。于是尚村人在每年立夏这天，天刚发白就带着准备好的包、馃上山，先把祭品放在一个较平的石头上，跪拜山神，祈求保佑在山上干活的人安全顺利。中午就用带去的包、馃作中餐。这一风俗一直延续至今。

2.英雄崇拜与哪吒庙、关帝庙

英雄崇拜是山越人遗风，历史久远，在徽州比较普遍。尚村人的英雄偶像，除了关公、赵云之外，还有天神三太子哪吒。位于尚村东南边的哪吒庙，以无往不敌的天神哪吒为主神，以"有求必应"而香火最旺。

关于哪吒庙，说法不一。有村人回忆，哪吒庙始建于明万历年间

（1573—1620），其时天下承平，百姓安居乐业。尚村各姓族长合议捐资兴建一座庙宇，以求平安吉祥。古人造庙宇请哪位神都有个说道，故请来地理先生选址。地理先生认为，从清潭下、上门逶迤而来的龙脉似一把利剑，龙头老竹尖正好戳在尚村村东南口，对村庄人丁繁衍极为不利。为避邪镇灾，须在此方位建造一座神殿，请一位武艺高强的天兵天将来镇住这一龙头。地理先生建议请神通广大的哪吒入庙，因为哪吒有三头六臂，除了如来佛祖，他的武功神力最为高强。于是，村人从十多里路外废弃的龙玑石垯和尚寺"请"来有着三头六臂的哪吒佛像及其他天兵天将，取名伏魔殿，俗称哪吒庙。

庙宇建成后，村民欢欣鼓舞，从此，每逢正月初都会在此举办大年会，也称"哪吒会"。后又在庙堂右侧兴建了一座戏台，有时也请乌石堆和尚前来念经消灾。古庙戏台一直是尚村民俗文化的窗口，后被改为学校。2015年，村人集资重建了一座仿古戏台。

关帝庙位于宅后园卜塝边，主神是三国关羽。外出经商者为求吉利、和气生财筹资而建，以彰显三国关羽之"义"，意在外出经商者要"以义取利"。这是徽州人的经商之道。因庙前有一座平直石桥，故又称关桥庙。该庙规模不大，占地约2平方米，高约2.5米。庙门内墙上书一联，上联"义存汉室三分鼎"，下联"志在春秋一部书"。旧时，庙里面供奉三尊神像，主神关公老爷是一尊坐像，卧蚕眉、丹凤眼、赤红面色，右手持书一册拿在眼前；左面是关爷义子关平，手按腰间剑柄站立；右面是跟随关爷多年的蛮将周仓，手提关爷专用的兵器"青龙偃月刀"。尚村人取名，有"寄名"给关公老爷一俗，以"关"字谐音称"观某"，为的是求得关公保佑。

旧时，凡外出做生意的人，都要到庙前祭拜一番，才告别家人上路。该庙宇1961年倒塌，现被一农户辟为菜地。

3.汪华崇拜与汪公庙、太子庙

徽州人尊绩溪登源汪华为"地方神"，号称"太阳菩萨""汪公大帝"。据说，他死后专司人间生灾病痛、五谷收成。汪王崇拜（包括汪华九子）是整个徽州的民间信仰。人们祈求风调雨顺、国泰民安，由此衍生出许多民间庙会活动，如抬汪公、做太子会、坐棚等。

尚村汪公庙存毁情况不详。尚村太子庙坐落在村西北水口外的高椅石岭上，庙门坐北朝南，是一座仅次于哪吒庙的古建筑。该庙建于清乾隆年间，是为了纪念汪华第九子而建（一说为纪念唐朝张巡、许远太子），神座上供奉太子爷，民间又称大王爷。据说，自落成到倒塌的数百年间，庙内从未结过一丝蜘蛛网，故村人皆称奇。不远处还有一处地名叫"下马坑"，竖有"下马碑"，旧时地方官员到此，"文官落轿，武将下马"，需徒步进村，以示对汪公太子的崇敬。庙倒后，现在旧址上已建有民居。

旧时，尚村每年农历正月半举行太子庙会，也称大王会。这一天，家家户户用米粉捏制小圆馃，蒸熟后作贡品，用于祭拜太子老爷。馃染成红色，又名"血祝馃"。人们先将太子老爷从太子庙用朱顶轿接出，抬至村中较开阔的坦上巡游，让人就近祭拜。次日，又移到另一个居民点，如此巡回。此时村中"日烧香，夜点灯"，充满节庆氛围，太子老爷一直巡游七八天，全村祭祀才结束。过去，十五都一带有句俗语："尚村驮大王，竹里大祠堂，霞水大坦场。"这说的是周边竹里的祠堂大、霞水村的戏台阔，而尚村的大王会最热闹。

4. 佛教影响与乌石堆和尚寺

徽州乡村中佛教思想虽不是主流，但佛学中有关善恶报应、生命轮回的思想，对百姓生活有较大影响。尚村东南角有块幽静之地，土名乌石堆，又名鸟石堆，因有一大块黑色石头，石头上常停鸟而得名。乌石堆位于饭甑尖脚下，山高势险，山水天然，两条山脉对外延展，好像两只扶手，整个地形犹如一只巨型太师椅。和尚寺就建在其间。寺前有一片草塘，水面约半亩，塘边种着柳树、银杏、柿子，树影婆娑，环境十分幽静。

据传，最早时，有两位尼姑结伴在这里建"岫云庵"，后逐渐荒废，遗址尚在。明末清初，有一方游僧，见此处环境清雅，是一处建寺修身佳地，就筹划在岫云庵边建寺。随即招募僧友，四方化缘，筹集资金，请来匠人大兴土木。初创时僧人只五人，寺宇仅一间大雄宝殿和一小僧房。经常有香客上门敬香许愿，捐银捐田。

乌石堆岫云庵

那个时候，凡周边五十里的大户人家，每逢办丧事，置水陆道场，超度亡灵，多来乌石堆和尚寺迎接僧班。故寺里香火日盛，经济渐丰，相继在附近置买水田10多亩，山场数十亩，雇工垦种农作物，又在溪边建水碓一间，加工粮食供寺僧及香客食用。还建有砖瓦窑场一座，为寺庙翻修扩建烧制砖瓦。因为收入丰盛，和尚很少外出化缘。

寺离尚村只有二里路程，与村里往来密切，不少出家人是尚村或周边邻村人。民国时寺里主持是信安和尚，此人佛法高深，学养丰富，敬老爱幼，救伤扶贫，口碑很好。采访中得知，乌石堆和尚寺曾是共产党地下组织的秘密联络点，20世纪50年代以后，留守乌石堆的两位僧人相继还俗娶妻生子。最后一任和尚名叫李小宝，直到80年代，才因生活不便而移居村内女儿家。至此，寺庙再无人打理，现倒塌腐损严重。

尚村一带的村民深受佛教因果报应思想的影响，扬善惩恶，民风纯正，做好事蔚然成风。例如，太和堂过年挂祖容像的同时，还挂有紫微星图，并拜谒求安。

紫微星图

　　笔者在章本稼家中，发现了民国二十四年（1935）项士元先生用仁泰老字号信笺撰写的《绩溪章云庭墓表》。云庭先生是章本稼的祖父，长期在临安营商。他商中举善，是众多在外营商的尚村人的一个缩影，也是传统家风弘扬的典型例证。现摘录如下：

　　　　绩溪章氏以孝友诗礼传家，先生因生计于清晚期弃儒就商，侨居浙江临安，贸迁之暇，务为善举。于医药掩埋诸端，每岁尤斥资，不少吝。屡膺进乡长，均辞不就。临安、于潜一带三尺童子均称"善士"。先生遗意，以辩义利，尚忠勇，殆有得于古圣贤修齐治平之旨也。呜呼，先生置于市井，不孜孜于利；侨异乡，能为地方谋救生送死之务。病笃叮咛后嗣，复能以义勇相助，此固士大夫所难能焉。

　　1984年，时90岁高龄的村人章浩达，为还当年到大九华许下的心愿，拿出2400元，在山狼坑至尚村岭修了一条石板路。村人章基来，父母早亡，从小是个孤儿，1991年，他40岁时，捐资在旺浪坑修了一座石桥，方便村人到对面田里劳动。1993年，章基来又筹资5000元，在山狼坑修了一座"路雨亭"，以方便来往路人。

二　生活礼俗

　　尚村人历来勤于耕读，知书修德，对天地神灵常怀敬畏之心，秉持礼仪待人传统，形成了仁孝、尚善、包容、和谐的良好风气，其礼式、礼品、礼数也多有地方特色。在尚村，平时难看到奢侈场面。尚村人节衣缩食，但待人接物则至诚至真。如民间节庆时，茶礼、贺礼、节礼虽相对烦琐，然文化意味颇为浓厚，场面感人。

　　1.茶礼

　　尚村人生活境遇虽艰苦，但奉行"进门都是客"，客人进门即泡茶请座。若平日两方不睦，对方泡碗清茶敬上，即算"赔礼"致歉言和。尤其是族内逢有口角争隙或晚辈非礼，敬碗清茶，必能得到对方或长辈原谅宽宥，故有"泡茶赔礼放爆竹"一说。

第一次到尚村的客人，主人都会捧上一杯"清茶"。若有小孩第一次上门，主人则会热情地为他戴上"长寿线"，衣领处嵌上"柏枝青竹叶"。这些象征物，意在祈愿小孩"长命百岁"。对待新客、远客、贵客，敬茶后奉上"鸡子茶"，俗称"鸡子滚水"，有甜、咸两种。油煎后水煮成汤者，也称"鸡子鳖"（即荷包蛋），一般2或3枚一碗。或煮一碗手擀盖浇面，面下埋一枚熟鸡蛋。

宴　席

春节拜年做客也称"吃茶"。这里的"茶"含义比较宽泛。春节或婚庆祝寿等招待新女婿、长老、嘉宾，多敬"三道茶"，即清茶、甜茶、鸡子茶。甜茶多用莲子、蜜枣或桂圆、荔枝煮成，俗称莲子汤、甜枣汤、荔枝汤。20世纪70年代末以后，用糯米甜酒和银耳、枣、栗煮成甜茶较为普遍，普通人家用绿豆或花生米煮熟加入白糖，也称之为"甜茶"。主人敬五香蛋，客人至少吃一枚，如敬"甜茶"，则非吃不可或请人代吃。

走亲戚送鸡蛋9枚或13枚，称"一窝"，寓意"九子十三孙"，冠冕（丰盛）的有24枚。生育、庆寿，鸡蛋取双数，8至12枚；有用单数，13至21枚，寓意多福多寿、多子多孙。

2.贺礼

亲戚好友有重大喜事，需要送一份贺礼以表心意。清迄民国，喜庆贺礼以亲疏和家境而有别，多为鸡子面或四色礼（四样礼），亦有折成礼金，俗称"干折"，通称"贺礼"。

四色礼。猪肉三斤、发酵包12只或切面三斤、鸡子24个。民国时期，时兴送喜联、喜幛、喜匾。婚礼，娘舅必送喜联，上等人家送喜幛。

手提篮

送嫁，至亲长辈多以衣料、被褥、鞋帽或首饰作礼品；或以火熜、脚盆、絮被、子孙桶等作嫁妆。为父母祝寿，出嫁女儿必送自制的衣、鞋。起屋，娘舅和出嫁姐妹必送喜幛。

见面礼。清迄民国，晚辈婚嫁，至亲长辈必送新郎新娘见面礼（红纸包），俗称"拜敬"。20世纪50年代中期后，改为新娘在婆家、新郎在新婚酒宴上敬酒第一次改叫称谓时递交。初次见到亲友晚辈孩童，亦时兴给见面礼。

彩礼。清迄民国，联姻时男方送女方之钱物，统称彩礼。礼单由女方开列，商定后男方开回单，照单回礼数分期送达。民国二十四年（1935）前后，一般需耗费银洋260元至300元。聘礼，可视为姑娘身价银，中上等人家吉洋48元，喜包、饼、亥（肉）各60斤，门担每包10斤，书套（求婚书）2元，定亲日送达。盒礼，即姑娘首饰银，吉洋24元，下"日子书"之日送达。节礼，即姑娘帛布、铺盖银、包布18段，亦下"日子书"之日送达。期礼，择定婚期送"日子书"之压银，吉洋2元，婚期半年前送达。笋礼，糯米8斗、香油20斤、赤砂糖8斤，下"日子书"之日送达。舆礼，即"轿下食"（宴席），玉粒（大米）1担、鲜亥100斤、鲜鱼24斤、喜蛋折银24元、红烛8斤、花红（谢厨师）2元，婚期前一二日送达。

民国三十二年（1943）后，彩礼并为聘礼、舆礼两项。20世纪50年代中期，统称为"彩礼"，一般为"4个40"，即40斤大米、40斤面、40斤猪肉和40元现金。20世纪80年代后，随着城乡生活水平的提高，彩礼的内容和形式均比以前更为丰富。

时节礼。乡村四时八节，晚辈送至亲长辈礼品，称"端时节"，如端午节、中秋节或"年节"。民国以前，春节、端午、中秋必送，多为鸡子糕和鱼、猪肉、面及应时茶食点心。未婚、已婚女婿端午节，必送四色礼或饭箩担。新中国成立后该习俗相沿，礼数、品种随其条件、心意。平时走亲、访友、探病，亦兴送糕点、水果、烟酒、土特产、补品之类礼物。四色礼改为猪肉、切面或包各3斤、烟酒。20世纪70年代后，兴送日用品、烟酒等物，喜幛渐多。20世纪80年代后期至今，普遍为喜幛和礼金。

结婚抬轿

3.奠礼

清迄民国，丧事皆送锡箔、香纸，亦有干折用素色纸包钱，通称"奠仪"。民国以前，读书人兴送挽联、挽幛。20世纪90年代后，兴送挽幛和奠仪。本族及邻居除主动帮忙外，还送蔬菜、黄豆、粉丝、笋干。古稀、耄耋老人仙逝，可当红事办，可送红幛，至今亦然。父母丧事，出嫁女儿必另送"长钱"（摇钱树）、"长幡"或"伞盖"，沿袭至今。清明扫墓、死人入殓出殡、寺庙拜佛，仍多跪拜或作揖。

尚村办丧事，还有两条不成文的古老习俗。如某家一年内有两位亲人去世，大门阙门槛须再加厚一条（如今改成加一块厚木板替代）让千人踩踏，只有如此，今后家庭才会兴旺。又如，某人家长者81岁去世，这家人子女在"三朝"时要化装成乞丐，在尚村乞讨一天，要讨遍七姓氏的"百家饭"，说只有这样以后子孙才不会挨饿。

三　时节乡风

时节古俗是村落文化的一个重要组成部分，它彰显出人性的向善，寄托着人们的吉祥愿望，如一颗内化于心灵深处的美好种子，持续不断地传递着真情实感，让人返璞归真。尚村多姓杂居，不同家族实力相对均衡，平时都有各自的生活，但村庄又要作为一个共同体运转，因此，不分姓氏的各种节庆活动，以及共同遵守的风俗习惯，呼应着村庄作为整体单元存在的需求，把个体、家族纳入村庄这一大的生活体系，凝聚成一种共同力量。

除哪吒会、太子会等外，还有很多传统节日，如春节、正月半、二月二、清明节、端午节、高夏节、安苗节、中秋节、七月半、十月半、烧年、谢灶接灶、除夕等，尚村人通过做包做粿，祭祀各路神灵，联谊亲朋好友，承继文化传统，感恩朴素人情。

1. 烧年

传说，中国古时候有一种叫作"年"的怪兽，头长尖角，凶猛异常。"年"兽长年深居海底，每到除夕，爬上岸来吞食牲畜伤害人命，因此每到除夕，村寨的人们扶老携幼，逃往深山，以躲避"年"的伤害。又到了一年的除夕，乡亲们像往年一样都忙着收拾东西准备逃往深山。这时候村东头来了一个白发老人，白发老人对一户老婆婆说只要让他在她家住一晚，他定能将"年"兽驱赶走。众人不信，老婆婆劝其还是上山躲避的好，但老人坚持留下，众人见劝他不住，便纷纷上山躲避去了。当"年"兽像往年一样准备闯进村的时候，突然传来爆竹声，"年"兽浑身战栗，不敢向前，原来"年"兽怕红色、火光和炸响。这时大门大开，只见院内一位身披红袍的老人哈哈大笑，"年"兽大惊失色，仓皇而逃。第二天，当人们从深山回到村里时，发现村里安然无恙，这才恍然大悟，原来白发老人是帮助大家驱逐"年"兽的神仙。人们同时还发现了白发老人驱逐"年"兽的三件法宝。从此，每年的除夕，家家都贴红对联，燃放爆竹，户户灯火通明，守更待岁。这风俗越传越广，就成了中国民间最隆重的传统节日"过年"。

尚村"过小年"，俗称"烧年"或"吃年饭"，是一年中最隆重的节日。各姓择日有所不同，一般在腊月二十四，所谓"官祭三，民祭四"，以求灶神"上天言好事，下界保平安"。十五都各村与很多地方不一样，定在农历腊月二十六、二十八日吃年饭。这天晚上饭菜特别丰盛，鸡、鸭、鱼、肉应有尽有。在厅堂上位摆上酒杯、饭菜，斟满酒，点上蜡烛，焚香拜祖宗，请祖先吃年饭。拜完后，一家老小围坐一桌，喝酒、吃饭，欢声笑语，其乐融融。

20世纪50年代后期，全村各姓才统一定为腊月二十八日烧年。"烧年"，不仅是一家人团圆，还要邀请亲朋好友聚在一起"吃年饭"。吃年饭前，有些姓氏要在祠堂老屋挂祖容祭祖，宣读祖训，宣读烧年祭文，焚香许愿。大年三十夜吃灶馃，小孩坐岁，讨压岁钱，只等新年时刻到来时放爆竹。

谢灶。俗称送灶王爷上天见玉皇大帝。农历腊月三十日，从早上开始，做水晶包子、做灶馃（米粉做成圆团），在厨房灶司座上贴上"上天奏好事，下界保平安"的小对联，摆贡献、斟酒、燃烛、焚香，感谢灶司老爷。晚上全家吃灶馃。

家家户户贴春联，贴年画，贴"春""福"字，并在各大门两边插上柏树枝、甜竹叶。到傍晚开始"封岁"，一般东西不能动用了，小孩子也不准到处乱跑了。

接天地。也称迎春。腊月三十晚十二点刚过，有的在黎明前，摆上果子盆，点香、燃烛、放鞭炮"接天地"。爆竹声此起彼落，响声震天，一直放到天明。

在周青阳家藏的《周氏简谱》首页，笔者发现了一篇《烧年祭文》。这篇《烧年祭文》，字字朴实，句句真情，反映了对天地神明的一种敬畏，表达了一族一家在烧年之际，在祖宗面前祈祷来年风调雨顺、平安吉祥的愿望。同时，劝导人们对官敬而远之，对偷盗者及火灾防之，以达到"老者安，少者怀。灾不生，祸不作。官非不惹，大盗不侵门"。这种关照庇护之求，来自人的心灵最深处。祭文如下：

> 上至高宗祖，下至玄子孙……合家男女，大小人等，皆赖祖宗护佑。今年已过，再保来年。人人清洁，个个平安。一日十二时，时时招吉庆。老者安，少者怀。灾不生而祸不作。官非不惹，大盗不侵。门招百福，户纳千祥。家道兴隆，子孙兴旺。寿命延长，根基永固。做生意，日进千金室，时求万里财。求财得财，求利得利。参官见贵，喜面相逢。官有和合之意，吏无刁断之心。在家在外，好人相逢，恶人回避。田园广进，税产多增。取讨贱目，人人有愿。还愿之心，个个无贫赖之意。看养猪双，日涨（长）夜大，天污（黑）之时，远送他方。看养鸡双，群成旺相，永无失所。几百谋为，称心称意。官扰火盗，永远无侵。

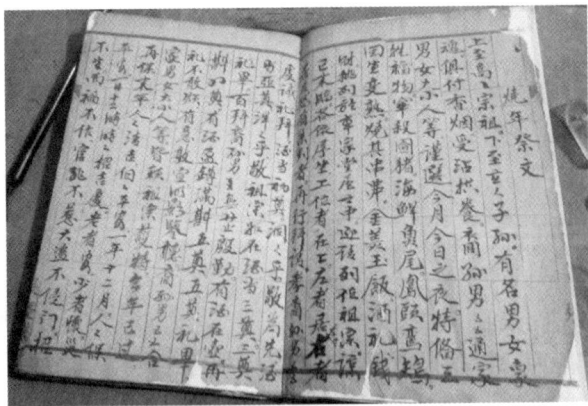

写在族谱上的烧年祭文

2.拜年

春节。每年农历正月初一，称为春节，又称大年。过年名目颇多，主要有以下几项内容。

过新年，俗称初一朝。早上吃长寿面。上午八九点钟，全家人穿戴焕然一新，欢欢喜喜，围在一桌，先吃"三套茶"。一是吃清茶、糕点、瓜子、花生，吉语：清清洁洁，加子加孙。二是吃甜茶（栗子、红豆、花生、莲子、白果、蜜枣）甜汤，吉语：生活一年比一年甜。三是吃五香蛋（鸡蛋），吉语：元宝对对滚进。然后吃长寿面。接着长辈抱着子孙出门游玩，村人相逢，眉开眼笑，互道吉语"恭贺新寿""恭喜发财""新年好""新年快乐"等。传统习俗正月初一（朝）不上别家门，三日（朝）内不准扫地，不准骂人、打人，不准说不吉利的话，不准讨债。

新年初一朝，各姓氏族人须先到本家支祠内祭拜祖宗，贡品是一杯清茶，一碗面条，一盒糖，以此来缅怀先祖，故有"先请祖宗，后食子孙"一说。祭拜完后，敲锣打鼓，燃放鞭炮。后来，祠庙被毁，新年祭祖改为上坟祭拜，俗称"拜坟年"。这一传统延续至今。

拜年。正月初二起，大大小小，男男女女，来来往往，络绎不绝。带着礼品，走亲访友，相互拜年。晚辈给长辈拜年，女婿给岳父母拜年，外孙给娘舅拜年，侄子向姑父母拜年，拜年要到正月底才结束。

煮面场景

徽俗过年时兴走亲访友,小辈去长辈家谓之"拜年"。正月初三后,平辈、朋友相互拜年。新中国成立特别是改革开放以后,欢度春节的形式和内容有很大的变化,并具有时代特征。待客最普通的糕点是自制的麻糖、芝麻片和山芋干、瓜子等炒货。少数人家品种丰富一点,有糖枣奶、云糕、交切、玉条、寸金、水果糖等。到亲戚家去拜年,一定要送上麻酥糖。徽州民谚曰:"拜年不带麻酥糖,请君不要进厅堂。"麻酥糖为绩溪传统糕点。它是用炒熟的芝麻研粉和糖加料制成,用一张小红纸包成正方形,小红纸上印有店家的招牌,其味香甜、质感松软。麻酥糖中的精品称为"顶市酥"。"顶市酥"采用脱壳的白芝麻、白糖,配以少量的面粉或米粉,拌以饴糖精制而成。成品白中显黄,抓起成块,提起成带,进嘴甜酥,满口喷香,不粘牙,不粘纸,老幼皆宜。

做麻糖

麻糖,因甜、香、松、脆四大特点而久负盛名。记忆中的老家过新年,麻糖是家家必不可少的年味美食。它有好几个品种,散饭的、香米的、谷花的。谷花的麻糖在我们儿时算是精品了,温软可口最好吃。正月里走亲戚,无论走到哪一家,都能品尝到香甜可口的麻糖,简约中透出一股浓浓的亲情暖意。到了春季,人们在田间地头做农活时,拿一点麻糖充饥,方便又顶饿。

做麻糖用到的糖是麦芽糖,也叫饴糖、胶糖或饧糖。麦芽糖的生产历史非常久远,相传始于殷商时期,距今有3000余年,麦芽糖在古时是和蜂蜜、蔗糖齐名的三大甜品之一。20世纪六七十年代,吃糖是很难得又奢侈的,记忆中印象最深的是吃过的"叮当糖"。卖货郎挑着一对装着乳黄糖饼的圆盘子,右手握着一块上窄下宽有刃口的铁礳子,左手上的小铁锤敲打铁礳子发出"叮叮当当"的脆响,伴随着高低不一、富有节奏、带江浙口音的吆喝传来,大家就知道是卖"叮当糖"的来了。货郎点数着我们递出去的1毛2毛纸币,然后用锤子顶着礳子,礳子贴着糖块,"叮当"一声,我们便有了属于自己的一块

"叮当糖"。"叮当糖"是麦芽糖做的，放进嘴里甜到了心里，这就是我们小时候吃到的糖。

熬制麦芽糖一般是在初冬时节。我们小时候，村里各家的当家主妇，人人都有一手熬糖的好手艺。先是准备麦芽，记得母亲先要拿出饭甑，用一小把稻草打个结，垫在下面，倒上浸泡过的麦子，上面再放一个稻秸盖着，每天在上面淋点水，几天后，掀开稻结，可以看到麦子开始长出白色的根须和胚芽，为了防止麦芽结团，有时还要拿到水龙口，用清水泡一下让其散开。当麦芽长到1寸左右时，就要开始熬糖了。麦芽先要用清水洗净，放到家里的步口（石臼）里，用凿柱凿碎。母亲一大早就起床闷一大锅米饭，兑上水，再拌上捣烂的麦芽。焐糖的时候灶里要保留一定的炭火，凉了，米饭糖化不够，容易发酸，热了，熬出的糖稀容易发糊。为了防止出差错，母亲在焐糖时常常邀请邻居金鱼孃和花桂孃她们帮忙看看把把关。六七个小时后，麦芽糖的香味从锅里飘了出来，母亲就要开始榨糖了，把糖渣用袋子过滤掉，留下满满一锅的糖水，再用大火慢慢熬，直到剩下黏稠的糖稀就算好了。熬好的糖叫清糖，起锅装盘是我们最期待的，母亲会用铲子把糖锅巴铲起来，捏成团子给我们，又香又甜，真是太好吃了。

接下来就是准备香米、散饭和谷花了。香米是用糯谷放锅里煮开花，晒干后再脱去谷壳，散饭是用糯米蒸饭，这些都要晒干。等到做麻糖的前一天，母亲就将它们炒至蓬松，分别装好。有几年，霞水村的灶帮拿一个手摇的爆米花机，摆在老屋下爆米花。他一手拉风箱，一手不停地摇着像纺锤一样的铁罐子，时间到了就套上麻袋，用一根铁棍子猛地一敲，"彭"的一声巨响，玉米等就炸开了花，我们就开心地捡拾散落的爆米花吃。母亲就拿几升米去，做成膨化的米，用羊油箱装起来，代替散饭、香米拿来做麻糖。印象最深的还有炒谷花。糯谷（有时也用产自东山的花谷）放下锅后，只听噼里啪啦的一阵爆响，锅里变成白花花的一片，迅速地铲出来，倒在笽篮里，我们就开始仔细挑谷壳，留下的就是谷花了。

当所有的工作准备好之后，时间基本上也到了年底了，做麻糖一般在腊月二十三日之前。徽州有腊月二十三日祭灶的习俗，这天，人们要在灶台上摆上糯米粉做的灶粿，还有麻糖等糕点供奉灶王爷。母亲就会跟我们说：灶王爷是天上的神仙，因为犯了过错，被玉皇大帝贬谪到了人间，当上了"灶司老爷"。他端坐在各家各户的厨灶中间，看着人们怎样生活，如何行事，每天把各家做的好事、坏事都记录下来，到了腊月二十三日就回到天上，向玉皇大帝报告各家各户的善恶情况。为了让他"上天言好事，回宫保平安"，就要让他老人家吃点麻糖甜甜嘴，多说些好话，保来年全家平安。我们一边听着母亲给我们讲灶王爷的故事，一边眼巴巴地等着妈妈说哪天做麻糖。一般是到农历腊月二十日前后，村里殿高公、国家公、大木公就拿着切刀、铁铲来我们家做麻糖了。母亲拿出准备好的材料，殿高公就开始将糖稀放锅里熬热，糖稀在锅里翻滚，不断地翻出糖花，用铲子挑一点，糖挂在铲子上，亮晶晶的，慢慢形成糖皮，捏一下很黏手了，就要迅速把香米等倒进锅里，搅拌均匀，用竹箕将香米铲起来，倒进豆腐槛里，盖上布袋，用脚踩实成正方形，要趁温热时抓紧切片，不然容易切崩破碎。切糖先是切成条状，然后切片，就听到刷刷的切糖声，一条一条的麻糖切好后，把它们装进洋油箱里，麻糖就做好了。殿高公几个人刀工利索，动作协调，让我记忆特别深刻。

20世纪80年代分田到户后，粮食多了，条件好了，做麻糖的材料也丰富起来，有用芝麻做麻片的，有在谷花中掺入去皮花生米的，还有的在做麻糖时加上白糖增加甜度，质量越来越好。我们成家后，母亲每年还要为我们每人准备一箱麻糖，作为我们平时充饥的甜点，但感觉还是小时候的麻糖更有味道。如今，那种家家饴糖香，户户做麻糖的盛况已见不到了，但麻糖这个传统地方美食还是令我们这些五六十岁的人难以忘怀。现在到超市里买东西，我总要到卖糕点的柜台去看一看，顺便买一点麻糖解解馋，一来怀念辛劳一生的母亲，二来也回味小时候那难忘的香甜味道。（方龙华）

3.安苗节

安苗节是十五都一带重要而特别的节日之一，旨在祈求丰收，祝愿秧苗根植沃土成活，苗壮生长。农历四五月水稻插秧结束后，待第一遍草耘好，村里各族主事者便开始一起商量安苗节事宜，具体日期各村自定。确定安苗节的时间后，发"安苗帖"。帖子发出后，大家相互转告，周知外村。

午收到家，插秧完成，杂粮落种，即出"安苗贴"（即"告示"），择日做包馃欢度安苗节，以祈祷五谷丰登。这个节日的意义是，农民忙收忙种，农事非常辛苦，农忙结束后给自己"加加餐"。安苗节当天，家家户户都做包馃（水馅包，馅心有猪肉、豆腐、南瓜、刀豆等）、发面包、糖包、水晶肉包等，并且相互邀请亲戚、朋友来作客。

旧时十五都松木岭、水屋等地的安苗节还有接"花朝老爷"的内容。"花朝老爷"即汪氏达官显祖越国公汪华。

洗　菜

汪华（586—649）为唐统一大业立下汗马功劳，六州各地均立庙祭祀，尊为"花朝老爷"、汪公大帝，被百姓奉为神明。"花朝老爷"供在汪公大庙。传说山云岭有汪华外婆家的山场，于是每年安苗节都要派四个人在前一天将"花朝老爷"抬请村中。安苗节当天一大早家家户户都做米粉芝麻糖馃，抬着"花朝老爷"去山云和尚寺或游稻田田畈。村中男女老少齐上阵，彩旗飘扬，锣鼓喧天，鞭炮齐鸣，土铳（俗称"山门铳"）震地，祈求"花朝老爷"保佑风调雨顺、五谷丰登、六畜兴旺。新中国成立后，安苗节接"花朝老爷"的活动逐渐取消。

4.鬼节

每年农历七月十五日称中元节，又称七月半，俗称"鬼节"。十五都一带习俗，家家户户都做包做馃，将包、馃做成谷堆、麦堆状，祭拜土地老爷及鬼神，然后全家人当午饭吃。传说这一天头上顶瓦，瓦上装上香即可以看到去世的亲人。家家户户一大早就忙着做包做馃，款待上门的亲戚。也制作祭祀鬼神祭品，用米酒曲和面制成形态各异的面包，有的形似谷堆谷穗，有的像剥开的豆荚，蒸好后置于盒中。在厅堂设供桌，放上香案，然后全家人手捧贡品，长辈持三炷香在大门对天遥拜，感谢玉帝、王母赐给百姓风调雨顺、五谷丰登，俗称"谢天公天母"。门外祭拜后，才将贡品置于厅堂供桌上，摆放一整天。

5.放门闩

十月半。十五都一带有十月半时节习俗，历代相传。为消灾避难，农历十月十五日这天早上，各户都用蒸好的米饭掺入赤豆、高粱、黄豆合蒸，称作"四食饭"。蒸好后，盛入钵中，上插一饭匙，以姓氏为单位，集中摆放到村中众用厅堂的供桌上，设香案，拜求门神看好大门，以防盗妖进入院内，保护全家老少安宁，此称"放门闩"。门闩，是指抵住木质大门的拴键。

民间有的人遇到重灾祸、大病或意想不到的急难时，就向神佛祈求保佑免难消灾，许下愿言，遇难成祥后，"放门闩"还愿。这是"放门闩"的由来。主人家要请和尚主持一场规模较大的佛事祈祷活动，以向神佛还愿、赎罪。

还愿人家一般在秋收后（下元节前后），择一日期，请和尚来主持，在村中空旷处搭一祭台（像演戏的草台），摆上香案、供仪、香烛和油灯及法事用的器具。祈祷活动开始，主持法师身披袈裟，头戴佛冠，手执木鱼和铃铛，坐在祭台法椅上念经祭拜，边敲木鱼或铃铛边念经，边演祭祀动作（念咒语、烧神符等）。台上旁边有几个和尚帮腔诵经，敲打鼓乐。中间由主持法师带着东家全家人向佛座祭拜，还愿。是夜，村中男女老少群集于广场观看，像过节演戏一样热闹。至深夜结束佛事活动，派人将供佛的米饭、豆腐加水盛于小水桶，到村外四处路口，沿途点施，直到三里之外，将"度孤饭"施舍给各地孤魂野鬼，以保主人一家安宁，称之"度孤"。

6.吃"九碗"

"九碗",是"九碗六盘"的简称,是旧时尚村做红白事或盖房、满月、祝寿等大事,用来招待亲朋好友的流水席。也有丰盛些的,叫"十碗八"。客人围坐方桌,一桌八人,主桌设在上屋头,分左右大小,以左为大,要按来客的身份地位安排入座。六盘是六个小碟冷盘:瓜子、花生、海蜇丝、粉蒸排骨、卤猪肝(或猪耳朵)、红枣,开席前就摆好。"九碗"是热炒,开席后依次流水上菜。头碗是鸡(全鸡),依次是炒粉丝、海参子猪肉皮汤、水渍饼、圆包、红烧肉、炒米粉、笋片或萝卜小炒、全鱼。圆包和红烧肉是一道上,圆包和炒米粉不够可以添加,但不上米饭。村人用"碗"的大气与"盆"的秀气对应,图"九(数中最大)"与"六(禄)"的吉祥,融礼仪文化于"吃"中。

在这里,比较隆重的喜宴,有婚宴、寿宴、建房宴、乔迁新居宴等,其中又以婚宴的规矩尤为讲究。座位安排的规矩有六条:递代法;父子不同席;各种不同的酒席有各自的规矩;主宾男女分桌,夫妻对应入座;子可顶父席,父不能代子席;非正席座位比较自由。

7.驮饭碗

徽州有俗语曰:"深山僻坞里念书,不如十字街头听说鳖。"可见"说鳖"是古时乡人交流见闻、传播知识的重要途径。在绩溪方言里,"说鳖"的意思是"闲聊""东扯西拉地说话",类似于北方的"侃大山"。"说鳖",驱散疲劳,放松心情,拉近乡谊,其乐融融。"说鳖"有"说鳖"的规矩,有"三不说"的讲究,一是低级下流不说,二是当朝政事不说,三是损人声誉的不说。

8.背冷饭馃

尚村出门都是山路,要是去稍远一些的山地做事,一般中午不回家,往往用冷饭袋带上"冷饭馃"当干粮。冷饭馃最常见的是煎面或挞馃。煎面即用水、面粉搅成半糊状,不加菜蔬,用菜油煎熟卷起即可食。挞馃以面粉为主料,以各种菜蔬为馅,比较常见的有香椿、豇豆、萝卜丝等,将猪油、菜油等混入馅中,放置锅上烤熟。

出远门做生意，"冷饭馃"作为路上干粮，夏天一个星期不馊，冬天半个月不坏，故有人称"盘缠馃"或"记家馃"。清、民国时期，挞馃作为绩溪一种特色面点，随着徽菜厨师的足迹传遍大江南北，民间有言"几个挞馃出门，几爿面馆回家"。

9.焙火燳

在徽州一带，冬季"焙火燳"是一道特殊的风景。火燳，是旧时绩溪人冬日最为重要的取暖工具，俗称"焙火燳"。它的重要性不亚于夏日上山的茶筒和扇风的芭蕉扇。

焙火燳

笔者在《解读徽州》一书中，有一段描述《火燳》的文字[①]：

火燳是追寻徽州本色最适合不过的物件了。作为徽州山区最古老最常见的烤火器具，发明于何时，已无从考证，但与徽州人日常生活息息相关。火燳制作的工艺，由简单实用而趋见复杂，由粗糙单调而转向考究精致。外壳就地取材，由竹篾、木材编制而成。有的留有家族标志，有的配有精美图案，有的写上"某某办用"，有的系上一双铜质的火箸。存放料炭的内胆，有泥胆、铁胆，甚至是铜胆，大小规格不一，品貌造型各有千秋。普通人家的这种烤火工具，又是徽州女

---

① 方静著：《解读徽州》，合肥工业大学出版社，2009年版，有改动。

人婚嫁必不可少的"嫁资"，谓之"新人（银）火熜"。一些大户红火人家，火熜世界异彩纷呈，无论是篾制、木制、铜制的，都成了一种集取暖与欣赏于一体的手工艺术品。铜质手炉，做工精致，档次较高，一般是读书人或管账先生使用，从中可以看出徽州对读书人的尊敬。由火熜而派生出的火盘、火桶、火椅、手炉等取暖生活物件，在冰封雪冻的季节，成了徽州人驱寒保暖的一种依赖，一种生存力量之源，甚至是一种生活信念的寄托。

火熜，代表着山里徽州人的一种生存方式。火熜，代表着古老徽州人的一种生活状态。山区生存环境险恶，锤炼了徽州人倔强的品格，练就了徽州人抵御天灾的本领。在独特的天井居室内，火熜是家庭温暖所在。一家老少，整日围坐厮守在一起，或叙亲情，或讲家训，其乐融融，既忍耐着山里的枯燥与清贫，感受着山坳的保守与安逸，又在期待中期盼着冬去春来。火熜，是徽州人抵御严寒，战胜自然的产物，也是徽州人聚集人气的途径。有了火熜，可以营造出温暖如春的宗族氛围。这是宗法理念的一种寄托，也是宗族情谊的一种传递。火熜，是质朴而单纯的。透过火熜，我们可以触摸徽州的民俗气息，可以捕捉山民的生活个性。"手捧苞芦粿，脚踏料炭火"，这是徽州人逍遥自由的自画像，也是桃园人家心态的如实写真。他们于是有了"皇帝不敌我"的沾沾自喜。

山中的冬天，是漫长而寒冷的。火熜生活，是平淡而惬意的。徽州人常常携带火熜串门，拿着火熜礼让，"重族谊，修世好"，在烤火器物上也表现得入木三分，以致成为一种家礼门风。"火熜"生活的坦然乐观，表达了徽州人积极向上的人生追求，也真实地反映了厚实悠扬的古风。这是徽州人生活中细小的一个侧面。

10.吃腊八粥

农历十二月初八，俗称"腊八节"。这一天有吃腊八粥习俗。腊八粥用干角豆、黑豆、黄豆、芋头、山芋、干南瓜片、干白菜、大米或糯米，加上腊肉、麻油等久煮而成，粥色灰黑，味道鲜美，营养丰富，老少皆宜。人们一般要煮一大锅，接连吃几天。一般地方"小年"这天要"去尘秽，净庭户"，而十五都在腊八之前，都要把大小家具抬到院子里刷洗干净，要扫屋顶，擦门窗，打扫得窗明几净，迎接春节的到来。常言道"吃了腊八粥，就把年来办"，过了"腊八节"家家都大忙起来，做豆腐、切麻糖、炒瓜子、杀年猪、做新衣服等，准备各种过年的东西，各家都根据自己的经济条件尽力操办。

11.过年放飑灯

过年放飑灯是盛行于绩溪岭南的民俗活动。尚村亦如是。

飑灯用棉纸糊成，有尖顶圆锥体和平顶圆箱体两种。下端设一圆形口，圆口处用铁丝、竹篾扎成灯络；络上放入松明、猪油等耐燃之物；点燃后，推动箱体升空。还有一种大飑灯，形如蜈蚣，打头的是大飑灯，后头接上若干节小灯笼，每一节中置放一灯。燃放时，大飑灯拖带着数十盏小灯笼一同上天，在空中闪烁，蔚为壮观。

飑灯一般在过年的雪天燃放，孩子们欢呼雀跃地数着小灯的盏数，小伙子则跃跃欲试去"赶飑灯"，因为飑灯下落后要回收，略作修补，可再燃放。

放飑灯

（多）（彩）（链）（接）

又见年猪年味

这几日，天寒欲雪，露而不下。寒冷的天气让人想起了徽州的习俗——杀年猪。过往，天寒地冻，辛苦一年的村民需荤食抵御严寒，而寒冷的天气给食材提供了绝佳的自然保存条件，此时乡村陆续开始杀年猪了。

莫笑农家腊酒浑，又到一年杀猪时。杀年猪是件大事，旧时，杀年猪要等出门在外的男人回家再定日子。这一年，女人在家孝敬老人，照顾小孩，上山采茶，下田插秧，养猪放牛……家里家外都得兼顾，异常辛苦。众多辛劳中，最能体现成果的就是年猪的肥瘦，自然得等家里的男人到家宰杀。

等一家之主回家杀年猪，还有一件很重要的事情要做，那就是男人要主持家里的"杀猪饭"——请村里人吃"猪散祸"（猪散祸应该与历史上民众广信佛教有关，平日不杀生，初一十五要吃素，迫不得已的杀生需要众人同食避祸）。这一年当中需要感谢的左邻右舍、家族长辈、村里干部，有子女读书的要喊上老师，趁着这顿饭一一表达心意。

每个村都有一两个杀猪匠，在徽州他们被称作"匠人"而不是屠夫，他们平时忙农活，腊月里则专职杀猪。一件沾满油脂的外衣套在身上，一根铁杆挑着竹篮走家串户干活。篮子里工具简单，大抵是两把尖刀、一把砍刀、一把剔骨刀，几块长细石头和刮刀，几把鬃毛。旧往还有人走街串巷收猪鬃毛，杀猪匠也往往把各家鬃毛归集起来，卖个三五块。如今没人收了，工具篮里就少了这些。

初定好日子后，就跟杀猪匠约时间，排好顺序后，提前烧水，有时候排在当天第一家，下半夜三点钟就得起来烧水。天黑如漆，寒意逼人，推开厨房的门，摸黑到院子里抱上一些柴火添进大灶，望着炉膛里跳跃的火苗等待着天渐渐破肚。有时大锅里的水滚过几滚，杀猪匠还没到，大概是睡过头了，这时还得使唤小孩上门催促一下。

前来帮忙捉猪尾巴的大多要头天打好招呼，一般也是本家或近邻。天有些放亮，整个村子依旧安静，院子里却瞬间热闹了起来，杀猪匠打头一把抓住猪耳朵，一人擒住尾巴合力把猪赶到杀猪凳旁。嗷嗷的叫声，长短相接，立刻全村的狗也跟着沸腾，胆大的立马跑来等着一会捡些荤吃。

从侧面快速将猪脚捞住，三四人合力将猪抬上板凳压实不让动弹，耳朵、猪尾、四肢、颈部都被压住。瞬间，杀猪匠从后抱起猪头露出颈部，白进红出，猪血喷射而出，涌进盆里。猪从挣扎嘶叫到哼唧再瘫软无声也就数十秒罢了。杀年猪进刀是有讲究的，要一刀毙命血满木盆，偶有失误没有直破心脏的也不能再补刀，实在不行就用竹片削尖当刀尽快了结。有些讲究的人家还会接一碗猪血洒在院子门墙上，点香祭拜诸路神佛，祈求平安顺利。更有甚者，除了泼洒猪血外，还会取猪下体的一截，挂在墙上。

猪血入盆时，要不停晃荡，目的是让血凝结均匀，猪血和淡盐水混合均匀是做一盆好猪血的前提。片刻之后，忙中空隙里杀猪匠手脚麻利地将猪血倒进锅中，起沫煮开，拿刀划开，鲜嫩的猪血就可出锅。

猪血放尽，杀猪匠抓起猪后蹄，掏出尖刀割开小口，铁杆插进去在皮肉间捅开一条气道，直达胸间等处，吹气至猪滚圆，拿绳扎口，将猪推进木桶里上下翻滚。开水直冒热气，水桶来回穿梭在厨房与院子里，一勺勺热水淋在猪身上，刮刀上下飞舞，不一会猪身洁白。此时，长细石头就派上用场，耳道及猪脸褶皱里的污垢就得靠它捣干净。

铁钩钩住腿部，倒挂在木梯上，杀猪匠手拿尖刀割下猪头丢进旁边大木盆里，再割下颈圈，有时东家会称下重量预估下猪重。杀猪匠从猪肛门口入刀，直直划开猪肚露出"肚窝"——内脏，这边刀落随口咬住，那边一手托住内脏，一手从上往下倒膛，合力抱起放到竹匾里。

猪心肺挑出放一边，板油另取，猪肚和大小肠就着热水翻开初略洗净，沾在肠子上的花油则要小心摘下，不然沾上污秽，油就脏了，东家会不高兴。而猪尿泡大多会丢在一旁，任凭孩子捡去吹气当球嬉玩。当然，小孩们还得在狗一口叼起跑远前将其抢到手才可以。

切成两大半的肉则摆在客厅的大桌上还冒着热气，此时杀猪匠按照女主人的安排割下三斤或六斤一块的"年节"，大抵是亲戚长辈整岁和给父母春节前送"年节"所需。赶上年份，杀猪匠和东家一边分割一边念叨："人家不容易，一只猪都不够拿节的。"两条后腿则是要修齐做成火腿，杀猪匠往往不敢马虎，手艺高低能从腿修的外形美观与否中可见一斑。如果腿修得不好，整个春季，挂在路边晾晒的火腿也会告诉路人，一般人是挂不住这个脸的。

手脚麻利的杀猪匠，大多前后一两个小时就可全部宰杀完毕。接下来是家庭主妇一天的忙碌。猪肉摊凉后要搓盐腌制入桶，大肠猪肚卤制、猪肝煮熟、猪肺挂起晾干，猪腰、猪心和留下的些许猪肉则用盐简单一抹，留到春节请人吃饭用。

忙完这些，就得准备晚上杀猪饭了，一场热闹的"猪散祸"等着大家。（节选自《绩溪的山泉》，作者唐铁仕，有改动）

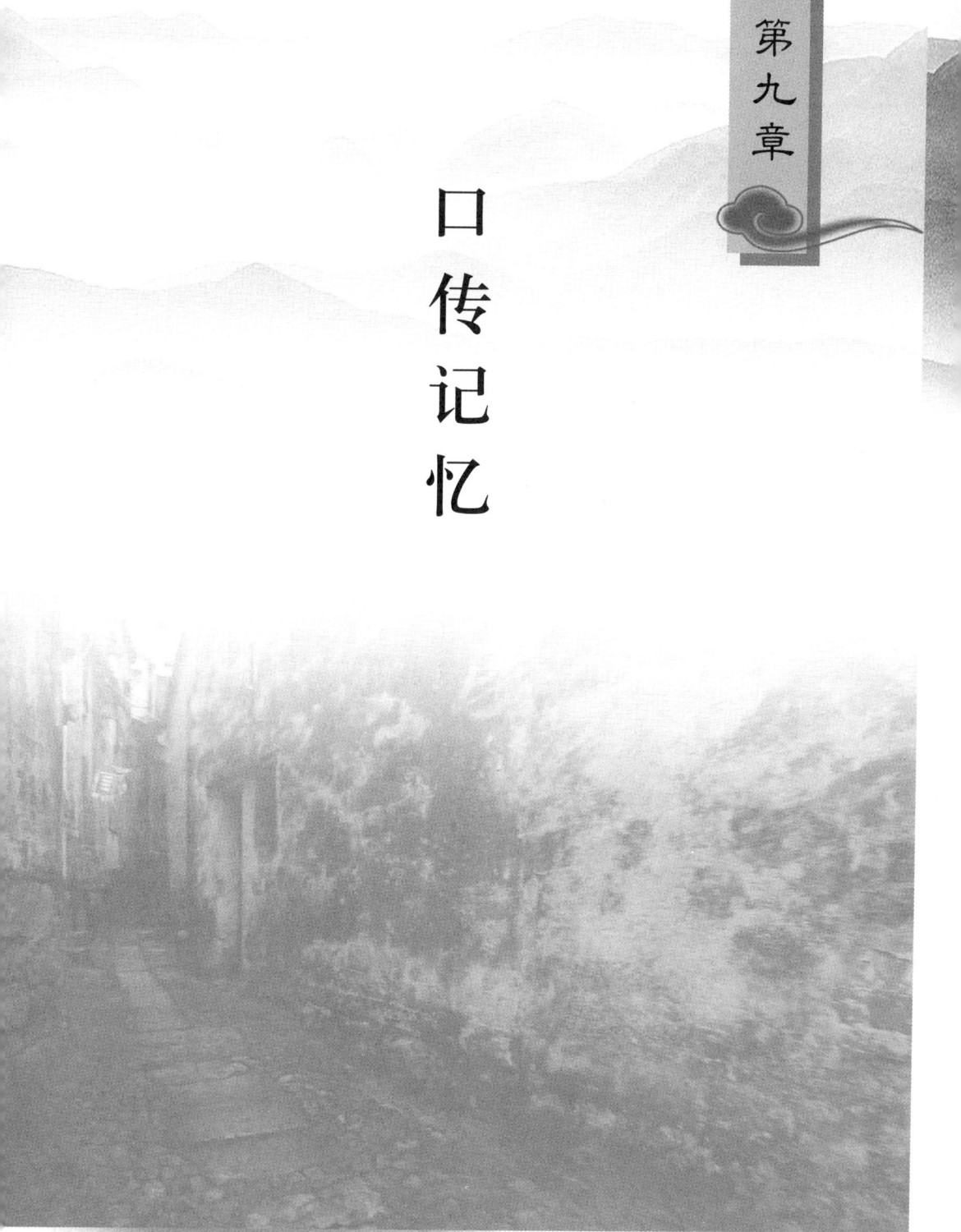

第九章

口传记忆

徽州古村落文化传承，大致有两种基本形态。一种是通过建筑载体或文字"记录"，一种是通过口口相传和传统风俗潜移默化地承继。尽管建筑遗存以及文字记录保存都有局限性，口传历史和风俗传承又充满了许多偶然因素，但它们都是村史的重要组成部分。

用当代的方式传承古老生活文化，在偏远的乡村寻得一处"居心之地"，日子再匆忙，也要懂得把时光分给自然、分给自己。这是乡土中国的韧性和情怀，也是我们想保护、传承和激活古村生命力的原因。笔者通过面对面采访尚村原住民，整理了许多古老传说和个人的亲历见闻，他们不同的人生经历和零碎琐屑的底层故事，让尚村数百年来的村史变得丰满、有趣和鲜活起来。

一　记忆口述

1.方德明：尚村大年会

绩溪民间有崇敬英雄、颂扬英雄、纪念英烈的习俗，每年要做一次船会。尚村哪吒庙会，也叫大年会或大王会。为何叫大年会？讲得通俗一点，就是有闰月的大年才做会，没有闰月的小年不做。受祭祀的英雄有东平王张巡、许远、大王雷万春、小王南霁云以及其他坚守睢阳的殉难将士。大年会时间一般定在正月初三开始，正月初十结束。我亲眼见的，尚村最后一次大年会是1951年，"斋官"（又称"会首"）是王周炳。那年养的"会猪"足足有三百来斤！

尚村大年会虽比不上磡头庙会盛大，但热闹，赶会的人很多，过去在岭南一带有些名气。会务由村积谷会出来组织。经费主要也是积谷会筹集，还有外出经商者赞助。庙会头尾三天，正日要举行"开旗""祭旗""跳旗"等仪式。祭旗要杀"会猪"，用猪头祭拜天地，祈愿五谷丰登。后面，还要请乌石堆和尚来做三天三夜的道场，念经唱戏做法事。道场就设在哪吒庙的戏台上。

最精彩热闹的要数在村中舞草龙。现在的板凳龙就是草龙演变而来的。

用稻草扎的草龙，加上龙头、龙尾一共有十多节，上面插上香火，在村里大街小巷游遍，锣鼓响器跟着，不时放爆竹和三门铳。舞草龙时，草龙要是碰到哪家屋角或其他建筑，那就要马上妥善处理。据说，章本稼家照壁的落檐就是舞草龙时碰着而后锯掉的。最后草龙要游到鱼龙山碓下桥的云川河"放生"，意思是"龙归大海"，让大水冲掉。

大年会结束后，主持者要组织举行"抽阄"仪式，确定下届活动的"斋官"或"头首"，由他们负责下届大年会的筹备工作，及早安排养"会猪"等事宜。

2.周孜：我家住在水口边

尚村水口范围很大，左有哪吒庙后庙山延伸至帮岭前，右有周家老屋之上塘半湾前的枫山相峙。来自村宅后溪与前山园溪之水顺势在水口土名下碓低洼处汇合。为了藏风聚气，先人沿着两股水道栽树，一直延伸到村中，数十棵又粗又壮的香枫树、榛罗树、小叶三角枫，郁郁葱葱，围拢成半圆状。中间小山包上，大小不一的麻石不规则地躺着。宅下园一带，最大的一棵关帝杨，树径三四人围不拢。旧时，水口林树大叶茂，松鼠在树枝上跳来跳去。沿河建有三幢碓屋，平时只听得水声碓声不息。

我的家在水口外，屋建在水口两水合津的地方。听祖母说，房子坐南朝北，院墙大门正对着两水合津处，这样的宅子风水好，旺财。祖上在外做生意，有点积蓄，老房子是曾祖父手上建的，三间二过厢。祖父在旁边又接了一幢三间屋，两幢连在一起。相比较而言，算是大户人家，但对于我来说，这里还是比较孤野。

我祖父在浙江孝丰做生意，在外面见识广，重视子女读书。遗憾的是，有一年过年他被劫匪盯上，回家路上被人杀害。我父兄弟三人，其成、其昌、其德，都是教书的。其成最有才，当过石台县文化馆馆长。祖父兄弟的另一支，其焕、其源、其敦，也都以教书为业。

我记得，高椅石岭上有个太子庙，庙不大，里面供着太子像。庙前有个地名叫下马坑，说是旧时文武官员都要在这里下轿下马，步行进村，以示对汪王太子的崇敬。上来就是周家老屋，过去许多死在外面的人，搭棚暂放在那里，不能进村。

有树的水口是美丽的，人居环境得到了改善，也留下了我儿时最美好的记忆。

现在的水口，已面目全非，水碓弃之不用，我家祖屋也破烂不堪，早已人去楼空。但儿时的水口古韵，那种文化记忆已融入我的血脉之中。

3.方德明：尚村人爱"做戏"

徽州人爱看戏，这是传统，尚村人也不例外，且特别喜欢自己"做戏"。民间有"锣鼓响脚板痒"一说，这是真的。"做戏"就是村里人自己当演员排戏演戏，都是自愿的、义务的。最初，尚村人要看戏都是请西坑、霞水村戏班来演。因为那时公社、县里要汇演调演，所以上下都比较重视。后来，尚村成立了自己的戏班子。村里做戏有一班积极性高的人，关健是戏班子角色齐全，还有一批有水平的辅助人员。谱曲是高豹生；乐器是高耀虎、高豹

方德明

生、许家石、周其德；响器（锣鼓等）是许观元、章本钱、章本利、李小宝，布景是许家本、方德山、周其昌，后勤是章本稼、周童海、许家德，导演是许守德、方德友。

我记得，1954年尚村演第一出古装戏，戏名《十五贯》，是用庐剧演唱的。主要演员有高陆生（演况钟）、方德友（演娄阿鼠）、章本金（演尤葫芦）、周观俊（演苏戌娟）。戏衣是从西坑戏班租的，并请西坑人帮助指导。直到1961年，都是以村"民兵文化室"为单位，排演些小节目。1969年，首演大型黄梅戏《星星之火》，剧本是通过本村唐日助（当时是县黄梅剧团团长）从县文化馆借来的。后来演《节振国》，用黄梅戏曲调演唱。之后，所有戏都改编成黄梅戏曲，京剧样板戏移植也是如此，这是尚村演戏的特色。

1969年演《红灯记》，我演李玉和，章体平演沙奶奶，许眉时演李

铁梅。

1970年演《智取威虎山》，我演李勇奇，许媚时演小常宝，周根源演杨子荣，高灶兴演少剑波。

1971年演《沙家浜》，方复旦演阿庆嫂，张大光演郭建光，章体平演沙奶奶，高周虎演胡传魁，方灶政演刁德一。

1972年演《沙家浜》《红灯记》，原班人马复排。

1973年演《奇袭白虎团》，张大刚演严伟才，章兰时演主角阿妈妮。

1974年演《洪湖赤卫队》，我因喉咙不好，开始转当导演。方复旦演韩英，张大光演刘闯。

我记得，本村周根源以革命烈士许家林为原型，还自编自演过《山区春雷》，在当地影响很大。之后，由于人员外出工作多了，村里只能排些小节目过过"戏瘾"。

尚村演得最出名的是《沙家浜》《红灯记》。这两出戏还到碛头等地做过汇演。《沙家浜》到碛头演出，有几千观众，台下时而鸦雀无声，时而掌声雷鸣，轰动一时。《红灯记》作为庆祝胡家公社"革委会"成立点名的专场。此外，还有自编歌舞剧《神枪姑娘》《逛新城》参加公社汇演。由章熙军、高元眉主演的黄梅小剧《木匠》，在汇演中获得好评。

看 戏

4.唐大维：我没跟父亲学木匠

我父亲唐庭礼是个碓匠，一直在乡下做水碓、修水碓，算是木匠中比较偏的一种。我自己读书天分不够，受父亲影响，19岁开始学木匠。按理，我应该跟父亲学木匠，但父亲并没有叫我跟他学，而是让我先跟着上龙池章思庭，拜他为师，学了三年，但在父亲眼里感觉还没有"出师"。1982年起，我又跟着暮霞唐周俊学手艺。学徒期间不拿工钱，只赚吃饭，每年还要给师傅端三个节礼。

尚村所有工匠中，以木匠从业人数最多，有十多人。在我们这一带，传统木匠技艺相对复杂，木匠是有大、小木之分的。大木师傅专给人家盖房子、造亭阁等，属建筑类木匠，村里的老一辈木工都是这一类。大木虽是粗活，但也烦杂难做。如造一幢房子，房主把地基平好后，就请把头师傅去定料，算好后再上山取料，有的立马动工，有的人家放上半年到一两年不等。开工的日期是讲究的，一定要择一吉日，给做工的吃上三道茶。开工以后，一般三开间房子也要三五个木工操作一个礼拜。其间，把头师傅最关键，记性不好的要在板上绘一个草图，确定多少根柱，多少根方料（方坯），多少个榫头。一旦弄错，到上梁竖架的吉日里，自己尴尬丢面子不说，房东也会不高兴的，那苦头就要吃尽了。不过，很少有这种情况发生。这种大木师傅村里为数不多，以前有名的有方德林、章周正、周根起等。乡下做大木师傅是吃香的，房子盖好吃酒，砖、木、石三匠师傅要坐上屋头的位置。

我学的是小木，主要是做桌、凳、橱柜等家具，还有一些雕刻之类。打老式八仙桌椅是我的强项，当时这一带算我打得最好，关健是做多少个"勾"，雕刻线条也很重要。那时木匠上工只有1.5元一个工，但东家一天会招待四餐。

木匠的工具是很多的。做学徒必须先把工具用顺手了。光锯就有四把：粗锯，专门备料；榫头锯，锯路小、齿密，锯出的榫头就标准；剪锯，专锯榫头的撞肩，锯路更小、更细；绕锯，锯条很窄，专门锯弯、圆。除锯子外，还有大、小斧子，各种各样大大小小的刨子、凿子，大小不一的锤子，林林总总，足有一担挑。

5.唐建龙：我的祖父唐周富

尚村一带的人都知道，尚村水口边的唐周富制作的酱油是出了名的，又香又浓。唐周富是我的祖父，又名庭任，生子铁生，就是我的父亲。父亲生二子一女，即建忠、建龙、建兰。祖父制酱手艺则是跟着他父亲献琰学的，算是祖传手艺。

据说，祖父早年在尚村高富楷开的作坊里做酱油，除了普通酱油，还做醋、酱菜等系列酱制品。后来去了浙江，在梅溪镇酱制品厂当师傅。新中国成立后，公私合营，祖父继续留在梅溪镇手工业社做老本行。1983年，祖父退休返家，本想清闲养老，后又被本县扬溪镇一家福利企业高薪聘请，做了两三年酱制品。后来回尚村，他还是闲不住，于是租借周家老屋，自己开起了酱油坊。他调制的酱油味鲜香浓，深得村人喜欢，许多外地的人都慕名前来采购。他做酱菜，如什锦菜、酱萝卜、香菜、榨菜、生姜等，也是抢手货。

我父亲铁生不幸得病早逝，祖父很悲伤，总想把自己的本事传下去，就把制酱的手艺传给了我。在退休回家这段日子，他耐心教我怎么做酱制品。酱油做法看似简单，但周期较长，有些过门关节是凭经验凭口感，不太好掌握。祖父有许多笔记本，里面有他怎么做酱制品的心得。他是个非常敬业、非常细心的人，从原料采购到火候掌握，都是慢慢总结出来的。我在他的笔记本里，了解到了做酱油的方法：

主要材料：小麦、蚕豆、黄豆。

制作工序：一备料，将小麦、蚕豆、黄豆等粉碎至三分之一大小，备用；二上蒸，将备料搅拌均匀，上蒸桶蒸熟；三发酵，将蒸熟的麦、豆放入筐篮中抹平，密封发酵一周；四曝晒，发酵后的麦、豆拌入一定比例的盐水，下缸晒半年以上；五上榨，将充分晒好后的成熟酱料入布袋上木榨榨出酱汁；六杀菌，将榨出的酱汁放入锅中煮沸杀菌；七装坛，将煮沸杀菌后的酱分装封坛，沉淀数日，即可出成品酱油。

那时，我学手艺不怎么专心，做出来的酱油不满意，其他酱菜也是如此。祖父去世后，我继承祖业，在胡家村开了一个酱油坊，开始几年生意还不错，这几年销路不太好，就不再做酱制品了。

唐铁生像及生平简介

6.方德明：新四军在尚村

绩溪东部十五都一带，山高地偏，交通不便，民众生活十分艰难。1944年秋，新四军皖浙支队在荆州创立了"九华根据地"，在侦察一山之隔的尚村地形时，欣喜发现尚村不仅地势险峻，而且群众基础好，附近邻村之间关系和睦。

随后，新四军徽州一带总部立即派出舒梦雄、王成信（分别化名老猴、老猿）来此开展工作，在许家富家中建立了秘密联络点。舒梦雄同志因战事需要经常外出，王成信就成了尚村具体工作的指导员。他在群众中宣传解放区战争的大好形势，号召全体村民组织起来，推翻国民党政府，跟共产党走，翻身求解放。许家富的小屋成了共产党在尚村的星火之地。

1946年冬，尚村建立了以许传安同志为主任的农会和以高耀全同志为队长的地方武装民兵小队。同时有许家林、程玉寿、方观定及邻村的汪荣鹤、方社福等一批热血青年自愿加入新四军。1947年春，一场轰轰烈烈的清匪反霸、抗租抗丁抗捐的运动在尚村如火如荼地开展起来，吹响了"小解放"的战斗号角。新四军战士在尚村民兵的配合下，革命工作开展得有声有色。1947年夏，尚村民兵小队在胆大机警的高耀全队长带领下，方太璋、方遗荣、高渭清、唐周富、许观华、李小宝、许家球、高秉有等十余民兵，趁着黑夜，深入三十里外的伏岭镇，一夜之间端掉敌人碉堡2座，缴获中正式步枪15支，子弹160发。为扑灭我军的革命火焰，1947年秋，国民党军队进攻尚村等根据地。这是继荆州"九华根据地"遭到血腥屠杀后，匪军对我根据地的又一场残暴屠杀。因敌我力量悬殊，新四军即采取化整为零保存实力的战术。为防止匪军杀害百姓，王成信等同志动员群众撤离，分散到山云东边崖躲避，民兵负责把守半山道路，老弱病残无法撤离上山，只能留守家园。王成信指导员妥当安排撤离工作后，回许家富家取新四军名册及会议纪要等重要资料时，匪军已经包围了尚村，正在挨家挨户搜查。在这万分危急时刻，住在村巷口的汪菊凤老人，临危不惧，挺身而出，将王成信藏在自己家中，而许家林、程玉寿、汪荣鹤等战士不幸被捕，壮烈牺牲。

二　文字记录

1.方永清：《方姓几件事》

《尚村方氏支祠沿革史》完稿于1999年8月1日下午，由方德明保存。2018年4月21日，笔者从原稿中节录方永清《方姓几件事》。

（一）建造大堂前和方氏支祠。估计是统华、统继两兄弟合造的，因为以上产业各家一半，建前堂和磅下及老屋时，两兄弟就分开做了，因屋宇均属各家名下的了。

（二）高祖统华、统继公以上各列祖的辈分有大出入，即大变小、小变大现象，以下逐辈有序地传下来的，没有接错。两高祖的辈分无据可查，只得将错就错。

（三）今摆在方氏支祠里的香炉台（泥烧成的），是光绪十八年（1892）七月六日制的，距今已有107年（今1999年）。据金介公和宗太公说，不晓得哪个年代的皇帝，赐给方仙翁一葫芦匾，上写有"圣旨"两字，总祠又为储公塑有一尊容像。这两件物事安置在总祠的正厅处。这两件物事，他们都亲眼见过。不知现在还存在否？

　　（四）我四房、前堂和宅后都是今北村乡许村来的，同一个始祖。为什么方氏支祠宅后没有产权，以前金介公没有和我们说过。一直到去年一九九八年农历十二月十二日，依德公生前谈及此事，说不知哪一辈，兄弟分家时为宅后的老屋和产业而闹纠纷，造成兄弟不和。后来，四房和前堂建造方氏支祠，宅后派人来做时，四房、前堂不搭理他们。他们回去就搞了个香火堂来祭祖，从此不相来往。直到解放

《尚村方氏支祠沿革史》书影

前宅后桂兴家发生了件大事，我四房和前堂（部分人参加了）去为其解围，平息了事态，双方才逐步恢复往来至今。

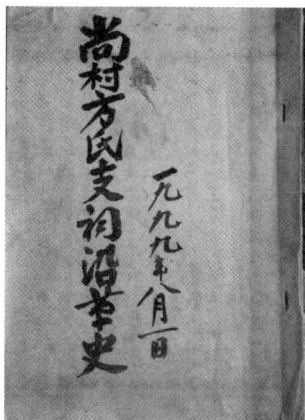

　　（五）新中国成立前我四房所有事及财产、契约等都是金介公负责和管理，后因年迈将所有财产和契约等移交给福寿公负责管理了，都有成绩。就是宗太为这些事也出了不少力，有功劳，只可惜到解放后族谱契约等全部丢失了。前堂的事原是宗梅负责，后交德林负责，其他契约等物也全部遗失。所以我四房和前堂有些事的来龙去脉没有依据，实是憾事（包括宅后的）！我们四房和前堂的事迹，算金介公和宗太公最清楚。他们两人时常口传下辈（可以说是活书）来龙去脉，讲得很详细，我们也认真听，所以说现在还回忆得起来，所记事迹比较实，有些事物与现在相吻合。不然，我方氏支祠的大沿革也写不起来。

　　（六）宅后我方姓有祠堂基地一块，四至是：东与宅后桂兴家的菜园地毗连，南至大路（宅后的墙围门楼上嵌有十五块阀阅，为官者才有，其史无据可查），西至桂兴屋和依德厨房的出入路地，北至高姓封山（这一封山是从高姓买来的，作为寝室用）。记得土改时，我方姓贫协会代表有善元、宗年、宗海、德元、德仙和桂兴等六人。土改时，宅后的基地登记在我四房和前堂五家的土地证上。土改后，有

泽木、永清、桃香、德仙、金花、宗元、善元等，将这块地划分为五份，租给各家种植。记得我四房和前堂管理时，由于客观原因，就没有种植管理过，荒在那里。宅后几家未通过我们，擅自堆上了稻草等物。宅后的水塘和封山归宅后人家登记土地证。据老辈们传下来，在宅后，我方姓想造一个祠堂，打算在水塘上造一座木桥或石桥（正堂上朝），直往祠堂，水塘后为一进、二进，三进为寝室，后不知为何事没建造了。

（七）一九九九年一月五、六、七日，我方姓开会，为办锣鼓和钹器事（包括两根抬杠）。以上物事，九九年三月七日已全部办齐。其经费根据人口负担购买（除宅后灶上和理华家不在内），锣鼓、钹器暂由德兵收拾管理。

（八）一九九九年四月四日到七日，我四房和前堂全部人员根据土地证整理宅后的基地。结束后，于七日晚上开会讨论管理该土地问题，决议今年归德明和德阳负责管理，明年再讨论落实。参加管理宅后土地的有德阳、德友、建东、德明、德伍、德兵、永清、依华、方科、静波、德家、德至、大明、光明、九明、亮明、建勋、永国和方峰等。（方永清记）

2.章钟修自述

章钟修《自首书》原件在章钟修之子章渭瑛处，2016年8月20日由本村章熙东抄录。

我是（绩溪）同原乡尚村行政村人，现年四十六岁，家中有八十三岁老母、妻子、两个女儿、一个男孩，连我一共六口人。自己一亩田，又租种一亩田。父亲名叫华有，是个农民，于民国二十六年（1937）去世。

因为父亲是个农民，所以我到十一岁那年才到本村一个蒙童馆读书，十四岁就叫我到杭州临安去学生意了。十八岁那年，因我身体不好，时常生病，所以我的哥哥们叫我回家，把我送到绩溪县名伦县立第一高等小学校读书，在那里读了三年书，又到屯溪公立甲种商业学校读了三年。那时我已二十二岁了。我父亲因为老了，所以把我们兄弟分居（分家）。

因为没有人负担我，没有钱就没读书了。我就在家教了两年书。后来因为生活不能维持，就跟着哥哥们到临安做生意。到民国二十二年（1933），我的三个哥哥前后死亡，那时我也就回家了。在家做了两年务农，到民国二十五年（1936），蒙同学唐廷仁介绍，到杭州立稳家桥小学当教员，后来因为我不是党员就被淘汰了。生活困难，另外找事又找不著（着），就在那里做生意。到民国二十六年（1937）杭州沦陷，我就逃回家了。

民国二十七年（1938），又到浙江做生意。民国二十八年（1939）失业在家。那时有个同乡章锦林在宣城做生意，他又是个商会委员，和那时的宣城县长很要好。国民党反动派只要有钱有势什么都好，他就把我介绍到那里当伪镇长。我做了三个月，生活不能维持。那时的伪镇长（县长）还在，我去辞职，不照准，所以我就开了个镇民大会，把一切移交手续交给他们那里。宣城县第一区抗建镇是个商业区。因为位临前线县政府所在的周王村距离是六十四里。为了移交，就由商会和一般士绅推了个名叫夏德厚的接着，再由他们报上去，请求加委。我的伪镇长也是那样来的。民国二十九年（1940），我在那里做生意，到民国三十六年（1947）才离开宣城回家。

民国三十六年（1947），我又到杭州做生意，到去年农历二月（止）。回家时，是汪光俊在和平乡即现在的同原乡当伪乡长。他找我当干事，因为我是本乡人，光俊做了一个月，因为不缺人，乡里没有一个不恨他。那时驻（绩溪）岭南联防区主任宋德明是县长的亲信，他也住在乡公所，他看见光俊对乡里政务推动不了，又看见我是本乡人，人面熟悉，所以他就向伪政府介绍我，没几天，我的名字就登表了。我就于农历五月初四接当伪乡长，到农历十二月十五日才交接回家。本年在本村教书。

上面所说都是我的经过，这里面几次为了生活，被国民党反动派利诱利用，现在受新民主主义的洗礼，回想过去的，真心后悔死人了，但今后坚决站在毛主席的英明领导下，虚心学习，老实做人，努力为群众服务。

谨呈

具自首人同原乡尚村行政村　章钟修

公元一九四九年十一月十一日

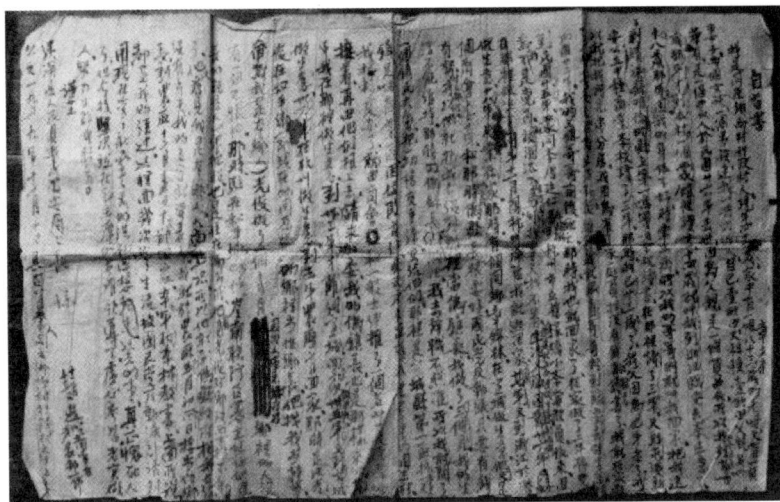

《自首书》

3.唐铁仕：《母亲的画像》

从一只老旧的木箱里，翻出十多年前母亲的画像。再三端详，说不出是一种什么样的况味！

这一张母亲的画像，是我在十多年前凭着记忆画下来的。因为离开母亲久远，已记不清母亲面貌的特征，自己又不是什么画家，所以画来画去总觉得画不像，自己画自己母亲画不像，去找画家画，也未必画得像。在无可奈何的情况下，我还是把这张不满意的画像留下来。

现在我对母亲的容貌更加模糊了，但母亲的慈爱和她挣扎在穷困艰苦的环境中那种与命运周旋对抗的形象，仍然深深地印在我的脑子里。这形象，才是母亲真正的特征，也才是母亲真正的画像。

我八岁时，父亲去世，母亲就开始守寡。那时，她只有三十八岁，但已经做了五个儿女的母亲。大哥才十八岁，我下面还有一个三岁的妹妹，另外又有两个童养媳，都还依赖着母亲的抚养。一副沉重的担子，压在母亲的肩上。父亲留给我们的，只有几亩薄田和一些线装书。几亩薄田的收获，难能维持一家八口一年的生活，如果遇到荒年，那我们连喝稀饭都要成问题了。至于书架上那一堆线装书，在当时根本派不上用场。父亲的去世，带走了母亲的笑容，也带走了我们家庭的快乐和幸福。

母亲每日以泪洗面，我有时夜半醒来，常听到母亲低低的叹息和低低的哭泣！母亲一天天的消瘦，一天天的憔悴。但只要天一亮，母亲便起身，又开始每天的忙碌。

母亲经常诅咒人生，说人活着没有什么意义，但她还是活了过来，她似乎是为了我们活着。

有一年，遇到旱灾，田里没有什么收成。母亲在万不得已的情形下，托人把大哥和三哥分别带到上海和徽州府的饭店里当学徒。二哥留在家里种田，我和妹妹还小，也留在家里吃闲饭。

两个哥哥在外当学徒，只能维持他们个人的生活，很少寄钱回家，不过家里也减轻了对他们两人的负担。

大哥很爱读书，当了一两年的学徒，他又回到家里，要求母亲答应他复学，二十多岁还回到小学去完成六年级的学业。以后，又继续去读徽州师范学校。简师毕业出来，在乡间当一个穷教员，只能一人糊口，对家庭并没有多大帮助。

母亲便想各种方法赚钱，她算是一个相当能干的人，什么事情一学就会。看见人家做豆腐，她也去学做豆腐，常常在黎明之前一人偷偷地起床，在厢房里磨豆腐，咕噜咕噜的声音，从夜空中传入我半醒半睡的耳朵，觉得那声音里充满了母亲的哀怨！

母亲也学会做麦芽糖。做出来的豆腐和麦芽糖，放在一只小竹篮里，要我们提着在村庄一家一家，沿门挨户去兜卖，赚一些蝇头小利来贴补家用。

母亲是旧式中国农村社会传统家庭中的典型妇女，贤淑贞节，她忠实地固守着中国的旧礼教。父亲死后，她就一心一意地守着这个家，照顾着我们这群可怜的儿女。为了她的坚持，她不惜任何一切的牺牲，忍受人间一切的痛苦。她在绝境中追求希望，寻找凭借；我们就是她唯一的希望，也是她唯一的凭借。

我是母亲的幺儿，母亲也就更加疼我，她一直夸我聪明，说卖田卖地也要给我读书。等待我高师毕业后，可以步大哥的后尘，从事乡村教育。但见日寇猖獗，半壁江山变色，国家岌岌可危，全国知识青年激于义愤，都纷纷投笔从戎，我也就在此时加入了中国远征军的行列，远征印、缅。半年与母亲未通音讯，待我于一九四六年从东北复员返家，才知母亲那时为我的不告而别、远走天涯而伤心欲绝。以后又得到旅居昆明的同乡带给她有关于我的消息，说我从昆明机场搭乘军用飞机出国，途中遇到日军的高射炮射击，有两架飞机被击落。母亲见我出国半年，杳无音讯，以为我凶多吉少，心理上遭受父亲死后再一次重大的打击。又听到邻居告诉我，说我母亲第一次接到我从遥远的印度寄回家的信，又喜极而泣，到处奔走相告，把我的信拿给这人看，又拿给那人看，好像我是她重新捡回的孩子，又觉得我坐飞机上天，飞到玄奘和尚曾经也到过的地方——印度，便也感到无限光荣似的，深深为她这个"聪明"的儿子感到骄傲。

母亲见我复员返家，高兴得老泪横流。我是在母亲的病榻前和她见面的。听说母亲已病了很久，如今见我回来，她的病霍然而愈。她伸出一双瘦瘠的手，不断抚摸着我，两只慈爱的眼眶里，似乎还怀疑着这是梦境还是幻象。

故乡虽然可爱，可是故乡一切都显得落后，无法使我长久生活下去。在胡乐小学教了一学期的书之后，我又到了南京，随着陆军训练司令部来到台湾，第二次离开了母亲。

原以为很快就会回去的，谁知到了一九六九年我从军队退伍时，才想到时间已经过去了二十多年。一九四七年初到台湾时，还经常写信向母亲请安。一九四九年后，我与母亲又音讯断绝了！不知母亲怎样？料想母亲也一定像我第一次离开她时那样记挂着我。

我不能与母亲相见，身边也没有母亲的照片，我十分地怀念她，比第一次离开她时还要怀念得紧。

一九七一年，我接到一封二哥从香港转来的家书。古人在诗句里说"烽火连三月，家书抵万金"，我这次离开故乡二十多年，如今我接到这一封家书，其价值又何止万金？

但这一封令人惊喜欲狂的家书，里面却写着一件使我无限伤心的事，那就是我慈爱的母亲已在七年前就过世了。二哥在信中还告诉我，她在弥留中，还不断地喊着我的小名。

为我日夜所思念着的母亲，早已走了，我永远也见不到她的面，但我只希望能够得到母亲一张照片，写信向二哥索取，但都没有下文。不是二哥不寄给我，恐怕母亲没有照片。在那个偏僻的乡间，没有照相馆。记得父亲在世时，我们全家曾经照过一次相，那是县城里一家照相馆特别派人到乡下来照的，画面不太清晰，以后就没有再照过相，这恐怕是母亲一生中第一次也是最后一次的被拍照。如今这一张照片，也许遗留在老家里，二哥可能也不舍得将这仅存的一张有母亲在内的照片寄给我，因为他们也需要留着作纪念。

既然得不到母亲的照片，最后只有凭着记忆自己来画了，虽然画得不像，但总算有了母亲的形象。这形象，象征着母亲的慈爱、贞节、坚强及为丈夫子女奋斗牺牲的伟大人格和精神，将永远、永远留在我的心里。（原文载于1986年8月25日《青年日报》副刊，有改动）

三　民间传说

1.方德明：哪吒庙的传说

徽州人的信仰比较复杂，敬天敬地，认祖认命，佛道相融，也崇拜各路英雄，什么神有用就请什么神，故一般村中有许多座庙宇。旧时造庙宇都很讲究，目的是祈福消灾求太平。明朝中期，尚村人口鼎旺。其时天下太平，百姓安居乐业。各姓族长合议兴建一所庙宇。村人议论，因村正面有东西走向的五条山脉（俗称龙脉），无法选定哪一龙脉下可作建庙良址。不过，有一条由西北向东南走向的龙脉逶迤至尚村东南村口，是否可作庙宇良基，有待进一步考证。

村人请来地理先生选择地址。地理先生勘看地形及山脉形状，认定此山形如一面飘拂的战旗，至霞水村口外的迴龙庙，若把该山的制高点老竹尖比作旗杆尖顶，战旗仿佛正向西北迎风飞舞，关键是这面旗精神抖擞，呈凯旋之状。因此，地理先生认定这是一处建庙请神的风水宝地。地点定好后，该请哪一尊神来登位呢？尚村的先辈们大多信奉天地，于是决定到天庭去请。考虑到山势宛若战旗，必须要请一位赫赫有名的战将，而传说中的天兵神将众多，只能在最神武勇敢的战将中挑选。孙大圣吗？他原来是一只石猴，大闹天宫后被如来佛降服，后经观音推荐保唐僧西天取经，功成圆满后被封为斗战胜佛，已在佛界，不在天庭。二郎神杨戬，此神确也神通广大，又是玉皇大帝的外甥。但他奉命出征得胜后，带着梅山六兄弟和哮天犬直接班师灌江口，不回天庭报到，在那里享受人间香火了。直接在天庭供职的名神就只有托塔李天王和哪吒父子。而天王李靖在封神前只是城塘关一位总兵，从没到过仙山修炼，论武功及神通远不及其子，只是论资排辈才封他做李天王。村人想来思去，决定请哪吒神来此登位。

主神确定后，哪吒是一位战神，必须在他的左右前后塑一批小神。根据战争的配置，首先有侦察部队，于是把千里眼、顺风耳两尊神请来了。冷兵器时代的战场，还需擂鼓助威、摇旗呐喊的兵将，因此又加上雷公、电母两位尊神。还有左右护卫，请的是九曜星君和二十八星宿。九曜包括日曜、月曜、火曜、水曜、木曜、金曜、土曜日、罗睺星和计都星。前哨是巨灵神（即灵官老爷）。这就是当时哪吒神座的排设。主神哪吒大显神通，有三头六臂，民间又称"七手八臂哪吒"。

历时三年，哪吒庙建成，村民欢欣鼓舞。从此，每逢正月初都会在此举办哪吒会（也称大年会），有杀大猪大羊、舞龙等一些礼式，少不了要登台演戏助兴。因此就在正庙堂右侧兴建了一座戏台，古庙戏台一直是尚村民俗文化的象征。

尚村人曾自豪地说"天下两个半哪吒，尚村人占了一个半"，说是庙中还有一个小哪吒，算是半个。据说，小哪吒特别显灵，常常被胡家上西一带的人晚上悄悄驮出去求雨，要是雨求着了，人们就敲锣打鼓放铳把小哪吒送回哪吒庙中，又是上香又是摆贡案，搞得尚村哪吒庙越来越热闹。

2.高灶甫：猪狗形的由来

靠着村东南尚村岭背山，有两只灰灶。往灰灶不远，有个地名叫猪狗形。是不是猪狗坟的讹音？为什么叫这个名字？说起来与尚村建哪吒庙有关。老辈祖传下来的说法是，尚村人建哪吒庙的位置，刚好建在了清潭下、胡村、上门这条数十里长的龙脉叶腮处。这可是龙脉的三寸啊，要害之处！自从尚村哪吒庙建好后，果然，镇住了上门、牛栏坞、上胡村村落的命穴，这些村突然鸡不鸣、狗不叫，且怪事接连不断。于是，有人找来地理先生解套，地理先生告知，只有把猪狗动物尸体偷偷葬在哪吒庙后背（两只灰灶中间），哪吒的神威就不会波及龙脉的气势了。

尚村东南口，是通往胡家半坑伏岭一带的主要通道，白天行人较多，于是上门胡村人家就在晚上偷偷把死猪死狗葬在村口灰灶路旁，久而久之，尚村人知道了，但也拦不住。后来这个地方鼓起许多小山包，渐渐地，"猪狗形"这个地名就叫开了。以前，清明时，上门一带还有许多人要来猪狗形祭奠挂钱，上贡品上香，意思是告知子孙，不能忘记这个地方对下游村落的兴旺发达很重要。

3.唐方红：山狼坑的传说

话说尚村东南向的山岭脚，四边悬崖峭壁，树木森森，只有一条山路通向尚村岭头。另一山坞很深，有乌石堆和尚寺的涧水流至山脚，形成一个锅底"坑"，在三面是山的横路上形成一口面积十多亩的草塘。草塘水很深，碧绿碧绿的，不时有水鸟划过。因地偏阴森，平时很少有人的踪迹，尤其是到黄昏或夜晚，更是无人敢从这里路过。这里土名"山狼坑"，说是因有只占山为王的狼精而得名。

传说古时此地生活着一只山狼，野性十足，威风凛凛，在这一带石壁下的山涧中修炼成精，每逢天黑阴暗，就下山作祟，作妖施法，践踏一方，拦截过往行人。有时上蹿村中，吞吃孩童和家禽，祸害百姓，闹得大家人心惶惶，无法安宁。人们只得到岭头哪吒庙中烧香，祈求天神下界除此狼精。

哪吒闻知，如实向玉帝作了禀报。玉帝大怒，即刻遣派哪吒带着天兵天将下界除此妖孽。哪吒脚踏风火轮，手持神枪，天兵们纷纷手执兵刃，跨骑天马，腾云驾雾快速降临山狼坑，顿时，山顶上战马嘶鸣，山谷中火光四射，吼声震耳。哪吒手持神枪，双目圆睁，面对山狼精大吼一声："妖畜还不前来受死，爷来了！"那狼精也不甘示弱，手持一柄三面刀，上前应战，未尽三回合，抵不过哪吒的神枪神力，只得虚晃一刀，转身就逃，土遁溜走。哪知哪吒风火轮更快："妖畜，哪里逃，看枪！"说时迟那时快，只听咔嚓一声，山狼精的头颅被砍落下来。至今，这里的一石壁上还残留着哪吒神枪留下的枪尖印，旁边一块硕大巨石，活像一只山狼精。从此，这一方的百姓过上了平安的日子，来往人员也渐渐多了起来。

20世纪80年代，尚村糕点师章浩达老人在村口及山狼坑上岭处修了一截石板路。90年代，村人章基来又在旺浪坑脚捐资修建了一座石拱桥，并在山儿狼桥边建起了"路雨亭"。

4.方德明：打水坑的来历

尚村先人出于对土地神灵的敬畏，不允许村民私自在家里挖井取水。一些人认为，在家中挖井取水会造成地气泄漏，"井"在尚村成了一种风水禁忌。按风水之说，打井就会露财，露财就有可能倒霉，故民间有"暗室生财"一说。尚村许多房子都是枕水圳而建，号称"枕溪人家"。

"打水坑"位于村东北，土名宅后，旧称后门头担水坑。这股涧泉溪水来自东边岩，清澈见底，冬暖夏凉，水源充足，早先有一块大石头横截溪流，形成天然的深水坑，肩负着村中七个姓氏的生活用水。平时，挑着水桶担水的村民人来人往，周边坎下的前巷弄、后巷弄一度被称为"担水巷"。

说是"坑"又像"井"，人们用石条将其分隔成里井、外井和下井三个区域，各井用途有严格规定，众目睽睽下没人敢冒不韪。里井为饮用之水，无论冬夏，家家早上八点之前担水完毕。八点过后，里井可以用来洗茶具餐具。外井用于洗菜洗衣，下井用于洗刷夜盆和农具。尚村人在处理身边事时比较注重程序和形式的规范，井井有条，井然有序，很是文明。

打水坑

明万历年间，有一年夏天久旱无雨，担水坑虽没断流但不再满溢。话说村中有一大户人家的太太，此人生性怪癖，每当佣人在此担水回家，她只要前面一桶，后面那桶让佣人拎到门外泼洒掉。因此，她家的用水量是平常人户的数倍。平常年景倒也罢了，只不过苦了佣人多折腾几个来回。今遇大旱之年，她仍我行我素。有一天，不等东方发白，村民陆陆续续挑着水桶来到井边，等候担取。没想到这大户人家为了达到霸水目的，竟然派出家丁手持棍棒，不管村民先来后到，强行拦阻，定要先取。这下可惹怒了村民，人们纷纷放下空桶，手执水担钩，怒目相向。眼看一场械斗势难避免，正在双方剑拔弩张之时，村中的里正（村长）闻讯赶来，先责令双方放下棍棒、水担，开言便道："都是村里邻居，大旱之年要相互体让，同舟共济，不能斗殴，伤了和气。"同时嘱咐那家太太，要改掉陋习，一定要节约用水，同一个坑里担的水，有哪一桶不能饮用呢？接着，里正分开众人，亲临溪边，按现时井里水量，决定一户先提一桶带回家做饭，待坑水稍满再轮流来取。一场因担水引发的打斗风波被平息了。

为了杜绝尚村后人打架行为，里正随口便道："今天担水险打斗，此坑应称打水坑。"从此，"打水坑"这一名称就被叫开了……

5.唐铁仕：山云姐妹石的故事

山云是十五都人对饭甑尖一带的总称。从前，山云附近的一个村庄里，住着一户人家，家里有两个女儿，大的18岁，小的17岁，都长得漂亮，尤其是那妹妹，更是天生丽质，楚楚可人。她们从小一块长大，到了十多岁的时候，便帮忙父母料理家务，有时一同到山野采桑，到山地打柴，形影不离，密如胶漆。

有一天，这一对姐妹又一同到山野去采桑，有一位翩翩少年从她们的面前走过，一眼看上了那妹妹，便上前搭讪，害得这一对姐妹又羞又怯，那妹妹更是暗自欢喜，因为这少年长得既英俊又潇洒。这少年来自县城，是绩溪知县的公子，他这次一人偷偷跑到乡下来游玩，恰巧遇到这一对姐妹，想不到就在这里种下了情种。

他回到县城后，便食不知味，睡不安枕。他的父母发现他有异，一再追问，才知道少年已经坠入情网，被一个乡下姑娘迷醉，无法清醒过来。

知县了解了实情之后，便劝告他不要再为情所困，说："那女孩出身低微，我绝不答应你娶她为妻，我要为你找一个和我们门当户对人家的女孩和你成亲，你赶快死了这条心吧！"

这少年听他父亲这么一说，也就不敢顶撞。他十分了解父亲的个性，非常固执，说一不二。他自知这门亲事已经无望，但他并未死心，每隔一段时间，仍然会偷偷跑到乡下去和那女孩约会。

两人的爱苗，在默默地滋长，那姑娘心中的爱，是糅合在甜蜜和疑虑的矛盾之中，明知自己高攀不上这高贵子弟，却偏偏不自量力地往上高攀；而那少年心中的爱，是糅合在痛苦和恐惧里面：他从不把内心的苦楚向她吐露，他生怕伤了她稚嫩的心灵，他顶着父亲的压力和阻力，瞒着她。

两人的感情正发展到最高峰的时候，少年突然失去了踪影，久久不见他下乡来。这少女每日痴痴地盼望，苦苦地等待。半年过去了，仍然没有他的消息。那少女开始尝到失恋的苦果，她渐渐由爱他而转变为恨他，恨他这一个负心的人，恨他欺骗了她的感情。

有一大，这位姑娘也突然失踪了。姐姐到处寻找，最后终于在山云山路旁边一棵树下发现了她，一条绳子套住了脖子，另一端挂在一根树枝上。她急急地把妹妹抱了下来，但发现妹妹已气绝多时。她痛不欲生，嚎啕大哭，哭得声嘶力竭，最后也用了她妹妹用过的那根绳，在同一根树枝上，上吊死了。她急着要和她的妹妹一路走，她不忍心和她妹妹分离。

当他们的父亲发现了两个女儿的尸体后，情不自禁地抚尸哀恸，他向空中挥着拳，气愤地说："都是那个绝情的小子害死了我的两个女儿，我要去找他来收尸。"

当他闹到县衙门，知县得到了消息，也为这一对姐妹的死而深深地感动和惋惜，后悔不该因儿子和她们来往而把他软禁起来。他现在要亲自去山云祭奠这一对姐妹。这时，突然天空变色，雷声大作，大雨倾盆而下。在朦胧的雨气中，只见两个人影自天而降，落在姐妹原来停尸的地方。定睛一看，却是两块石头，双双并立在那儿。知县明白这就是两姐妹的化身，就把这两块石头命名为"姐妹石"，供后人瞻仰凭吊。（节选自《绩溪的山

泉》。原文载于1988年10月22日《中国时报》副刊，有改动）

姐妹石

6.高灶甫：龙玑石垱的传说

相传在山云饭甑尖右手，有个和尚寺，土名龙机石垱。外人一听这地名，就觉得这里面有些奥妙，而玄机就出在龙玑上。龙玑即天机也。这里四周悬崖峭壁，树木森森，环境幽静，山泉潺潺，自然万物生机勃勃。山中寺庙不大，恰在山盆地的凹垱中，宝殿正中是佛像，两边老爷菩萨众多，十八罗汉神态活灵活现。从山脚下尚村到寺庙有上千级石台阶，可谓步步为上。虽须攀山涉水，路远奇险，却香火很旺，附近香客诚心而至，叩拜不断。

据说，原来这寺叫饭甑尖降下和尚寺。南宋时，因附近西坑有位叫汪天石的人在这里读书，寺庙里的木雕佛像每次见到汪天石都躬身点头。和尚主持觉得奇怪，一看此人面相特异，有真龙天子之相，即细心教导，助其文武修炼。后来，汪天石果然胸生大志，起兵造反，但因天机泄露而失败。后人改称此寺为龙玑石垱和尚寺。

寺庙主持是老和尚，名字没有留下来。据说是一个看破风尘、从官场上退隐下来的居士，在这里念经修行，名气很大。一些理念不同的年轻和尚想自立门户，看中饭甑尖左手笔架尖山下一块空地，便另起炉灶，建起了山云和尚寺。因此，饭甑尖下一左一右两个和尚寺，其间有渊源，平时也多有走动。龙玑石垱主持道行极深，琴棋书画无所不能，讲经论佛头头是道，也有几个附近的山民跟着他修行，香火还算鼎兴。寺里还办起了学堂佛坛，一些有钱人看中这块清幽修身之地，捐钱捐物，送子女去寺中就学，一时间名声在外，龙玑石垱成了藏龙卧虎之地。

老和尚平时与周边村落常有往来，人缘极好。不幸的是，有一年，大雪封山数月，寺与外界联系中断，粮食所剩不多，更要命的是寺中断了火种。当时，寺里都是用打火石与纸媒取火，因大雪压境，寒风刺骨，风向不对，数百次取火不成。老和尚甚是着急，在万般无奈之下，放一只狗去山云和尚寺借火。结果，狗放出不远就被雪崩埋在雪窟中动弹不得，活活冻死。寺中和尚左等右盼，没有音信回复，因断粮断火，冻馁而死。

龙玑石垱距山云和尚寺和尚村都在十里之遥。次年，冰雪消融，路道见踪，香客前往龙玑石垱烧香拜佛，发现寺中老小和尚七八口均已故去。

后来，尚村人为避免悲剧再次发生，也考虑到地处偏远，粮食香火供给不便，于是相继将寺内木雕佛像、罗汉和哪吒塑像搬到了乌石堆之下的章土地闲屋中。又过了数十年，尚村哪吒庙建成后，那些佛像被请进了哪吒庙。很快，尚村哪吒庙的香火渐渐兴起来了。

7.许家斌：乌石堆救命泉

尚村属船形，有水才能远航，因此水是村落兴盛的关键。山云饭甑尖为绩溪第二高峰，山上古松葱葱，灌林丛深，山谷沟涧，泉眼众多，滴水成溪，纵横汇流，都是源头之水。乌石堆的山泉水是出了名的。这股来自饭甑尖下石冈脚的清泉，从山涧沟纹中一路走来，蕴涵了多种人身体所需的微量元素。

旅台作家唐铁仕是土生土长的尚村人，1998年版《绩溪县志》选登了他的《绩溪的山泉》，文中谈到了他对尚村山泉的记忆：

> 回想少年时代，常与村里的同伴到山上去砍柴。口渴了，就掬饮从石碑里流出来的山泉。故乡绩溪的山泉，又清凉，又甘美，我最爱喝。尤其在溽暑的天气，当我们走了一段崎岖的山路或砍过柴之后，

汗流浃背，嘴巴干渴，便自然想到那晶莹而涓涓流动的山泉。有时用手掬饮，有时伏在山泉旁边，让嘴巴直接贴着水面牛饮。我们每次上山砍柴，只带"蒲包饭"，不带"竹茶筒"，因为到处有山泉随时可以解渴。有一次，我感冒发热，母亲不时给我水喝，但始终不能解除我的口渴，我便想到山里清凉甘美的山泉，挣扎着起来要到山里去，母亲阻止我，我气得号啕大哭。

在乌石堆寺上手，有一山泉眼。此水冬暖夏凉，甘甜满满，长年流淌不息。不仅因为它洁净好喝，更因为可以防病治病，故尚村民间有句老古话："快要死的人，要喝石冈脚的泉水。"据说，许家斌家叔娘得了严重眼疾，并发症太多，土医生说她寿命不长。但她每天坚持要喝乌石堆的水，家人天天背水给她喝。有时家人偷懒到乌石堆附近背水，她一喝就知道这不是泉眼中的水。后来眼虽不能复明，但并发症没有了，身体渐渐好起来，童颜鹤发，到90多岁才寿终。人们猜测这与乌石堆泉水有关。

还有一事：乌石堆信安和尚的最后一位徒弟叫许玉华，70岁那年身体不适，经查得了病。他虽于20世纪80年代还俗迁至尚村，住在女儿家，却天天到乌石堆背水喝，长年累月坚持不断，后来病症消失，又活了七八年后才逝。因此，村人称乌石堆泉水是救命泉。

8.周文甫：山云和尚寺

从大的地理方位讲，尚村在绩溪的东部，具体一点，即在山云洞边，饭甑尖下。山云岭一带过去是原始森林，人在林中走时只听见泉水声响，却看不见天日。和尚寺遗址，位于山云岭阴边笔架山之下。那是一处三面环山的开阔地，正对着大营石口长流不息的涧泉瀑布。

传说宋明时，山云和尚寺曾香火兴旺，最多时有僧侣百余人。因此，有人推测，"先有山云和尚寺，再有荆州小九华"。确实，山云寺香火兴旺时，附近深山峡谷溪边，有僧人开挖的梯田数十亩，周边荒地成片，水井、水塘、粪池、水碓、牛舍等设施齐全。在寺附近的饭箩墩，还建过尼姑庵。在竹里村《周氏宗谱正宗》《松岭周氏宗谱》中有周姓族人"出家为僧"的记载。清中期，绩溪文学泰斗东青岭人方竹，曾有诗写到山云寺，其中有一首《山云庵》："山僧镇日坐山门，静看山头起白云，却笑白云闲不住，要为霖雨慰耕耘。"这说明那时的山云寺名气比较大。

山云寺被毁，是在20世纪七八十年代。随着僧人回乡还俗，这里一下冷清下来。过去的寺庙只留下断墙残垣，遗址里面有一口重几百斤的大铁钟，旁边有一座不很高的花岗岩石塔，塔里装着一位圆寂长老的尸骸。还存有一块长六尺宽二尺左右的立寺记事石碑。这些后来都被人为破坏了。附近有一处水碓，专春香粉供寺里用度。此处现地名仍称"香粉碓"。

紧靠松木岭村护村坝西侧，离山云寺约七里地，曾有一处庙宇建筑，那是山云和尚寺的歇脚庵。外地香客来山云寺烧香许愿，要先在此歇脚沐浴。这庵甚为宽敞，有住宿、膳食的地方。有一年，山云寺失火，寺里上百尊木雕菩萨佛像被人一一搬到松木岭村边歇脚庵，有如来佛、灵官佛、罗汉佛、华佗佛、观音佛……千姿百态，栩栩如生。有段时间，附近信佛的百姓干脆就在歇脚庵求神拜佛，烧香许愿，热闹了好一阵子。

遗憾的是，歇脚庵中的这些佛像后被烧毁，令人痛惜！

9.高灶甫：消失的叶家巷

在尚村村中央，有一条街巷叫叶家巷。这巷两头通，有五六十米，十多幢屋相对并排，一律三间二过厢，整齐气派。但现在这一巷里的居民都不姓叶而姓章，地名叫法是老辈延续下来的。根据老辈人口传，明朝时，尚村只有许姓、方姓等少数姓氏和睦相处，章姓、高姓、胡姓等还没有迁入。传说绩溪的叶姓是唐朝中期从歙县蓝田迁居板桥东坡村的，何时迁至尚村，没有找到文字根据。古话说，先来先到，先来先选好的地盘。从叶家巷所占据的地理位置看，离许姓不远，叶姓来尚村应该是较早的。

叶姓人家来尚村时，这里还比较荒芜。夫妻带着几个孩子一家五六口人，日出而作，日落而息。没隔几代，人丁大旺，繁衍至几十口之多，常常是"十八条柴担出门"，好不热闹。有一日夏天中午，天气非常闷热，巷里冷风吹来倒也凉爽，一大家族老老少少就在路巷里乘凉说鳌。突然，天上乌云密布，天空顿时转黑，一阵暴雨从头顶劈头盖脑袭来。也是命中注定叶家有灭顶之灾，数幢房屋在急雨冲刷下突然墙体崩塌，叶家一族大小几十口人全压在了砖头瓦片之下。一时三刻，叶家巷变成了一片废墟，刚才有说有笑的场景变成了静寂的死巷。事后，少数未死的妇女，不忍再看到伤心之地，只得改嫁外地。

叶家巷

过了若干年，瀛洲章姓一户人家迁到尚村，见此地平坦，就在叶家巷遗址上搭棚建屋落脚。慢慢地，章本俊、章周义等五户在叶家巷盖起了通转楼。叶家巷的地名一直保留了下来，有关叶家来龙去脉的故事被历史尘封。

10.王翠美：克光公一夜砌起风水坝

尚村方姓属歙县方村的"锦庭方"，鱼龙山方姓属绩溪浒里的城南方，可谓同源不同宗。在鱼龙山村，数百年来，民间流传着一个与尚村方仲为有关的故事。

明成化年间，城南方18世克光公选中鱼龙山定居后，又请了一位地理先生来观山望水，为村落下一步定基进行布局，想为子孙留足发展空间。为照顾这位地理先生起居，克光公特意安排了义子晚上为其暖被窝、倒夜壶、陪说鳖。

克光公新近收养的义子是邻近上许村的一位孤儿，名仲为，也姓方。十三四岁，因父母早逝到处流浪。克光公看其可怜，叫其帮忙放牛，后索性收为义子。多日相处，地理先生见这位放牛娃聪明伶俐，动了侧隐之心，临行前告知放牛娃，向克光公要水口上的一块水竹棵空地，并将父母的尸骨用棕毛包好葬在水竹棵地的石缝中。仲为不解其意，地理先生说只要按他说的去做必有好处。

克光公对于义子的这项请求，没有细想就爽快答应了。仲为依地理先生的要求将父母安葬好后就离开了鱼龙山义父家，回到了上许村独立生活。后来，恰逢胡宗宪抗倭在家乡一带招兵买马，仲为因无牵无挂，只身投入了兵营。因年轻有力气又比较机灵，多次受到军功奖励，也是时来运转，不久当上了胡宗宪麾下某营的"解粮官"。一晃数十年，仲为衣锦还乡，并盖起了方家大院。新楼落成之日，宴请方姓族中长辈及三亲四友，也请了义父克光公，但克光公因事稍晚到一步。宴席开始后，佣人关上了豪宅大门。克光公推门，里面的佣人以为是狗在抓门，传出"贼狗""贼狗"的辱骂声。克光公再次敲门，里面又传出"贼狗、讨打"的骂声。克光公叫门不应，无奈只好扫兴回家。

回到鱼龙山家中，儿子媳妇们见其不高兴就追问，克光公道出了被拒之门外的原委。克光公的6个儿子听说后火冒三丈，要去上许村讨个说法，被克光公制止。克光公左思右想，虽说有可能是误会，但也深知风水奥妙，定是当年地理先生帮仲为设局，抢了鱼龙山方氏的龙气风头。于是当晚议事，第二天6个儿子加上24个孙子，又各自请来了自家的岳父及妻舅，夜幕降临，几十个青壮劳力抬石砌磅，一夜之间，在仲为父母坟边砌成一道弧形石坝，"截断"了仲为一家的风水，并告知儿子死后将其葬在这条坝上。过了数日，仲为去义父家拜访，顺便想问一下那天酒宴未去的缘由。进村猛然一看，父母墓地边砌起了一道"风水坝"，让他大惊失色。

又过数年，克光公无疾而终。儿子遵遗嘱将克光公葬在石坝上，后来又将母亲张氏与其合葬，并在坟头栽了一棵株树、两棵沙棠树。后来，克光公一脉人丁兴旺，人口多时，达五六百人。水口水龙边的石坝、古墓，枝繁叶茂的株树、沙棠树，成了村中一道绚丽的风景。（笔者根据祖母王翠美生前口述记忆整理）

多 彩 链 接

回首尚村已是秋

京城周末的艳阳里，我正在环路上开车，忽然接到来自故乡的电话，是绩溪徽州文化学者方静告诉我他编著的又一本村志即将出炉，这本村志写的是传统村落尚村。他邀请我代为通读一下出版前的文字，顺便矫正一些文法，另外他问我能不能写一篇关于尚村的文章。通读我一向是愿意的，先读为快是我的私心，顺手修改是我的习惯，一举两得，何乐而不为？但关于尚村的稿约让我颇为迟疑。迟疑是因为我即将远行，手头有很多琐事要处理，时间上怕赶不及；第二个，是因为尚村与我的渊源颇深，很多人，很多事，置放在岁月的长河里，如同村落隐藏于大山深处，让她宁静还是让她招摇？

这一周，我企图从手机上去寻找出一些关于尚村早期的图片，然而遗憾地发现因为手机更换，居然没有留存。而今重新从记忆里挖掘往事，最应景的感觉就是"忽有故人心上过，回首尚村已是秋"。故人，就是那枝头上，风吹过的轻柔。此时应该是尚村最美的季节，秋的故事，写在风里，人的故事，写在岁月里，光阴摇晃着，丢失的从来不是时光，而是念念不忘的——尚村。

自幼在徽州古城城墙以内的弹丸之地长大的我，似乎曾经是一个被圈养并远离乡村的人。80年代中期，因祖母退休回乡，不满15岁的我离开歙县，来到绩溪中学上高中。新奇地发现班上大多数的同学，他们都比我厚重，比我成熟，比我老道，因为他们的成长中大多数都拥有一个乡村。当我怀着羡慕与好奇去打探他们的故乡的时候，发现他们不经意间描述的每一个场景以及场景所处的村落都是一处令人神往的世外桃源：不是有参天的大树，就是有清澈的流泉，不是壁立千仞，就是七姑捧寿，不是野芳吐香，就是山货遍坡。我毫不掩饰自己对来自农村的学长们的崇拜，常常在周末提出来要随他们回乡村，开始我与乡村的亲密接触。所幸那时候绩溪还隶属徽州。

35年前的那个夏天，放假第一天我就自告奋勇地领了一份"美差"，就是去给我提前离校的同桌送去她的毕业证书。那时候没有快递，邮政也不比我的主动迅捷。我用自己的零花钱买的票坐上通往县城东北方向的公交车，我的目的地是尚村。汽车一路颠簸至伏岭镇，乡村公路上尘土飞扬，然后到了伏岭，还要转乘过路车到家朋，最后还有好几里地需要在崎岖蜿蜒的山道上步行，时而走石板路，时而走田埂。具体的旅途过程晕头转向的我已经不记得了，只觉得那天太阳真大，天真热，目的地尚村真远，而我心里那份历经艰辛而终于可以和好友重聚的喜悦却丝毫不减。拖着疲惫的脚步，甚至还趴在山涧边用路边折下的竹管汲水而饮，总之，当我终于走进村落，当我终于问清楚了同桌的家的方向，总之，当她看见我的那一刻，她眼里闪烁的讶异与欣喜，以及热情洋溢的拥抱让我觉得一切劳累顷刻间就已消散。喝上清茶的我，说出来的第一句话是："尚村真远啊，没想到这么远。"

少年的我对乡村的格局历史是没有概念的，吸引我的只是这里有我的朋友，友情才是我的牵挂。不可避免地，我们会在乡村里走一走，祠堂，石桥，巷弄，原野，还有各种不同姓氏因地位的不同，所在位置的不同，因而风格不同的房屋。当然这些乡村细节在当时一个尚未真正走出校园的稚嫩的我的心里几乎不着痕迹。我唯一惊诧的是我同桌，离开了县城，她在她所成长的乡村完全是一道亮丽的风景线。走了一圈，村民们对她的赞誉让我第一次领略到"山窝里金凤凰"以及"一家有女百家求"这些概念的真实存在。随着我这样一个不谙世事贸然入村的姑娘的到来，尚村乡亲们的热忱与好客顿时就体现了出来。浇头面，鸡子滚水，当季的瓜果，都让我目不暇接。引人注目的是其间一位年轻而持重的戴着眼镜的小伙子，他的表情似乎比我的闺蜜还要喜出望外，他那种如释重负的侥幸表情一览无余。在我纳闷的注视中，同桌拉着我到一旁小声介绍道：他就是那谁谁谁。原来，他就是我早就知道的谁，而他却不知道我的大名是冠在一个女生身上的，所以一直很忌惮"张哲"这个名字。随着我的到来，他这几年无来由的危机感立刻解除。也似乎从那一天开始，他就自觉地不由分说地进入了我姐夫的角色。原来尚村，居然是我人生中第一次见证爱情的地方。

此后，我外出求学，留在当地的他们要结婚了。我在学期当中偷溜出来，中转了两三趟坐上一整天的车希望赶在同桌结婚的前一天回到故乡打算给她出嫁前的惊喜，然而当我辗转到他们离县城不远的住处，邻居告诉我，他们下午就回尚村了。一想到那么遥远的尚村，而当时天色已晚，这次我可能是没有办法抵达大山深处了。就当我准备把礼物放在门槛上准备黯然离去的时候，发现准新娘新郎居然出现在我眼前。他们说在城里置办一些礼品，时间耽搁了，尚村太远，打算明天一早再回去。就因为这个"远"，让我没有错失关键的祝福。

我大学毕业外出工作的那年，结婚的他们升级了，成为了父母。书信往来的年代，她会把尚村的映山红花瓣夹在信笺里寄给我，用故乡的春天诱惑我。而忙于工作与家务的我，惟有叹息，分身无术。

当很多年以后的那个春天，我终于给了自己一个长假，从京城三月的萧瑟中带着自己的孩子回归故乡。我和孩子站在漫山遍野的油菜花前大声呼喊：徽州，我们回来了，故乡，太美了。

彼时，作为《旅游休闲》杂志主编的我，其实已经去过世界上不少的地方，见过很多的美景，而粉墙黛瓦的徽州，始终是心底最美的精华。徽州千村，如同散落在群山中的星星，每一个村落都在闪烁着她的光芒。当我向读者介绍徽州绩溪的时候，不能免俗地要挑名声显赫的，交通便利的，名人辈出的龙川和上庄。但在私人情感上，我已经不会因为尚村太远，就疏远了她。当时还并不熟悉山道驾驶并有恐高的我，在同桌一贯乐观坚定的鼓励下，愣是在沙石道上目不斜视提心吊胆艰难前行把车开到了大山深处的尚村。

徽州大多数的传统村落，都如同中国画里模样。而10年后的这次回归，尚村在我眼前缓缓展开的是她的历史芳华：水口的大树，斑驳的粉墙，静默的祠堂，梯田路埂边的稻草垛，溪桥旁的桃花，处处是景，步步入画。一切都是自然天成的，都那么和谐唯美。私心里，我更希望美到极致的尚村能隐于深山，让光阴继续留住她曾经的辉煌，不受外界喧嚣的侵蚀，遗世独立，如儒雅的高士，脱俗的娇娘。但我知道，这只是我一厢情愿的空想，潮流如滚滚山洪，势不可挡。

当我从财经传媒再次辗转漫游生活，时光又过去了10年。10年，不长不短，沉淀了多少起伏跌宕，人生，不紧不慢，蹉跎了多少滚滚红尘。有些人，在岁月里走失了，但故乡还在。

年年春天，我都会害一个徽州的相思病，所以也会择时在油菜花开时再回徽州，引得京城的好友们羡慕不已。2016年的春天，我在朋友圈振臂一呼，结果有20多个传媒朋友积极响应，他们愿意把春天最宝贵的假期交给我交给徽州。四五天的时间，我如何带他们最精准地漫游徽州？在如何选择上我一时却举棋不定了。专业的事情一定要交给专业的人做。在我所认识的徽州人中对徽州颇有研究又心怀赤诚的陈忠平老师是不可忽略的一个。当他了解到我的需求，毫不犹疑地就给了几个目的地。其中，他最为力荐的是——尚村。此时的尚村已不是彼时的尚村，她虽被冠为皖南最后的"桃源秘境"，但已经声名远扬。从专业摄影师的角度，陈忠平老师觉得尚村绝对是入画入镜的。

当我们的旅行车从黄山市的地界辗转到宣城市的地界，当我们穿过徽州古城，又穿过绩溪县城，当我们盘旋上山，云山脚下焕然一新的尚村确实没有辜负我和我京城的伙伴。云雾深处宛如仙境的地方，大家无一不陶醉尚村那深厚的徽州人文底蕴与绝佳的自然美景，尤其是村后面新修了观景台，放眼远眺，视野极其开阔，封闭了一个寒冬的胸襟得以舒展。群峰环峙，金灿灿的油菜花一层层，由山脚到天边。云海缥缈，漫山遍野的嫩黄衬着粉墙黛瓦，流水人家，村子里锃亮的石板路，巷深幽径远，屋老隐陈烟。岁序年轮经渡，躬书耕地盘田。传承通造化，美景在人间。

当人们为了生活纷纷奔向城市，内心却对乡村渐生怀念；当人们开始回头寻找那些山野之间的村落，却蓦然发现她们美得如此惊心。这一次我终于明白，尚村是藏不住的。她已经走出深闺，完全敞开接纳升华。

那夜，我们住在尚村。乡村因我们而热闹起来，春夜一场暴雨让晚餐的氛围不断升腾。中信资深出版人蒋蕾说，虽然初临徽州，但梦里似乎无数次来过；会展杂志主编周宇宁说，春光里所有的思念温情和感动，都给了徽州，给了尚村。而我尤为感慨的是，是夜，对中国传统村落情有独钟的台湾电视人陈介甫先生从黄山机场冒着大雨摸黑拐上天路加入我们，当时因为导航信号弱，陈忠平老师和当地向导冒着瓢泼大雨在村口引路，真是天涯存知己，风雨夜归人。这些来自五湖四海的伙伴，因为信任，因为徽州，我们相聚尚村。

在距离初次进入尚村30年后，我终于可以在人情毫无牵挂的故乡，转而做一个不停路过的人。相识或相认，相知或相失，只有那转瞬即逝的时刻，与人与事，皆为惠赠。

相逢的意义在于照亮彼此，相伴一程就已经足够，没有什么是一成不变的，没有谁能一直陪伴着谁，只要同行的时候是快乐的，就是最好的相遇，至于怎么走散的并不重要。就如同徽州区划不在，而徽州犹在；往昔岁月不在，而脚下的路还在。

两年前的那个深秋，我完全按照百岁祖母的嘱托给她老人家料理完后事，好友洪丽秀邀请我去皖浙天路赏秋散心。那日，熟透了的树叶遍布山间，有的挂在枝头，像一叶叶柳眉；有的被风吹过，便纷纷扬扬地从树上飘落而来，宛如无数只金色的蝴蝶在空中在地面飞舞。四处环顾，满眼皆是一片金黄。真是人在画中游，车在画中行，沉醉中我们再次来到尚村。

午后，村庄出乎意外地宁静。街道干净整洁，阳光柔和，没有路人。除了我们仨，只有两条土狗，看见我们，一条从田埂上跳上来，一条从巷子里跟过来。它们一路随行，直至我们到村后的广场，见我们往水田边的山路上往下走，它们还在商量要不要继续跟。为了这份难得的缘分，我特地给它们拍了照。

狗与村庄

祖母是我的徽州之源，是我生命里与这片土地缘分的起始与延续。所以她老人家走了之后，把她安放在心里，再重新走上绩溪这片曾经属于她老人家的土地，我会倍感轻松与深情。

阳光铺设在水田里，在每一根水草间闪烁着。身边是好友和她的先生，他们伉俪情深，携手同行。所谓岁月静好无非就是这样。在时间的河流里，有些人，走着走着就散了，就像我当年的同桌，30年的情谊宛如秋风。有些人，不经常问候却彼此真切地关怀着，如身边的挚友，走着走着反而更近了。人生最惬意的时刻就是此刻：伫立在田野上，环顾四野，村庄静谧，有重峦叠嶂，河流欢唱，友人陪伴，连秋风都如此善解人意，轻柔温暖。

人在一种特定的画面中，就会突然发现以前未曾察觉的情感。满目的秋色，总能让人记起那句："人生一场大梦，世间几度秋凉。"

"十姓九祠，和谐共存"千余年的尚村，从前世到今生，在方静先生的这本村志里得到了最为详尽的描述。在通读《传统村落尚村》书稿的过程中，我不得不由衷地钦佩他撷取素材之全面之精细之完整。方静，也是尚村人，我记得在当年我们最初的谈话中，他不止一次提到他的家乡，提到他的童年，提到他对家乡的热爱。他始终认为古村落应保持自身禀赋，按照一个乡村应有的轨迹，自然静美走向未来，永久成为后世子孙的精神家园。徽州有多少莘莘学子就和他一样被故乡山水滋养，在他们心灵深处，是清高的人品、自持的道德、慷慨的秉性、笃定的气质，百圣在目、千古在心。他曾笑谈自己幼时身体单薄如果不种田就只有读书。他们身上既有忠厚传家的根底，又有苦读圣贤的意志，他们对故土的情感最为坚实最为深沉。

感恩他的信任，让我攒出一篇文字，打开尘封的记忆。其实无论岁月如何流转，哪个季节的徽州都美，尚村的美是那种浸润灵魂的美。无论时代流行走向何方，但愿，人们能够，静下心来：读懂尚村，叶落归根。（张哲）

第十章

回归田园

　　"十姓九祠，尚善古村，乡贤参与，村民互助，以和合同心铸就尚村之魂，为村落发展提供永不枯竭的精神力量！"这是2019年6月21日在中国广东大埔举行的首届中国乡村榜发布仪式上组委会给予尚村的颁奖词。关键词是"尚善""和合"。尚村从全国数百个经典古村落中脱颖而出，成为中国传统村落求变重生的典范。

　　尚村是近年来被一群摄影者、乡村研究者发现的一颗山野遗珠。尚村原居民、古民居、文化社区、自然生态四者都极具生命活力。笔者认为，尚村村落发展经历了四件重大事件或四个阶段。一是宋时云川许三世祖许丘的草创落脚，奠定了村落的雏形，掀开了人居生活的篇章。二是明代后期"解粮官"方仲为的荣耀出现，与云川许氏许寿"投苏王"政治光环交相辉映，使村落迎来勃兴。三是明代后期村东南伏魔殿、关赵庙、太子庙、哪吒庙戏台等公共建筑出现，村落英雄崇拜和原始民俗文化基本定型，尤其是哪吒崇拜，深入人心。四是民国初年积谷会成立，村落多姓共管自治体系成熟，"尚村人"概念、村落共同体内容丰满。尚村从一个古老农耕社会慢慢走进现代，以原始、尤束、低调、传统、守正展示出与众不同的文化个性和审美魅力。其最核心的生命力来自它那颗熊熊燃烧着的传统文化灵魂，以及从英雄崇拜中获取的人定胜天的信心和力量。多姓共居，和谐尚善，内治外合，村民互助，彰显了传统社区文化开放包容的精神内核，成为徽州村居自治的范本。

田园人家

一　田园优势

尚村有鲜活的文化原生态优势，自然清新的生态价值正一步步被挖掘，是一块有待开发的处女地。尚村背靠的山云岭在20世纪70年代之前仍然是大片的原始森林，"山云秀色"是尚村自然景观最亮丽的名片。三百多道弯曲的盘山公路——皖浙天路将山下、山上景致串在一起，有饭甑尖、豺狗狼尖、笔架尖、五指峰等雄傲蓝天，有"奇松、怪石、云雾、清泉"风光特色。山峦、云雾与村落、田园相惜相融，吸引着越来越多的游客，并形成攀山、竞技、赏花三个维度的审美空间。

1. 攀山

尚村东部的饭甑尖为绩溪第二高峰，海拔为1349.6米，峰顶突出一巨石，高约15米，状如饭甑。顶平，椭圆形，面积为50平方米，上有小"天池"三口，积水不枯。旁有高10米的长石头，人称"饭匙"。顶部怪石奇松，登高望远，极目天舒。民间相传，饭甑尖有裂缝一直延伸到山下数十里之外的胡村口。据说，曾有人在饭甑尖往大裂缝中倒麦壳，却见麦壳从胡村口石洞中流淌而出。西部豺狗狼尖，更是以山岩峭壁、孤峰林立、雄险壮美而赢得探险者的青睐。

雾中山云岭

从山云岭凹往山上攀爬十余里，越过灌木丛林，便来到峦岗山头。饭甑尖巨石卧立于山之巅顶，巍巍壮观，登顶而望，风景绝胜。顶上遥望四周，周围众峰耸立，山气扑鼻，沁人心脾，一切都显得那么平和。纵览山冈峰岭，顿觉气壮豪迈。遥相呼应，怪石奇松，巍峨挺拔，是无声的诗，是无言的画。在饭甑尖仰望高天，手握如烟流云，有丽日相迎，送以清辉；俯瞰山下沟壑丘峦，古木蔽荫，秀水潺潺，难怪数百年前就有高僧在这儿建寺修炼，收徒传习佛法，有民间流传"先有饭甑和尚，后有荆州小九华，再有青阳大九华"之说，更有南宋绩溪义军头领汪天石在此读书练武的传说。清代诗人有诗《饭甑尖七咏》[①]：

> 山云景致叠重重，顽石嵯峨钻半空。
> 饭甑峰峦凌绝顶，神仙到此也攀登。

> 甑石天生云外间，四乡夺目此峰峦。
> 风光点缀江南好，更把神仙作笑谈。

> 放眼风光霄汉间，嵯峨怪石钻云端。
> 谁抛饭甑峰峦上，谈笑原来是范丹。

> 山色朦胧弥雾天，影无饭甑影无尖。
> 神仙为避凡人面，作幕遮拦绝俗缘。

> 咫尺天连饭甑尖，白云时作被窝眠。
> 为寻好梦黄粱熟，来往游人情意甜。

> 雾弥饭甑雪漫尖，疑是伤风作被眠。
> 惟待明朝红日出，一凡病去汗如泉。

---

① 程慕斌主编：《绩溪古今诗词集萃》，现代出版社，2015年版。

是谁饭甑搁高山，欲想红尘学范丹。

又恐贪私人耻笑，时逢雨过洗乌斑。

豺狗狼尖位于皖浙天路公路西侧，属于天目山余脉，峰峦叠嶂，山势陡峭，怪石嶙峋，有鬼斧神工之妙。这里可以体验滑索、速降等户外项目，是户外活动的好去处。从家朋磡头往山云岭方向，抬头便可以看到那锥形的山峰，因有许多纵向的沟壑，远远看去就像有许多豺狗向山峰急窜而去，又因此山豺狼野狗出没，故得名"豺狗狼尖"。穿越豺狼狗尖，有些难度，因为很多奇形怪状的石头要攀爬，穿行在山脊悬崖之中，多处悬崖几乎垂直，有些地方需要借助绳索才能上下。这条线路应该算得上是一条惊险刺激又能够欣赏到美景的好线路。如果是攀岩爱好者，这些崖壁应该算不了什么，能够让人体会到繁忙工作和生活琐事之余的轻松与愉悦！

豺狗狼尖、笔架尖

2.竞技

皖浙天路是尚村周边比较热烙的盘山公路，充满了徽州文化意蕴和绩溪山水的神奇。起点是家朋乡梅间岭（亦称磡头岭），经梅间、松木岭、尚村，最高处位于山云岭隘口，海拔1158米。共有盘山弯道351处，回曲21

起，最小半径15米。跨越海拔1158米的山云岭，抵达荆州乡上胡家，全长31公里。这是一条华东地区最高海拔的盘山公路，横跨皖浙两省。天路沿线皆为风景，路边悬崖峭壁惊心动魄，野松岩树更为奇绝，有时薄薄的云雾笼罩着山峰，变幻无穷。抬头遥望，古村落、古民居、梯田、峡谷、瀑布、古树群、云海，如同一幅巨轴山水画卷，把一座座山峦遮掩得若隐若现，宛如人间仙境。

春夏秋冬，沿途景色因季节不时变幻，精彩纷呈，令人沉醉。春回之时，沿线尽披墨绿，一片清新盎然生机。当春风拂过，点缀其中的映山红艳红欲滴，令人着迷，天路下，不时有油菜花梯田花海成片盛开，令人心旷神怡。夏秋之日，常能看到云海翻腾，风吹香叶，岭下去荆州山道上，山核桃树由绿渐黄，树上地下如黄海滔天，穿越其中，一步一景，步步心动。每到节庆假日，自驾游的人蜂拥而至，人潮簇簇。近年来，这里已成为全国马拉松自行车赛事的热门赛道，成为体育竞技的热门线路。对于一路压弯前行骑摩托车的人来说，这是一条充满挑战的自驾游山道。

为提升皖浙天路旅游氛围，有关部门依据景色节点初步设计，在充分考虑皖浙天路精华段路线中的交通影响、观景角度和游客需求等因素后，选取了20处景观中的13个点进行重点打造，风格定位是年轻化和时尚化。目的是呈现不一样的"自驾公路文化"，"情人瀑""石来运转""风在自由""望云台""爱心哨"等景点让人流连忘返，诗意成篇。

3. 赏花

尚村周边多山，地势高低起伏，丰富多变。为此，尚村村委会流转了土地，推出了油菜花、葵花、荷花等花海景观。每当春暖花开季节，农耕中的田园秀色让休闲者心向往之。距尚村两公里的梅间岭梯田油菜花，号称"中国最美田园花海"，是绩溪旅游的一张亮丽名片。紧挨梅间岭的尚村新荡子、上下塘一带及延续到帮岭前、鱼龙山桃树干、霞水村张干田畈，有600多亩山丘梯田，层层叠叠，如音符如画轴，云卷云舒，田野中黄绿相间，一望无际，风一吹来，变幻着各种绚丽的色彩，如人间仙境，给人一种田园审美的震撼。

诗意梅间岭梯田

游人总这么说，梅间岭梯田是个天外遗落的花园，美得让人心馋，让人心痛，让人亢奋。我不信梅间岭梯田有那般刻骨铭心的美，只确信那是个美丽的传说。

读中学时，从老家鱼龙山、霞水村、竹里过梅间岭到磡头，一大群小伙伴每天就是沿着山路这么吃力地走的，从未发现脚下有个什么"美丽天堂"。在我眼中，岭下那些层层梯田，都是父辈们劳动辛苦或汗水的象征，没有一丝轻松的美感或快乐。偶而见到黄绿相间的梯田如锦似绣，风吹麦浪花浪翻滚的情景，却因没有审美的心境而难以激发审美的情趣。

我记得，这些梯田好像是"农业学大寨"时开垦的。过去，这是一片乱石滩，田块里都散落着大小不一的花岗岩石头，还有不少古墓占着田边地角。有一阵子，来了一批妇女，每天抡着几十斤的大锤，打眼放炮，硬是将这些庞然大物搬走了，梯田被整理出来，渐渐有了美感。

梅间岭油菜花

2010年的一天，一件事让我彻底改变了看法。挂在绩溪家朋乡政府陈俊炎先生办公室墙上的那张梯田照片，要是没人提醒，你一定认为这是张油画。这是黄山市摄影家严厚康先生获得联合国人居环境金奖的得意之作。正是这张夺人眼球的"画"，让我如梦初醒，让我的心灵产生了强烈的审美震撼。这张大气磅礴的摄影作品，让心中的磉头梅间岭一扫苍凉印象，展露了徽州梯田最美的风光。

春天的磉头梅间岭，满眼是艳，遍野见花，色彩富有而格外铺张。对于当地人来说，这也许是再平常不过了，他们就在这铺张的大地画卷上穿梭，享受着色彩的陶醉和农耕的快乐。油菜花开季节，我第一次以游者身份站在梅间岭头山岗上，视野豁然开阔，眼前远近相宜的山野画面让人一时喘不过气来。那是我打小走过千遍万遍的故乡？我不敢相信！我在想，第一个发现东边崖下，梅间岭梯田痴绝之美的人一定是位道行极高的摄影大师。他是诗人？是画家？只有哲人才具有这非凡独到的眼光。他用自己的灵感把天地灵气搅入怀中，把自然之美深深地嵌入心田。

眺望远处，雾绕峰峦，变幻莫测，在晨光中起伏着翻卷着变化着。山峦丘岭中的梯田里，绿油油的麦苗簇拥着金灿灿的菜花，高低错落，有序地勾勒出田边地头美的曲线和棱角，那黄的油菜，绿的麦苗，黑的田埂，白的路径，在不规则的组合交错中，仿佛是一首英雄交响乐，又像哪位印象派画家不经意间大笔一挥，抹上一块又一块的釉彩，编织着色彩斑斓的人间美妙。她们是云霞中的仙女，是花果山的睡美人，她们的天生丽质把我带入了审美的梦幻之中。我在油菜花丛里寻梦，在五彩纷呈中寻找着大自然的造物主，寻找着梯田风光的朦胧诗人！

微风拂来，只见绿苗推操浪花声声，油菜花铸就的金黄色世界毫无遮拦地呈现在我的面前。我听见了油菜花一阵又一阵轻细的歌鸣。在轻歌曼舞中，我第一次真正看清了油菜花，看清了这村姑少妇的美貌。花瓣金黄欲滴，花香四溢可人，好像每一朵花都闪耀着多情的光芒，调皮地在田地里一枝挨着一枝，一枝模仿着一枝，纷纷着急地绽开着，任凭黄蜂蝴蝶百般爱抚与亲吻。我忽然明白了，油菜花最突出的是群艳，由此喷发的群芳，浓烈、狂猛、雄浑，宛若金黄色的烈焰燃烧在春天里，天地乡野仿佛被这把大火烧得金黄一片，让饱餐视觉之美的男女沉醉在幸福之中。油菜花的美是原始的美、野性的美、平民的美，也是集体的美、和谐的美、向上的美。她虽短暂，但只要鲜艳过、被爱过、疯狂过，便足无遗憾矣。

绿黄之间的田野丘谷上，点缀了白墙黑瓦，数十幢古民居，让画面有了一种人性的温馨，一种诗意的着落，那就是梅间村。这是唐中和年间，任歙州刺史的周孝惠公，为避黄巢之乱而隐居绩溪虎头山，后裔从竹里迁此形成的周姓聚居地。粉墙相拥有致，黛瓦相接错落，山雾与炊烟交织，袅袅绕过屋顶树梢，越过群山，聚落在树、竹、花的掩映中，显得安静、闲逸、和谐，偶尔的鸡鸣狗叫，则让人浮想联翩，让人想起生命、劳作、色彩、苦乐。我突然意识到，日复一日地耕作，沉淀了十五都梅间岭一带梯田泥土底蕴的厚实，那种美质天成的积淀，是诗意的源泉。这种千年酝酿的人文美韵散发的芬芳是无法替代的！

有人说，油菜花开的季节，是恋爱的季节，是审美的季节。十里百里花海的景象，已深深地刻印在我的脑海之中。我希望与你相约明年，约会明年的春天，把我一年的相思送给你，一年的快乐送给你，再一次分享油菜花中的诗意，分享梯田中麦苗的音符，分享那份炙热的乡情挚爱。

二 求变意识

求变意识是一种原生动力，是建立在文化自信基础上的主观能动性。求变的主体是人。尚村人作为一个群体，在适应时代发展、促进村落经济发展中寻找着自己的角色。尚村作为传统文化村落，不是空心村，它有一批忠实的留守农耕的村民。尚村自然村现有居民223户，816人，5个村民小组。18岁以下的有351人，18岁以上的有465人，其中60岁以上的有156人。坚守尚村的人主要包括三个部分：一是60岁以上老人，计有150余人。

二是有手艺能在村落附近谋生的，包括砖、木、石、竹等手工业、副业人员。这两部分人，通过从事农耕和照顾孙子辈读书等，成为村内农业生产和文化传承的核心。三是先行进入旅游服务行业的人员，也是村中经济头脑最为活跃的年轻人。这部分人，正成为激活尚村求变意识最重要的力量。

据调查，尚村当下主要收入来源有三个方面：一是传统农业和经济作物种植。二是外出务工。据2023年底不完全统计，户籍在尚村而在外打工人员，计有210人，其中在省外打工的145人，主要集中在浙江省，计119人，在省内（不包括县内）打工的22人，县内打工的43人。这些人每年为村中带来可观的经济收入。他们中以传统匠艺打工谋生的占多数，如木工、餐饮服务；其次是以现代知识技能谋生的，如电焊、物业、运输、电子商贸等；也有一部分在外做小工卖苦力的。从地域分布来看，村人习惯以临安、杭州、孝丰等周边江浙城市为主要目的地。三是刚兴起的旅游业、餐馆业等。现在村内开办有民宿农家乐6家，豆腐坊2家。长年或短期外出务工，成为村落经济循环的重要着力点。对美好生活的强烈渴望，激励着人们在思考中求变，在摸索中向前，在保护中发展。因此，"求变"成为尚村人当下增强生活信心、改变现状、提高生活品质的主要心态。而求变的立足点是打出"传统村落"名片，通过提高文化旅游人气，搞活乡村田园农耕经济。

第一，对重要公共记忆节点建筑进行全面修复。尚村村居文化原生态古老完整，传统村落价值正进一步显现。按照传统村落保护规划，分批修缮了民国以前的几十幢古民宅，对人居环境进行了整治，修复了许、周、方、章、高等古祠堂及其他姓氏的祭祀香火堂"龛"，全面修整了村内古巷石板道，疏通了村内三条圳渠水系，使家家门前有活水流过。

村人自发集资修复了古戏台，兴建了3000平方米的停车场；新建村史陈列馆和农家书屋；建造了标准旅游公厕3个，设置了导览图和指示牌48块；在村南村北山坡上，建设了攀山山道、摄影点及高山观景台。

第二，根据田园风光特点，瞄准"晒秋"突破点。坚持每年举办"忆乡愁"民俗文化月暨尚村"晒秋"民俗活动，先后已历七届；通过举办

"油菜花节""荷花节""摄影节""晒秋节"等农耕风情活动，努力实现"月月有节、季季有花、处处可游"。

秋天是收获的季节。晒秋就是晾晒农作物和果实的农俗现象，是一种典型的徽州农俗现象。尚村晒秋，大致从入秋始。主人利用房前屋后空场及自家窗台、屋顶，架晒或挂晒诸如南瓜片、苞萝、黄豆、辣椒、萝卜干、山芋干、粉丝、干渍菜等。你方晒罢我登场，铺就一幅色彩斑斓的美丽画卷。在如诗如画的意境里，无时不在演绎着赤、橙、黄、绿、青、蓝、紫的梦幻组合，令人几乎不敢相信眼前的现实。灰黛瓦，白墙根，画卷水墨几回新。诗痕砚笔今犹在，延续祥和岁月轮。这些无秩摆放的五颜六色的农作物，与周边的徽派建筑相互映衬，为尚村的古村落旅游增添了一抹独特的秋色，吸引着游客纷至沓来。村民晾晒农作物的特殊生活方式和场景，如今成了画家、摄影家审美追逐的素材，并有了一个诗意般的名头——"晒秋"。

在晴空下，村民把收获的玉米等各种农作物放在院场里、门前空地、屋顶等处，这既是劳动丰收果实的盘点，也是心情的放松，在现代人看来晒的是一种精神上的审美追求，正可谓"梯田三月看花去，老屋晒秋画里行"。

田里捉鱼

第三，尚村人的集体精神正在得到进一步提升。为了继承前辈传统，让村民人人参与村务管理，现在，尚村仍有一个类似积谷会的"尚村理事会"。村里每遇节庆、庙会、祭祀、扶困等大事，由各姓选出代表参加议事，并推选德高望重者担任主持人。这一自治组织比较自由活跃，也能够广开言路，减少各姓矛盾，成为村两委会管理的重要补充。首届尚村理事会于2014年12月17日成立，旨在协调村内古屋修缮、山林保护、环境卫生、节庆活动及矛盾调处等工作。按姓氏推选管理人员。2016年，尚村人以"让大家了解大美尚村，让传统文化造福精神家园"为宗旨，自发创建积谷会微信群。这一十族共治传统模式的延伸，为尚村的文脉传承、文化保护、村风发扬光大增添了新的活力。

尚村有一支民间文化公益队伍，创建了民间传统手工艺展示一条街，组织了板凳龙民俗表演队、放飏灯表演队、妇女腰鼓队、广场舞蹈队、攀山驴友志愿服务团队，吸引了一大批年轻人参与，邀请摄影、绘画写生、文学采风、大学徽学研究团队等在此开展各种考察、创作活动。

写　生

在乡村振兴方面，专业团队于2018年、2019年先后两次在此召开了"中国传统村落保护与发展，乡村振兴之路"全国性学术研讨会，扩大了尚村知名度和影响力，并进行了"月光豆腐宴""青年艺术家联展"等大型活动构想与尝试，取得了初步成果。每年接待游客8万人次，通过土特产品、工艺品销售，带动了一部分农民增收。同时，尚村人的集体精神得到了体现，集体智慧得到了回报。

尚村外出务工人员名单（210）①

一、省外（145）

方光明（临安、木匠），方明来（临安、木匠），方怡（杭州、卖水果），方建勋（临安、餐饮），方建成（临安、餐饮），方细兵（杭州、制药厂），高助云（杭州、制药厂），方星（杭州、餐饮），方霓、章恒国夫妻（杭州、务工），方华（杭州、电力），周小波夫妻（杭州、家具），方兵（西安、开店），方军（临安、建筑），方华（临安、贸易），张庆华（临安、建筑），周启明（临安、木匠），周辉金（杭州临平、餐饮），程菊时（杭州临平、餐饮），周小龙（杭州、装潢设计），周辉林（临安、木匠），胡美红（临安、餐饮），周振华（义乌、银行），易琼（义乌、日用品公司），周辉星（临安、木匠），章小平（临安、餐饮），周娇（临安、导演），周光辉（杭州临平、餐饮），周飞标（苏州、务工），周小银（苏州、务工），许守忠（海宁、木匠），许守成（湖南、务工），许守龙（杭州、制药厂），方望红（杭州、服务员），许正辉（杭州、制药厂），许正钱（杭州、制药厂），许国兵（杭州、制药厂），许红（杭州、制药厂），汪细元（杭州、制药厂），许辉（杭州、制药厂），许红平（杭州、制药厂），李海红（杭州、制药厂），许岩（临安、木匠），许亮光（临安、木匠），许红杰（临安、木匠），高广益（杭州、餐饮），高广兵（杭州、餐饮），高广华（嘉善、餐饮），高强夫妻（临安、建筑），高广光（绍兴、餐饮），高广建（绍兴、水果店），高广元（临安、建筑），高广前（临安、粗工），高红波（临安、木匠），高跃成（临安、建筑），高跃光（杭州、餐饮），高跃亮（杭州、木匠），高云（临安、理发），高跃军（杭州、开店），高跃准（绍兴、门卫），章本标（余杭乔司、饭店），章健（余杭乔司、饭店），章岩（余杭乔司、开饭店），章熙锋（杭州、水电），汤玉兰（杭州、手表厂），章本穆（金华、食品），章本程（临安、务工），章星（临安、务工），章笑（临安、务工），章吉（杭州、餐饮），章敏（杭州、餐饮），章挺（浙江、互联网），章彪（杭州、开店），章要红（余杭、务工），章熙洪（临安、务工），唐小东（临安、水电工），章熙国（杭州、务工），章熙辉（杭州、务工），章文武（临安、务工），章文斌（临安、餐饮），章基锋（杭州、餐饮），唐建忠（孝丰、物业），章青平（杭州、保姆），章本光（临安、务工），章基旭（嘉兴、务工），章琼（上海、务工），唐大生（临安、木匠），唐文娟（桐乡、陶艺坊），唐亚娟（杭州、文员），唐铁银（安吉、茶行），胡飞跃（临安、餐饮），胡小光（临安、木匠），胡晓娜（无锡、开公司），胡鹏（苏州、电力），张来灵（临安、木匠），张来飞（临安、木匠），张庆飞（临安、木匠），张明飞（杭州、餐饮），张麟（杭州、务工），张兵（杭州、设计师），张炎磊（杭州、工程师），周学雄（绍兴、餐饮），周学波（杭州、餐饮），章聪韵（杭州、务工），张明飞、章有平夫妻（临平、务工），章基三（杭州、动漫设计），王根利（云南、务工），高来鱼（苏州、务工），许守全、周碧云（临安、务工），许红星（临安、务工），许振杰（临安、木匠），李红眉（临安、务工），章本岩夫妻（台州、务工），高跃国（西藏、餐饮），方永国（广州、餐饮），周帆（上海、销售），方博（上海、华为），高广军（上海、木匠，妻在县城），高秋华夫妻（山东、餐饮），高道维（四川、建筑），章熙兵（上海、务工），方珍珍（南京、护士），许正亮（南京、务工），章嘉伟（北京、餐饮），唐水云（上海、餐饮），章熙华（上海、木匠），方波（昆山、管理），方科（湖州、油漆工），周宇翔（北京、装饰），许守来（广州、印染），周小明（北京、装饰），高广云（深圳、餐饮），章云徽（上海柴孚机器人有限公司、总工程师），章熙昊（上海、单位上班），张子强（南京、上班），高来时（上海、水产），唐军飞（上海、务工），李红平（上海、务工），许宪兵（湖北、务工），王根利（湖南、务工），等等。

二、省内（22）

许正彪（宁国、物流），许浩亮（合肥、银行），许广（屯溪、医药），许守飞（合肥、开店），许亮辉（宁国、务工），方小雄（广德、设计），方建新（铜陵、餐饮），方伟（淮南煤矿、管理），方旭（宣城、开店），方辉（宣城、开店），方剑（合肥、医疗器材），周孜（岩寺、管理），许守清（巢湖、管理），高跃家（合肥、餐饮），唐铁民（宁国、古建），章基益（屯溪、开饭店），高秋云（屯溪、务工），周元辉（屯溪、餐饮），胡名金（宁国、务工），周庆琴（广德、医生），章熙龙（宣城、餐饮），高新（休宁、务工）。

三、县内（43）

许设（绩溪县城、器材），章建泽（绩溪县城、猪肉店），高建厂（绩溪县城、砖匠），方俊（绩溪县城、餐饮），胡玲华（绩溪县城、管理），方国来（绩溪县城、汽修），方国庆（绩溪县城、贸易），方峰（绩溪县城、务工），胡百灵（绩溪县城、工商户），许良红（绩溪县城、恒久链条），周宇航（绩溪县城、客运），许旭辉（绩溪县城、餐饮），方苑（绩溪县城、开店），许守稳（绩溪县城、运输），高跃山（绩溪县城、建筑），高道虎（绩溪县城、搞电梯），许立（绩溪县城、互联网），高峰夫妻（绩溪县城、务工），高飞夫妻（绩溪县城、餐饮），高龙夫妻（绩溪县城、建筑），高龙之子（绩溪县城、汽修），高稳（宣城、海峰印刷厂），高莉莉（宣城、海峰印刷厂），章熙建（绩溪县城、务工），章武建（杨溪、海峰印刷厂职工），章基华（绩溪县城、水电），章基龙（绩溪县城、务工），张来明（绩溪县城、木匠），章锡国（绩溪县城、务工），章本健（绩溪县城、务工），唐建龙（绩溪县城、运输），唐方健（绩溪县城、电焊工），唐方红（绩溪县城、档案员），胡晓莉（胡家、农行），唐周虎（金沙、木匠），李云武（绩溪县城、餐饮），许东飞（绩溪县城、水果店），周辉时（绩溪县城、务工），章飞芳（绩溪县城、务工），方玉红（绩溪县城、务工），张露（绩溪县城、药店）。

三　外力推动

尚村还有一个优势，就是有一批专家的关注与推动。为实现传统村落自身保护与发展的良性循环，尚村人在乡村规划师的指导下，正遵循"整修如旧"的原则，坚持村域环境不能动，民居外观不能变，民居内部品质提升，既要维护村落的传统风貌，为生态旅游、养生养老等奠定基础，增加农民收入，又要提高民居内部生活环境品质，满足农民对美好生活的需要。

2018年5月，中国城市规划设计研究院受安徽省住房和城乡建设厅委托，开展尚村传统村落保护试点工作。项目工作团队包括中国城市规划设计研究院、北京大学、清华大学、中国建筑设计研究院、北京建筑大学、上海亨同投资管理公司、北京交通大学等。该项目遵循"系统规划、分步实施、启动核心、带动全局"的原则，从村落环境整治、村落保护与发展机制建设、村落产业培育、村落老建筑修复与合理利用、村落可持续发展五部分推进。在团队的坚持和努力下，尚村已初步打通了振兴之路。

一是申请有关部门注入村落保护资金460万元，中国城市规划设计研究院党委捐赠党费90万元，资金注入为村落环境保护和改善奠定了基础。

二是推动村里成立了"传统村落保护与发展专业合作社"，创办A级景区，进一步调动村民积极性，以期可持续发展。2017年"传统村落保护与发展专业合作社"成立，以文化旅游产业培育为路径，谋求可持续发展，凝聚保护乡土文化力量，共吸纳社员133人，筹集资金52.7万元。与积谷会不同的是，今天尚村命运牵动的，不仅是来自村庄内部的各姓村民，还有旅外人士、社会各界、专家学者以及认同传统村落价值的个人与企业。这些力量的协同合作，旨在避免给村庄带来"建设性、开发性"破坏。人们可以通过合作社平台碰撞观点、融汇力量，为村庄的良性发展做出贡献。合作社在运作过程中，注重调动村民主动参与的积极性。

三是由清华大学建筑学院专业团队设计，利用村中央一块废墙院建设了开放式竹楼"竹篷堂",创设了一个新的村落公共空间,既可聚集村民议事,又可用以会议接待,运营商业餐厅,激活造血功能。

四是利用旧房改建三个建筑:韶光艺术展廊,晒谷亭艺术家工作坊以及用旧油榨坊改造的"村史陈列馆"。三年来,项目定点驻村人员,完成了全村数据采集录入,在尚村建立起了"古村落三维数字博物馆"。2018年尚村被住房和城乡建设部列为"中国传统村落数字博物馆"试点村落,并已入选中国传统村落数字博物馆[①]。

高氏祠堂上前街,这里曾经是村里最热闹的地方。现在,你可以看到以高家老屋改造的"竹篷堂"(雅名"幽篁里"),旁边是尚村村史和农耕文化陈列馆。幽篁里是中国城市规划设计研究院、清华大学、北京大学等组成的传统村落保护与发展团队结合尚村民情建设的一个项目。整个幽篁里是一个公共会客厅,由6把竹伞、3个乌篷组成,内摆桌凳,供人休息闲坐,同时也让尚村人"驮饭碗""说鳖"有了一个好去处。从这种文化改造中,我们看到了尚村文化旅游的发展方向与未来希望!

幽篁里

---

① 中国传统村落数字博物馆由住房和城乡建设部负责建设,是集中展现优秀中国传统村落的数字化平台,也是向世界宣传中国传统村落的舞台,还是世界了解中华农耕文明的窗口。中国传统村落数字博物馆分为综合馆和村落馆。尚村作为绩溪县极具代表性的传统村落,其数字村落馆已搭建完成,并于2018年上半年向公众全面开放。

四 学者聚焦

2018年4月1日，尚村作为皖南传统村落保护试点，邀请全国知名乡村建筑规划师，共话乡村振兴。一场"中国传统村落保护与发展、乡村振兴之路"学术研讨会在此召开。会议由中国城市规划设计研究院、北京大学、中国建筑学会小城镇分会、中国建筑设计研究院、安徽省村镇学会、绩溪县家朋乡人民政府主办，家朋乡尚村村两委、尚村十姓九祠理事会、尚村传统村落保护发展经济合作社、尚村积谷会、尚村旅外人士协会协办，得到了中国传统村落数字博物馆、《小城镇建设》杂志和"规划中国""微景天下""绝摄徽州"等网站的大力支持。此次研讨会邀请了建筑学、城乡规划、社会学、民族学、文化学等多学科30余位专家学者参会，旨在通过一个多元融合的平台，摸索乡村振兴的合适路径。会议围绕"传统建筑改造利用与舒适性提升""传统村落居民自治管理体系构建""传统村落规划实施与项目落地""传统村落项目投资及运营管理"四个方面的内容展开研讨。

研讨会现场

以下为研讨会嘉宾发言摘录①：

绩溪县委书记葛建荣：

按照"五百工程"推动乡村振兴

在这春回大地、万物复苏的美好时节，我们相聚在绩溪县这个美丽的小村庄里，共话传统古村落的保护与开发，共谋乡村振兴大计，我谨代表绩溪县委、县政府向各位专家领导的到来表示热烈的欢迎和衷心的感谢。

绩溪是古徽州文化的重要源头，是徽文化的主要发源地。绩溪生态优良、底蕴深厚，是天人合一的人居典范之地，可简要概括为：人口不多名人多，面积不大人气大，总量不高人均高，基础不好前景好。

人口不多名人多。绩溪县名人非常多，除了迁出去的各地汪姓名人，还有汪华、胡宗宪、胡雪岩、胡适、胡天注等历代名人。据不完全统计，宋元明清四代绩溪县出了文武举人200多人。当代也名人辈出，有六名两院院士。

面积不大人气大。绩溪县面积只有1126平方公里，但是在外名气很大，去年游客量达到八九十万人次。

总量不高人均高。因为绩溪总产值的盘子不大，但是人均产值排在全省前十位。

基础不好前景好。绩溪县过去交通不便，大量传统村落得以存留，未来绩溪的前景看好，主要体现在几个方面：一是区位好。除现有京沪高铁外，黄杭高铁、武杭高铁也即将开通。二是生态好。绩溪空气质量优良率常年保持在95%以上，是名副其实的"天然氧吧"，去年获得了首批"全国生态文明建设示范县"称号。三是人文好。绩溪是国家历史文化名城，非物质文化遗产留存丰富，是中国徽菜之乡、徽墨之乡、徽剧之乡，是皖南国际文化旅游示范区的核心区，还是全

---

① 报告整理：向乔玉。记者：孔晓红。

国首批国家全域旅游示范县创建单位。基于这三点，我们提出了文旅强县战略，以24项发展思路构筑大生态、大文化、大交通、大旅游、大景区等八大体系，未来将致力于打造世界级的文化旅游目的地和中国最佳休闲养生目的地。

当前绩溪县正在加快实施乡村振兴战略，提出了"产业兴旺、生态宜居、乡风文明、治理有效、生活富裕"的总体要求。当前的绩溪乡村，不仅生态环境优越，而且乡风文明、治理有效。最近全县挖掘了20多个村落家训，而且绩溪几乎每个村都有理事会，真正实现了德治、自治、法治相结合的乡村治理。今年绩溪县正在开展"五百工程"，按照"百亿现代农业产业培育、百个景区村庄创建、百村家风家训引领、百村善治示范、百名能人带动增收"的思路推动乡村振兴。绩溪有数十个传统村落，其中千人以上的传统村落有25个，五百至一千人的传统村落有30个，是皖南传统村落最集中的地区之一，传统村落保护工作任重而道远。今天是我听课学习的机会，真是非常难得，非常感谢你们。

安徽省住房和城乡建设厅总工宋直刚：

乡村振兴需要有文化有知识的年轻人

目前尚村试点示范工作已经取得了积极成果，特别是思路和方法得到了业内人士的认可，下一步还要继续努力。安徽的传统村落保护有几个特点和经验：

第一，安徽是徽文化集聚区，也以徽文化为骄傲。安徽的传统村落品质比较高，其精华不仅在物质层面，更在于文化内涵。

第二，安徽的传统村落与山水、地域的融合最紧密。我们历来重视传统村落的保护工作。早在2000年，西递、宏村就被列入世界文化遗产名录。多年来我们一直重视对传统村落的整体性保护，我们不仅关注保护名录内的传统建筑保护，代表不同年代特征的建筑也都被列为保护对象。此外，我们还特别重视村庄风貌和山水格局的保护。随着城镇化的推进，乡村人口外迁，大量传统村落逐渐衰落。我们一直秉持着"先救命、后治病"的方法，抢救性保护传统村落，但还是来不及，因为资金等多方面的原因，一些传统建筑还是崩塌损毁了。

第三，我们一直重视保护与修复的原真性。对于保护名录内的建筑，我们一直按照严格的规范来进行保护；而对于一般的传统建筑而言，不仅要修、要救，还要能适应老百姓的生产生活，建筑的内部可以做一些改造。

第四，我们通过"保护老区、开辟新区"的做法，应对村落保护中的发展压力，新区的建设必须与老区相协调。

第五，对于一些过于偏远、严重衰败但同时具有一定文化保护价值的村落，我们只能采用异地保护的方法来兜底。

第六，自上而下营造文化景观环境。比如当前政府层面提倡皖南农村的新建房屋更多传承徽派建筑风貌，并对部分已建房屋进行了改造，但是当前的工作还是过于偏重物质空间层面，对文化的挖掘、乡村生产生活的综合性提升等考虑不足。

考虑到之前工作的不足，我们启动了传统村落保护试点工作。我们希望在对过去的经验进行总结的基础上，通过互联网+、文化挖掘、体制机制创造等综合性手段，探索全新的传统村落保护与发展模式。为此，我们首先委托中国城市规划设计研究院编制了省域传统村落保护与发展规划，其次委托中国建筑设计研究院编制了传统村落保护技术导则，从综合发展和底线管控两个角度指导全省传统村落保护工作。在此基础上，我们选择绩溪、歙县、潜山三个不同类型的地区开展传统村落保护试点工作。这次试点工作，我们希望真正做到"传承本色、形神兼备"。我们希望不仅要保护村落的空间实体，更能通过对相关产业的培育和文化的传承弘扬，真正让传统村落恢复人气。我们希望能以产业留住人，如果大量有文化、有知识的年轻人愿意留在乡村，乡村就能够传承和振兴。而建立系统完整的乡村自治机制，是推动这些工作的基础，也是我们和中国城市规划设计研究院村镇所联合推动试点示范的重点工作内容。

中国城市规划设计研究院村镇所所长陈鹏：

心向者来之，价高者得之，情深者爱之

非常感谢各位参加今天的会议，我们作为规划设计单位已经把尚村当作自己的家，把自己当作半个东道主。今天谈三点个人感想：

第一，谈谈我对乡村规划的感受。我们中国城市规划设计研究院长期做城市规划工作，而且在很多人的心目中，我们经常做的是动辄上千或上万平方公里的"大规划"，做的是勾画蓝图、指点江山的"大事情"。但是经过这次尚村实践，我有了很不一样的感觉。乡村规划看上去只能有一点一滴的进展，可能没有城市规划那种大开大合、挥斥方遒的快感，但这每一点每一滴的进展，都会有辛勤劳作后收获的感动。我们第一次来尚村时，这里还是一片衰败的景象，第二次这里有了竹棚，这次又新增了很多创新艺术的呈现，每一次都有新的进步，每一次都有新的感动。我想，这不仅是因为相对于城市规划更像大机械的"工业化生产"，乡村规划的成果则必须依靠亲力亲为的汗水来换取。更重要的是，或许在我们每个中国人的心灵深处，乡村才是我们的"家"。

第二，谈谈我对尚村的理解。尚村一直以来被视为"和谐尚善"的典范，但我认为尚村还有另外一个主题，那就是"开放包容"。古代一般都是一个姓氏、一个家族建立一个村，像尚村这样的"十姓九祠"并融洽相处非常难得。从历史上看，古代的皖南之所以地理闭塞却兴旺繁荣，就是因为人缘和文化上的开放包容。现代城市相对于村庄的繁荣，也是因为城市的包容性远远强于乡村。中国历史上的经验教训也清晰表明，"盛世"总是和开放包容紧密相伴，"衰世"的背后常常是闭关锁国。可以说，大到一个国家，小到一个村庄，只有开放包容才能繁荣兴旺，狭隘封闭必然会导致落后衰败。

开放和包容是紧密相关的，但也并非完全一体。光开放不包容不

行，对好的东西要兼收并蓄，而不是视而不见，或者带有成见地评价好坏。比如以前很多人都认为，城市代表着先进，农村意味着落后，很多村民把原来的老房子毁掉，盖起了小洋房。但这其实是受近代西方线性演进的思潮影响，凡事非黑即白、竞争替代。而中国古代传统文化是循环论的，强调求同存异，讲究阴阳和谐、五行相生相克，没有谁一定更好，没有谁一定取代谁，就好比现在的时尚过几年有可能又回到几十年前。因此，我们要看到不同地方、不同差异的优点和缺点，要发现村庄独特的价值，尤其是在现代社会它所拥有的新价值。

还有一种说法，很多人认为乡村振兴现在提是不是有点早，我认为不早。因为现在提"传统村落保护发展"其实都已经有点晚了，虽然说亡羊补牢为时未晚，但很多不可逆的破坏让人痛心不已。现在提乡村振兴可能在很多落后地区显得早了一点，但可以未雨绸缪，提前整体谋划布局，可以避免像传统村落保护偏晚的遗憾。我们这次传统村落保护发展的总体思路，就是按照乡村振兴的总体要求，相对系统全面地提升乡村发展水平，而不是仅仅限于传统民居。当然，传统民居是传统村落的核心价值，是实现振兴的重要媒介。从开放包容的角度看，要实现传统村落的发展振兴，需要人、地、财、物等各个领域的开放，通过城乡之间、区域之间、机构之间、学科之间、人才之间的互动，通过交流碰撞产生火花，这样不仅能够提升我们自己，也能提升传统村落保护与发展的事业。从开放包容的角度看，要实现传统村落的发展振兴，还需要客观面对本村的需求和外来者的需求，客观面对城市资本的作用，在流动性越来越强的现代社会，未来乡村应该是可进也可出，有亲缘也有市场，心向者来之，价高者得之，情深者爱之。只有当住在村里的人，都真正将村庄视为不可或缺的"家园"时，这个村庄才有希望。

第三，简单谈谈我对尚村的期望。从尚村的资源禀赋，我看到了未来发展的物质潜力。从每次活动村民们的大力支持，包括昨天晚上的豆腐宴也是大厨返乡无私奉献的结果，我看到了尚村内在强大的凝聚力和未来发展的潜力。从这次清华美院的艺术创作中，我看到了艺术家与村民的交流，传统与现代的包容。从昨天晚上板凳龙的节目中，我看到了来自全国各地不同单位不同人群的亲密协作。最后，我衷心祝愿尚村能在大家的共同努力之下，就像昨晚板凳龙节目那样取得更大的成功。

民　居

中央民族大学民族学院院长、教授麻国庆：

乡村本身就是个博物馆

非常感谢尚村规划者和尚村参与者邀请我们参加研讨会，来到皖南、来到徽州，让我首先想到中国传统商业领域最重要的几大支系，除了晋商之外就是徽商，徽州重要的文化遗产就是观念上的变化。这个变化是什么？我们最早保护徽州文化遗产的时候只保护传承人，保护某一个项目，后来提出徽州文化生态区，这对推动我们目前中国的文化建设，特别是古村落的保护和发展起到了很重要的作用。我觉得尚村的规划更加强调一个整体的保护概念。

结合前面几位专家提的问题，我感受到，大家事实上更加关注传统村落中的人、乡村发展和人性的诉求，以及文化资源传承的问题。就尚村作为村落保护发展的个案来说，在很多方面展现了当前生活美学的理念。我们看到尚村团队里面各种专业人员的参与、当地农民的参与、合作社的参与，我觉得这一点是让我很感动的。我在闽南和广东做了很多年的调查，也总结了一些经验。当前立足于不同的生态文明体系之下的传统村落千差万别，必须要进行系统的分类，包括对传统村落的生计方式、文化变迁的交互耦合关系、全球化背景下乡村保护与发展的问题等综合加以考虑。乡村已经不再是固化的概念，从文化理念的角度去思考，乡村是移动的。

很多年前我在广东做关于古村落的研究，那是国家文物局第一次做村落保护的项目，其中着重关注了物质空间与非物质文化遗产的结合。我们特别强调乡村作为一个生态景观，如何从物的简单的个体概念转化成整体的充满文化和人文属性的空间整体。我们一直强调乡村本身就是博物馆，乡村作为一个生态博物馆进行保护和发展将会是一种全新的模式。

从党的十八大以来，政府对文化建设非常重视，特别对公共文化服务体系的建设极为重视。如果村落保护问题被纳入公众文化体系建设之中，村落的研究工作将变得更为重要。同时，传统村落中还有很多具体的问题需要讨论，比如保护与发展的模式问题、保护与发展的具体路径等。

中山大学华南农村研究中心主任、教授吴重庆：

人、古民居、社区、自然四者都具有生命力

我今天发言的主题是"古民居利用中的新的发展观"。民居有第一自然与第二自然的说法。第一自然是天然存在的自然物；第二自然是人类生产、生活形成的文化的自然物。古民居慢慢演化成第二自然，因为它在特定地理环境中长期存在与缓慢演化，以及在特定社区空间里留给居民的熟悉印象与不灭记忆，它因此也获得了第二自然的存在特征，所以古民居是有生命力的。对有生命力的东西，我们当然要以对待生命的态度去对待它，我们谨慎贴近、细心对话，我们眼中

看到的是有生命的存在。

　　我在华南地区跑了几十个古村落，当时我拍了张照片。这张照片我自己很满意，后来作为一本书的封面。一个老太太午后坐在她的老屋子里，非常安详，让我看了非常感动。

　　古民居改造利用过程中，需要处理以下四种关系：人与自然、人与建筑、人与人、社区与建筑之间的关系。如果没有产业、没有生计，这个村落肯定要衰落。还有人与人的问题，就是社区成员之间的利益冲突如何协调的问题。我很高兴在尚村看到了合作，比如村落的合作社、积谷会。据说积谷会的传统自清代一直延续至今，是一个活着的传统，是我们可以利用的一个传统。社区与建筑的关系，社区的记忆与古民居的改造是共生的，如果没有古建筑在，这个社区的记忆肯定很难承载。其中，半开放的公共空间是非常重要的。我在尚村所看到的这个空间（幽篁里）绝对是一个古村落的灵魂所在，我们很难想象尚村如果没有这样一个空间存在将会是一个什么样的村庄？游人走过来，随便走一走、拍一拍，根本没有坐下来、停下来，在这里欣赏、交流的场所跟机会；同样，对本村的村民来说，这样的一个空间也是极其重要的，不然大家到哪里坐，又在哪里有共同情感记忆寄托的地方？我们期待以后做古村落的保护利用的时候，应该把尚村的经验推广出去。村落工作的第一件事，就是去寻找一个公共空间，这个空间不能是封闭的，是半开放的空间，什么人都可以进来，但它也不是一片空地。在古村落里，建筑是非常密集的，要找到一个真正可利用的公共用地非常难，而能够以合作社的力量将这块地整合利用起来，是画龙点睛之笔。

　　麻老师是费老的关门弟子，当时他们在做调查的时候，费老提出了关于"保文化还是保人"的问题。如果保文化就会影响人的生计，如果保人的话，有时候又怕破坏这个文化，其中有很多冲突需要协调，我们要很谨慎地介入。

　　前年，我跟麻老师一起去了凉山彝族自治州。我们在路边休息时看到的一个村落，是用最传统的树皮建造的房屋，是当地非常古老的一种建筑方式。现在这个村落周边的地区已经被划定为生态保护区了，以便于借助一些外部力量，把这个村保护起来。广州郊区还有一个客家小村，很多人认为平淡无奇，应该赶快拆掉。在外来保护力量的进入，很好地推动了村落中人的生计与发展。许多建筑都被谨慎利用起来。除了民宿，还有招待游客去村民家吃饭，村民家里有什么就煮什么、就吃什么，不需要特意去外面采购。现在村落的民宿很红火，大家都在排队去体验。设计师还引导村民成立了一个妇女合作社，引导大家品尝青梅酒、梅津和洛神花果酱，销路都很不错。在云南的一个村落，通过生产有机稻谷，以及培训村民制作一些有工艺感、有设计感的小东西，例如手机套、手绢之类的，激活了村落经济。

在单向度的发展主义受到严重质疑的当下，历史人文意识、社区意识和生态意识已经构成了新发展观的核心内容，新发展观就是要实现人与自然、人与人的和谐。经济活动及生计模式不再只是对当地当下的有形的生产资料、生产要素的利用，还包括对当地无形的历史资源的挖掘以及作为外部存在的城市社会的建立。城乡连接重新呈现出新的资源优势。所以在新发展观的视野里，人、古民居、社区、自然四者都具有不同形式的生命力，他们之间应该维持有序互动与发展。

中央美术学院建筑系副教授何崴：

玩、坐、住、带、晒

我们团队从2012年开始在中国多个省份做了乡村的研究和实践工作。去年一年在福建上坪古村做的事情，核心就是"有得玩、坐下来、住一晚、带着走、可以晒"。

"有得玩"是解决村子变成旅游目的地的问题。"坐下来"，就是要让村落中的游客有一个可以坐下来休息、交流、感知村落的地方。"住一晚"能对村落的产业发展起到很强的带动作用。"带着走"则让村落产业链从纯旅游走向更为复合的状态，让村落的非遗文化、农产品成为村民致富的资源。"可以晒"，是在信息时代，利用好互联网和移动宣传来完成村庄的向外推广。

为达到这五个目的，我们做了这几件事：一是做了"上坪集物志"，把村庄整体和村里所有古建和新房都做了专有的徽标和图章，以增加游客和村子的黏合度，同时通过淘宝制作具有上坪特色的产品和包装。二是改建阳房，这是当时我们一个设计者连抽四根烟造出来的，在屋顶上做一个简单的艺术装置，象征农业文明歌颂太阳的仪式性物件。我们也构想了一个艺术计划，每半年请一个艺术家来换一个艺术装置，这样通过一个软性的、周期性的活动来触发、保持活力。这也是"可以晒"，有视觉上的东西可以让游客来"晒"，会产生很好的宣传效果。

九七华夏设计机构文化总监、贵州大学音乐学院副教授黄桂娥：

和孩子一起画跳房子

阳芳村本是一个传统村落，因不断地拆旧建新，现在水泥房和木房子各占一半。我们用五大理念来建设这个村子：一是人的乡建；二是文化建设；三是产业转型；四是建筑地域性；五是经济节约的建设方式。这个项目的另一个特色是为每一个村子写一本书，写书的工作主要由我承担，每写一个村子我就会住在这个村子里。今天通过这本书来介绍一下我们的工作。

首先是笑脸设计理念。我们从增加归属感的角度出发，通过挖掘具有快乐记忆的乡村文化，让村民充满幸福感，这些文化包括节日文化、音乐文化、饮食文化、服饰文化等。其次融合新建筑与老建筑。最后是恢复建筑的地域特色。

我们强调陪伴式的乡建，与村民培养感情是工作的基础。我们会更注重从小事做起，比如从孩子做起，通过教孩子画画、与孩子游戏、和孩子一起画跳房子，首先让孩子接纳我们；或是通过入户调研、参与走亲访友活动，和村民一起吃饭，让村民把我们当亲人。在感情基础建立完成后，我们才开始产业培育等工作，比如引导村集体种植五彩米，再通过电商服务站销售。再如以艺术介入乡村的方式，梳理村庄的精神文化形象，并激活村落文化，让村落文化变成村民实际可得的财富。

《小城镇建设》杂志社执行主编王明田：

关注"新农人"的村庄治理问题

在共生这个主题下，我们来讨论共治的问题，就是怎么共同治理以推动乡村振兴。乡村振兴，原来是"三农"问题，现在成为新"三农"问题，只有提升乡村治理效能，才能全面推进乡村振兴。一是农业的转化。这方面要从国家层面做大量的工作，我们国家虽然现在也有补贴，但是额度非常有限。二是新农村的规划原来重视的是物理建设，但如果全国大面积开展物理建设是不可行的。三是要关注"新农人"，一种是我们这种喜欢下乡的人，另一种是从别的地方融进来的人，对"新农人"来说，村庄治理非常重要。

北京大学社会学系教授卢晖临：

传统村落让现代社会学会如何尊重和欣赏

过去在传统村落保护中比较重视保护建筑，进而拓展到对村落空间的保护，而传统村落更重要的属性是承载传统、沉淀传统，是一个有待激活传统的地方。当前国家建设进入一个全新的阶段，我们要在自己的历史、文化、传统中去寻找支撑现代化发展的文化基础。在这样的背景下，传统村落保护要保护的是传统，而不光是建筑。过去对传统村落的一些保护做法是破坏性的，例如我们把建筑保护好了，但是破坏了人际关系，使社会关系变得紧张，这肯定不是村落保护，也不是国家推动的方向。传统村落保护的核心就是承载传统，通过物质、通过空间、通过生计再造，让传统能走入现代，进行创造性转化、激活。

还有一个问题是社会资本和发展之间的关系。社会资本是社会学中非常有名的一个概念。社会资本指的不是经济资本，不是资金，指的是村民之间的联系、联接，社会关系中的规范和信任。传统村落是社会资本相对丰厚的地区，有家风、村规等。

美国社会学家帕特南在他对意大利的研究中揭示过社会资本与经济发展之间的联系，他发现社会资本丰厚的意大利北部地区，尽管自然条件不如南方，但经济发展水平明显高于南方。皖南的传统村落中比较丰厚的社会资本是在传统的农耕文明中逐渐积淀的，那个年代商业和手工业创造了曾经的辉煌成就。但是今天发展的条件发生了巨大的变化，传统的社会资本要转化为经济发展，我想有几个方面的问题需要解决。

首先是保障社会资本能够与当前的社会经济发展逻辑相衔接，建立村民能够持续从经济发展中获得利益的体制机制。

其次是引入有效外力。80年前，梁漱溟先生做乡村建设时，在强调以农民为主体的同时也强调了知识分子的引领作用。尚村的老年人相互之间很信任，有很强的家乡认同感，但是他们不知道怎么样把村庄的内在价值挖掘出来，也可能会走弯路。尚村现在吸引的人流是不少，但怎么吸引这些人住一晚或者住几晚，这就需要发挥外力。传统村庄的发展要更多地在城乡链接上做文章，在这方面，规划师、建筑师、学者、艺术家都可以发挥很大的作用。

再次，社会资本要转化为经济发展，本身也需要经济资本，谋求长期发展时，不能只关注经济利益，还要关注并尊重村庄内在价值资本，会对经济发展起到很大的作用。这样的资本仅仅从村庄获取是不够的，外来友好的资本的介入是使当地社会资本转化为发展的有效助力。

最后，社会资本本身有转化为经济发展的内在潜力。人们来到传统村落，除了欣赏建筑、山水之美，充满友善、信任的社会关系以及人与自然和谐一体的生活方式可能让他们有更多感悟，并从中学习到更多的东西。

北京建筑大学建筑学教授穆钧：

用真实的遗存承载真实的记录

就当前乡村和国家的发展状况而言，人们逐渐意识存量问题的重要性。近几年来，开始越来越多的人思考关于"原来的房子该怎么办"这一类的问题。

存量房的改造存在诸多问题，比如装修技术不完善、装修风格不伦不类等。2015年，住建部举行第一次农村人居环境工作会议，我们的团队在广西桂林做示范试点，第一次面对存量建筑这一问题。当时试点的村落中只有少量残垣断壁的老建筑，大部分房子都是新盖的砖房，而且因为村民大多在外面买房，村里的房子大量空置。我们选择一个荒废的院子，改造为村民活动中心和小型展示中心，为此在现场驻扎了三个月。

在改造过程中，有几个重要问题值得思考。一是存量建筑的安全性问题。我们尽可能保留原有的外部建筑风貌，并在内部结合新的工艺做舒适性提升，比如把木板替换成玻璃开窗。然而建筑的结构安全问题是在建造之初就形成的，对结构安全性的评估和处理是非常困难的。二是建筑如何适应环境和需求的变化。传统民居是过去那个年代由当地的气候等自然条件和当地人的生活需求共同作用形成的结果，民居始终处在动态的发展过程，尽管现在自然条件基本不变，但是人的需求发生了天翻地覆的变化。这时，不管是让人们还住在不适宜的老房子里，还是全部拆了盖成新房都不太合适。

最后归结到存量建筑到底该怎么办的问题。我认为，需要以一个相对平和、客观的心态来看待眼前的存量，要充分尊重新的需求，根据这个需求，我们再审视现有的硬件和空间，哪些东西可以保留，哪些东西不得不做出调整，这是一个非常需要重视的过程。在此过程中，设计和施工都面临着巨大的挑战。一是技术层面。老房子一旦改造就必须按现有规范审批，但原有结构又不符合规范，就不得不替换结构，从而破坏了建筑的原有风貌。二是价值观层面。价值观的改变是长期的挑战，比技术层面的挑战更大。

总之，我们需要用真诚的心态对待历史和记忆，利用真实的遗存去承载我们真实的记录，只有经历了这样一个过程最后才能换回真正的乡愁。

中国建筑设计院城镇规划院历史文化保护规划所所长单彦名：

传统村落不但要美丽富有特色更要宜居

当前，第四批传统村落普查已结束，全国范围内的基础保护工作也已告一段落，而全方位的实施、发展、提升将成为下个阶段的工作重点，未来传统村落的保护发展工作仍大有可为。结合多年来自己的从业经验，我想表达以下两个观点：

一是传统村落要走特色发展的乡村振兴之路。传统村落也是乡村，而且是特色鲜明的乡村，其发展一方面要立足于特色产业，另一方面要做好特色生态。但这里谈到的特色生态，不仅仅指生态环境，还包含生态格局和建筑空间。因此，传统村落的特色发展之路，需要挖掘生态文化，营建生态环境，发展生态产业，从小到大构筑一条特色生态链条，一句话总结就是"传统村落不但要美丽，还要有特色，而且更要宜居"。

二是传统村落的保护与发展需要个人、企业、政府三方面主体共同参与实施。当前传统村落受到了社会和政府的广泛关注，比如我们今天所在的尚村，今后会有越来越多的人进入这个村子，因此我们需要研究探讨不同主体主导下的保护发展道路，究竟对传统村落起到了什么样的作用。对此，我们要有哪些前期的价值预判。常见的模式可分为三类：

第一类是个人情怀驱动下的文化苏醒。比如梅静在河北易县清西陵创办的"听松书院"就是该模式的典型代表，其适合个人在传统村落从事文化创业，但需要有情怀、有思路、有行动。

第二类是企业介入下的文化挖掘。比如山里寒舍集团在全国的民宿布局就是此类模式的实践。这种模式需要企业思考清楚文化的切入点、经营的持续性、文化的增值空间，以及企业品牌如何与其互动等问题，因此需要有方向、有布局、有持续动力。

第三类是政府主导下的文化复兴。江苏省的特色田园乡村就是走的这条道路，其经验是先进行试点筛选，再总结经验进行全省推广，可谓有战略、有部署、有跟进。但不容忽视的是，这种模式可能存在由于过度重视文化保护而导致文化产业发展受限的问题。

总结而言，个人情怀驱动下的文化苏醒模式，夹杂着情怀和商业的博弈；企业介入的文化挖掘模式，侧重于文化的外在形式表现；政府主导的文化复兴模式，更突显文化内在脉络的延续，可以说三者互有侧重，且互为补充。

今天我们来到尚村，希望为这个传统村落的振兴做些实事，做些高尚的事，让古老的尚村成为一个时尚的乡村。同时我们也希望全国千千万万的传统村落和尚村一样，走一条特色凸显、多方参与的发展之路，都能焕发新的活力。

和君集团有限公司合伙人李春波：

乡村何时能加入"抢人"大战

我从规划圈里面走出来创业，平时接触很多想进入乡村的企业，也了解很多企业的想法，下面和大家交流几个问题：

第一个是人的问题。最近特别热的新闻是各大城市纷纷在抢人，他们使出很多撒手锏。我们乡村什么时候开始抢人？我们没有抢人的意识，我们没有吸引人才的意识，我们也没有吸引人才的手段。我们希望乡村很好的发展，但是乡村的发展需要有优秀的人才来支撑，如何让这些人到乡村来？有观点认为，我们应该吸引外出打工的人回乡，但很多时候如果只用当地的人，可能支撑不起来我们所设想的精品化项目。如果用外来的人，就面临他是否有意愿长期驻扎以及人力成本是否划算等问题。以前经常提经营城市，然而我们从来没有把乡村当作一个实体来经营。

第二个是产业的问题。当前大家对传统村落发展旅游业褒贬不一，然而大部分乡村仅依靠农业获得增值收益是非常困难、有限的。大多数情况下，要发展乡村经济，要在城与乡之间建立联系，旅游仍然是最好的方式。当前要将旅游业从一般性的观光旅游升级为休闲度假游，需要吸引一些城市人才进入乡村，并给予他们开放包容的态度，同时还需要在基础环境、产业环境等方面提供支撑。

第三个是投资的问题。从企业介入的角度来说，除了要详细地计算经济账，还要考虑综合风险，这就需要政策保障。政府很多时候倾向于把村民当作弱势群体保护，其实有些时候过度的保护反而限制这个地区的发展。

最后一个是关于文化冲突的问题。城市里的人和企业进入乡村，最大的冲突还是文化冲突。城市中，人们之间多是契约关系，但是乡村不是。乡村更多时候是靠人情关系来维持的，一旦有外在的力量打破传统的平衡关系，矛盾便会随之而来。

自由讨论环节

中国城市规划设计研究院村镇规划研究所主任工程师曹璐：我们团队从去年7月份开始正式进场工作，目前已经完成的工作大多偏于软性，比如机制建设。依托村里原有的理事会，我们协助村里成立了"传统村落保护发展合作社"，找到了合作社的带头人，初步让合作社运转起来。我们花了较多时间讨论合作社的管理架构和村落的治理机制问题。从管理的有效性出发，除了合作社自主决策的理事会，我们还创立了一个新类型的小机构——"合作社管委会"，成员包括乡镇干部、村两委干部、乡村精英代表、村小组组长、理事会理事长等。

我们想通过这个机构把所有力量整合在一起，并通过每两至三周一次的微信会议的方式召开管委会内部会议，商讨和村落发展相关的重要事件。去年10月份，我们协助村内举办了月光豆腐宴活动，今年又开展了青年艺术家联展活动，都是依托于这一村落管理架构推动的。然而在我们的工作过程中，仍然存在不少的困惑：

第一，外来力量如何引入？当前学界的一个共识是村落发展的核心是人，人是村落的灵魂，但村落的空心化是城镇化背景下不可逆的趋势。因此我们在保护传统村落的过程中，除去要考虑如何留住人，更要清晰地思考外来人口的引入问题。在这样的引入过程中有个"度"的问题。尚村有非常清晰的本土文化底色，然而他们在面对强大的外部力量时仍然是处于弱势的。我们的工作就是通过引入外部力量推动村落的保护，然而我们仍然害怕不当的力量引入会伤害村落原有的文化架构。

第二，到底需要多少钱才能保护好一个村子？资金筹措困难是当前传统村落保护过程中遇到的普遍性问题。我们从去年至今，一直在不断接触不同类型的社会资本，也在不断讨论什么样的资金适合引入作为支持村落发展的第一笔投资。村民希望村子能够快速发展起来，但是大家都怕一次性投资会对村落内核造成伤害。

第三，我们到底应该做什么？这个项目我们采用了不同于传统规划的方式，还需要摸索，这就导致对项目组的不理解与分歧。项目组也一直在反思，哪些应该做，哪些不应该做。

第四，什么是可复制模式？从中国城市规划设计研究院角度来说，我们希望不只是保护一个尚村，更希望在此过程中，探索出真正适用传统村落保护的模式。

第五，如何培育村落产业？做出创意很容易，但是做成产业很困难。我非常想听到各位老师好的建议，谢谢。

中央民族大学民族学院院长、教授麻国庆：尚村这个团队已经做得非常好了，合作社建起来了，竹棚也建起来了。乡村主体性和农民主体性，如果没有合作社根本体现不出来。至于怎么发展，我个人感觉今天的乡村和农民，是否希望我们进来帮助他们实现增收，有没有我们所想的那么期待？想要进一步发展，当然需要把年轻人请回来，但乡村空心化已成为常态，要对此作出基本判断。

浙江农林大学文法学院教授鲁可荣：我有两个问题再请教一下，做了这么多规划，不知道在传统村落建设里面有没有落地？我跟踪了四五个村落，他们竟然从没有看到过规划，项目资金进去了，他们根本不知道到底怎么做。假如连村里负责人都不知道规划到底是什么，盲目跑项目无法实施。因此这一轮乡村振兴，传统村落的规划必须要考虑后续的落实。从设计角度来看也是如此，艺术如何与乡土文化有机结合，还值得探索。

麻国庆老师提到，整个乡村是一个活的生命有机体，乡风文明到底如何振兴；传统文化怎么保存；主体性到底是什么；村里的文化活动，村民到底能参与什么；村民到底以什么样的形式参与进来？我认为在传统村落保护和发展过程中，村民主体性通过什么样的形式来激发也是值得探讨的问题。最近几年浙江搞的农民"种文化"，成功地把村民的文化积极性激发了起来，他们在开展文化活动过程中，真正体会到自身的价值，像昨晚"板凳龙"表演的时候，我看到一个敲鼓老大爷敲得非常开心。激活乡村文化非常重要，但如何激活乡村文化需要大家一起思考。

绩溪县人民政府副县长胡红蔚：尚村是传统村落，我觉得现在最关键的就是找到它文化的核心，给这个村庄注入灵魂。以前，我们做规划做的都是物理空间的规划，现在我们要进行文化概念的规划，我们来到尚村得到什么精神上的东西，走了之后我们心里留存的是什么东西，这就需要我们非常深入地去探索尚村文化，并对其进行提炼和浓缩，最后呈现出一个整体的概念。

安徽省城建设计研究总院股份有限公司副总经理程堂明：传统村落保护规划不应只是阶段性的规划，而应是全过程参与、全过程陪伴的规划。只有让社会人士、专业人士关注到了尚村，这里才会有外来人口的进驻和活力的迸发。

至于规划该怎么做，我认为应该在强调保护的基础上改善村落的承载空间，包括基础设施、生活服务设施、人居环境的提升。作为传统村落，应该在"保"的基础上再"建"，这个"保"既是保护空间、保护格局，又是保护传统的技艺。

至于怎么复制，我认为引起大家关注的是村落共同意识的再造，怎么把大家的意识统一到一个层面。复制并不是简单的模式复制，而是一种思想、思维方式的复制。

中央美术学院建筑学院副教授何崴：我原来做规划，现在做建筑落地。规划很难落地，反而没有一些民间团体做的规划好，这给了我很大触动。2013年，我重新做乡村实践时注意到，规划很大的问题就是很多规划者不管规划是否能落地。规划一定要考虑落地性，建筑师要考虑前端的产业规划以及后面的经营，反之，经营者也要考虑自己的房子对整个区域和整个村庄的影响。我觉得必须要把结构细分，基于城市和工业社会的设计逻辑构建一个乡土社会或者一个综合性的前工业框架。

另外，在乡村规划中乡村公共空间的塑造最重要，因为它有召集公众的特性。中国乡村，公共空间传统上是祠堂，20世纪六七十年代是大礼堂、电影院，甚至是供销社。但在20世纪90年代之后，随着乡村的衰落、空心化，公共空间也衰败了。公共空间的重塑有助于乡村活力重现。

设计师和规划师的重要性，一是能通过设计的方式把钱省下来，通过设计把原来的东西利用起来；二是所有的用料可以在限定区域内解决；三是调动当地农民参与，一方面可以解决劳动经费，另一方面是让村民有参与感和荣誉感，使这个房子不脱离村庄。

《小城镇建设》杂志社执行主编王明田：涉及村庄的规划应该是底线型的规划，在规划里要弄清哪些物件不能破坏，要筛选该做什么不该做什么。要明确管委会的主体是村民，扶持村民自治，让更多的年轻人参与进来。

安徽省住房和城乡建设厅总工宋直刚：传统村落到底要不要做规划，应该根据村落不同社会发展阶段、历史阶段，完善相应的配置。传统村落不同于中心村，中心村的重点是要发展、扩大，当其他的自然村必须要淘汰的时候，人口会慢慢地集中到中心村来。传统村落没有这样的功能。但是传统村落又是一个不能被淘汰的村落，是老百姓生长生活的地方，所以在不同的阶段，政府应该配置相应的公共服务、基础设施，这就是规划要做的。

我非常赞同刚才王明田王总说的，要界定传统村落的规划能做什么不能做什么。比如在村落中建房，不能把欧洲的建筑拿进来。传统村落也需要发展，这个过程中传统建筑的保护与利用是核心。如果传统建筑已彻底毁坏，我认为完全可以在原地复建；传统建筑历经百年千年也在变化，复建时要有现代的东西，但也一定要和原来的东西结合起来。规划的用处就在于制定发展路径和引入政府资本。

中国建筑设计研究院本土建筑研究室副主任郭海鞍：何葳老师从省钱的角度讲，我从花钱的角度说。我认为村庄其实是一个生命体，因为村庄里的主体是分散的。城市项目面对的是开发商、政府或者投资方，村庄项目面对的却是千家万户。优秀的传统村落大多数不是规划出来的，而是一开始就选址在一个绝佳的位置，然后慢慢建设起来的。

至于钱应该由谁来出，我觉得主要还是靠政府，靠国家税收。城市的大型图书馆、公共设施是政府出钱建造的；被评为传统村落的村庄，是确定要保护的，这就一定要找到合理的政府投资渠道。目前村中大多数项目是由旅发公司、城投公司来解决资金问题。

这里我还想提一个"微介入"的概念，给乡村做"针灸"。我们一开始把所能投入的钱集中到一点，这一点建设起来之后，开发商看到了商机，就会不断追加投资。一开始的启动资金一定由政府来投入，靠民间组织、开发商是不可能的。另外，我们要坚持两点：慢和长。欧洲那些建筑大师，在村里一待就是20年。

松阳把交通、水利的资金集中起来，就做一两个点的改造和介入，这个方法非常有效。尚村也是同样环境，也要集中政府所能在传统村落上所投的资金，通过一个好的创意，集所有的资金于一点，把它建设起来。

安徽建筑大学建筑规划学院院长、教授储金龙：刚才主持人曹璐提了几个问题，我也想提一个问题，乡村建设过程中，乡村规划师到底能起到什么作用？现在物质性的规划受到诟病，我个人认为，物质性的规划涉及更多主体的参与，有更多利益的冲突。另外，它是一个漫长的过程，是一个复杂的过程，所以使得规划最终有的能实施，有的发生偏离，不能实施。在乡村振兴过程中，乡村规划师是不是真正能起到龙头作用，这个我是质疑的。

今天的主题一个是乡村建设，另一个是传统村落。对于传统村落的发展建设，我想首先要处理好三个问题。第一个是要处理好主动和被动的问题。因为现在乡村建设参与主体很多，有政府、有村民个体、有社会资本。如果是村民主动做就好办，如果是政府推动或者社会资本投资的就会出现不一样的情况。

第二个是要处理好传统与一般的问题。传统村落应该是众多乡村中特殊的一个群体，因为它有很大的历史价值，所以受到社会重视。因此我们要对传统村落本身价值进行挖掘。黄山有很多村落，评上传统村落的有很多，还有很多没评上的，这一千二百多个传统村落，每个都有自己的特点，尚村应该挖掘自身的特色，在这个基础上，再从其他角度进行打造。

第三个，我认为要处理好原住民与外来人口的关系问题。这两种类型的人对乡村建设的需求不一样。原住民想提高宜居性，而外来人口，包括度假的、旅游的，以及其他各种类型的，有的是寻求一种精神上的享受，有的寻求利益，不同需求导致村庄规划和建设的侧重点不一样，所以首先要处理好这三种关系。

对于传统村落的保护与发展，从规划设计角度来说，我认为有三个重点要解决。

第一，传统村落的环境整治与景观修复。在整体景观上，要能够通过乡村建设恢复和提升原有的风貌。

第二，设施的配套和完善，提高宜居性。我们曾经调研过黄山凤霞村，村民自己模仿城市建了一个广场，村里面住宅类型多样，问他们为什么要这样，回答说我们也想体验一下城市生活。这显然与传统地方文化、乡风文化格格不入，反映他们对现代生活品质的追求。

第三，对既有的建筑的改造和利用，而且在运用的基础上去保护，而不是一味地去保护。

合肥工业大学建筑与艺术学院院长、教授李早：作为安徽本土的高校，我们也在思考怎么融入安徽省本土乡村建设中去。首先是人才的问题。安徽省有七百多个传统村落，还需要大量本地建筑师，或者有志于乡村建设的年轻人，高校在这方面能起到主导作用。我们近期正在开展国家艺术基金的传统村落、文化传承、创意设计的培训班，班中成员三分之二是本土高校、设计院，包括在学的博、硕士研究生，因此本土人才是不可忽视的一个方面。

安徽省现在有十多所学校设立了规划专业，每年大量毕业生，假期散落在各个村子做测绘实习、水彩画实习，每届学生都要在村里待很久。有一些模式对我们徽州村落来说可以借鉴，例如我们去年专门参加了四川德阳的国际建造节，把一些年轻人的视野和视线聚焦到传统村落的保护上来。他们思路很活跃，也有热情，也不需要考虑设计费的问题，通过这种"微介入"的方式，以及媒体的推介和宣传，做一些创意性的改造。

还有就是引入国家级的战略课题。围绕科学研究项目，做一些示范点的改造，同时结合硕士和本科生的设计，尤其硕士生的设计，做乡村建设的构建项目，集中力量把研究的视线转到徽文化上来。省里的三个示范项目还只是开始，后续大量推广工作还是需要本土或者是本地的一些设计院通过提升设计能力和思维模式，来跟上乡村建设前端的脚步。

北京建筑大学建筑与城市规划学院教授穆钧：如果把乡村看成一个有机体的话，我们现在做的工作，就是给每个人看病，原来人体可能因为内部的一些情况和周边环境的改变出现不适，我们作为专业人员，就要针对村落的硬件或软件提出解决方案。我们不能只看到吃了什么药好了这个结果，要复制的不是这些药，而是学会怎么去做诊断，发现问题，然后找到问题的症结。我们追求的可复制的东西是方法论。

至于钱，不用担心整个村改造完要花多少钱，这是动态的调整过程，一定是走一步看一步，分阶段、定好位，针对一个个小目标，每个目标需要多少钱，一步步来筹措。

山水文旅旅游管理有限公司董事长田翼飞：我想强调的是各个参与主体对乡村建设的黏合度，即有多少主人翁情怀。政府的主人情怀最高，设计师、规划师、乡村艺术家，很多时候是从情怀出发的，往往很难落地。社会资本是运营主体，肯定会追求资本的利益最大化，免不了过度的商业开发。尚村成立委员会的机制非常值得借鉴，各方参与加上机制的架构，才能最终促成项目的长远发展或者长期利益的捆绑。

多 彩 链 接

尚村絮语

尚村的"网红"只是近几年的事。作为住房和城乡建设部第四批中国传统村落，算是有了官方的"身份"或认可。一些专家学者，像发现世外桃源一样的兴奋，寻找城市中早已消失的人居状态，以及古村徽居建筑的审美价值。他们以文化守望的姿态走近尚村，想去掬取尚村人骨子里的东西，咀嚼十姓九祠中散发出来的那种文化个性，把尚村变成自己理想中的课题论文、设计作品，好像要一夜之间把尚村老百姓现在的生活场景变成一种可销售的商品。

他们有专业敏锐度，且擅长空间设计、审美拓展和概念包装，但他们看到的仅仅是尚村人生活的片段、表层以及残旧建筑伤感的素面。有人想用火燫、晒秋、百匠来代表尚村，有人想用雨巷、民宿、草龙来推广平民体验，但那不是传统村落灵魂本身！其实，我也一直在探寻那些小家族小人物的历史，挖掘村落诸如"积谷会""大年会""哪吒庙""做包做馃"之类的文化遗存，希望找到可传承可复制的一种文脉传承模式，同样提出了"传承对于当下生活的精神价值"的疑问与思考。

有人大胆提出了"重构乡土文化"口号，要为中国即将濒临消失的古村带来新的活力，这种豪言壮语在乡下人看来并没有多少吸引力。从学术的角度解读从传统到现代的文化价值体系，并通过村民主体性、社会资本建设与经济发展并重和集体社群取向的发展思路，重拾乡土中国的韧性和情怀，其实，尚村人不会理会这些东西，他们觉得不需要！他们承认有一份传承数百年的"家文化"或手艺，他们安宁当下的宁静与平淡，尽管他们已面临潜在危机，也意识到，他们代代相传的手艺，终会被无情淘汰！

有人提出"古村落改造理念"，把古美建筑、民间艺术留下来，把祠谱文化、生活美学留下来。他们懂得，唯有让村落持续创造新价值，才能为传承传统文化提供不间断的基础保证，并在创新和冲突融合中，发展出符合现代生活所需要的东西。有人与我说，对爱恨有加的传统村落，得以亲身实践阐述轻微的介入，注入一种理念，慢慢让其消化，从很小的设计开始，慢慢地让村人接受改变。只有这样，才能让古村落不会成为一个观光的遗址，而是"活着"的传统范例。

村落不同于城市，这儿特安静，也特渺小。在尚村，人们是静下心过日子，柴米油盐，播种收获，生儿育女。它们的存在模式，并不是通过规划师或者建筑师的规划形成的，而是山高路远，曾经的极端贫困造成的，或者是与生俱来对耕读传家理念的一种厮守。他们的生活是沿着前人已有的路道前行。与自然山水对话，与土地山神交流，蹲坐在路旁晒太阳，拎着火煹烤山芋，那是他们生活中惬意的时光。他们知道，跟上城市化的步伐，也不会以旧"焕"新，让古老村落恣意变成一些专家学者纸上的"美丽乡村"，那样只会远离乡土，远离祖宗，让"乡愁"消失。

我的出生地与尚村只有一里之隔，少年时代，我没有绕开过尚村，在那里读过小学五年级。中学时代，每天都会和许多尚村同学翻越高高的山狼坑岭去胡家上学，也会去看戏、走亲、过节。这些回忆若隐若离地伴着我一生。我写尚村，是不愿看到有人把土著文化当作"艺术"来"表演"，把现实无奈当作时尚来欣赏。我写尚村，是因为我是地道的尚村人，笔下充满了无法代替的亲近。

我的写作思考，始终围绕着一个个有血有肉的尚村人，聊天，说鳖，吃饭；我的写作情感，在族姓、古屋、契约、照片，一片片文字中凝成。书中的人物名字，都是活生生的，他们与我一道追溯历史，怀念先人，体悟当下。他们的所思所想，就是我的所歌所写。现代与传统的不断碰撞，作者与读者不断交融，乡愁与村愁不断焕发，理想与现实不断较劲，我的书动员了尚村人巨大的能量，无论是老人、后生，无论是游子、故人，无论是文艺、手艺，他们与我的书稿一样精彩。

大事记

宋　朝

置十乡二十六里，遵化乡领三里。

云川许透之孙丘分迁，建上许村。

宋高宗追封许丘弟许寿投苏王爵，赐食庙祀。

元　朝

置十乡领十五都。都以下，每50户为一社。上许村属遵化乡十五都借溪里。

推行都图制。置七乡十五都三十五里。都以下，每110户编为一图。县境共编35图。尚村属遵化乡十五都一图。

明　朝

明英宗年间（1436—1449），锦庭方梓应公从水云里迁入尚村宅后。

明嘉靖年间（1522—1566），周仲爵从绩溪县城西迁入尚村西园。

明隆庆年间（1567—1572），梁安高氏享公派三十世世用公从十四都西川迁入尚村。

明万历年间（1573—1620），建伏魔殿，俗称哪吒庙。莒国绩北文焕公派唐希毓从绩邑北门迁入尚村宅下园。

清　朝

初袭明制。尚村属十五都编一图。

清康熙五十七年（1718），章氏始祖国钢公于西川上店迁尚村高椅石，雍正八年（1730）再迁尚村板树下。

清同治年间（1862—1874），张德俊从县城北门迁入尚村东山。

清初，明经胡启弘公从荆州中胡家迁入高椅石。

中华民国

民国二年（1913），成立积谷会，高观义为主任委员。

民国二十年（1931）左右，李小保被乌石堆和尚圣恩太从歙县南乡抱养。

民国二十二年（1933），废都推行保甲制。尚村属云山保。

民国二十九年（1940），撤销区署。全县设1镇12乡，辖128保1369甲。尚村属戈溪乡。

民国三十七年（1948），置1镇13乡，辖109保971甲。尚村属复兴乡（后又改戈溪乡）云山保。

中华人民共和国

成立初期，全县设7个区，尚村行政村隶属第七区。

1952年成立霞水乡，属第七区，包括尚村，乡长许家球。1956年并入胡家乡。

1956年底，唐廷仁出任浙江省萧山县副县长。

1961年，尚村大队，改属胡家公社。1967年改为东方红大队。

1971年，尚村小学附设初一、初二班。

1980年，复名尚村大队，大队址设在尚村。

1985年，农村体制改革，恢复乡镇建置，称尚村村民委员会，治所尚村，属胡家乡。

2005年，撤并乡镇，尚村、霞水村合为一行政村，村委会设在霞水村。尚村降为自然村，改属家朋乡。

2016年9月，第一届绩溪县"忆乡愁"风俗文化月在尚村开幕。全国首家"摄影小镇"在尚村挂牌。

2016年，尚村被列入第四批中国传统村落名录。

2017年，尚村成立传统村落保护与发展专业合作社。

2017年，尚村荣获"中国美丽休闲乡村"称号。

2018年4月1日，"中国传统村落保护与发展、乡村振兴之路"学术研讨会在尚村召开。

2018年，尚村荣获"全国生态文化村"称号。

2019年，尚村入选"乡村复兴论坛"和漓江出版社联合推出的首届"中国乡村榜"。

2021年，尚村荣获"全国乡村治理示范村"称号。

后　记

　　本书是围绕我2015年撰写的一篇田野调查报告《绩溪尚村古村落的历史与文化调查》展开的。我在报告开篇写道："绩溪东部尚村古村，从宋时许姓卜居建村，至明清呈九姓杂居人口格局，村内创造了积谷会自治模式，成为徽州村落转型过程中宗族共治的一个典型个案。"起初，我并没有立卷成书的想法，只想为老家乡村振兴做一些"锦上添花"的事。后来，在一些友人的"助攻"下，我渐渐沉下去，有了著作冲动。2019年，在推动申报首届"中国乡村榜"过程中，村落调查再次走向深入，有了系列突破。

　　在采访"邻里乡亲""三亲四友""百姓人物"中，自认熟悉、自誉乡邻的我被他们平常人生、平凡生活、朴素语言所感动，被他们生活中的淡定、自信、自强所折服，有了人性认知、生活智慧、乡土滋味的系列升华，有了忘怀乡愁的牵挂和油然而生的崇敬。本书以村落三次更名为历史发展主线，以山云秀色、田园耕读为背景，以"十姓九祠"为立体框架，以积谷会自治为亮点，以人物采访、启蒙教育、学艺求生、风俗文化、口传记忆、村落意识等为切入点，穿越岁月，纵横时空，或主或客，拎而不散，剪而不乱，记述900年沧海桑田，于2018年10月完成初稿，此后一搁就是数年，直至2023年11月重拾稿本。

　　8年来，为寻找尚村十姓迁徙路径，我先后搜罗了民国版《唐昌荆州胡氏宗谱》、光绪版《方氏族谱》、光绪版《梁安高氏宗谱》、光绪版《绩溪城西周氏宗谱》、民国版《绩邑扬溪王氏宗谱》、民国版城北《张氏宗谱》以及《瀛洲章氏宗谱》《章氏尚村支派（宗祠）简簿》《尚村周氏家族纸角谱》《莒国唐氏二分文焕公派系谱》《云川许氏总图》等；从《碅头志》《霞水村志》《松木岭村志》《绩溪西川》《梅间志》《竹里志》中寻找线索和素材，对高姓始迁祖、唐姓入迁尚村时间、王姓来源、方姓分支、周姓脉络挂线都有纠正和明晰。你不知道，有关《积谷会规约》《禁约》《合股议据》《十五都屠宰议约》《祖父高板凤主盟阄单》《爱字号次子献琪阄执》《尚村方氏支祠沿革史》《思敬堂议事薄》等文书的发现让我有多少激动。乘胜追击，走街串巷，又从"无"到"有"，在旧籍故纸中找到了《上村四景诗》《饭甑尖》《姐妹石》《烧年祭文》《建筑章四德堂议规》《爱日升店铺流水账》《唐廷仁日记》等许多诗文和史料；挖出了大年会、放门闩、放炮灯、草鞋谣、过年杀猪等一些文化原生态记忆，整理了"投苏王寿公传""解粮官方仲为""第一任积谷会会长高观义""航天专家高锦龙""浙江省萧山县副县长唐廷仁""旅台作家唐铁仕"等历史人物，夯实了"山云秀色""枕溪人家""百匠群芳谱""山居烟火""砚瓦之村"的说法。书中路道、民居、匠人、水碓、旅外经商务工人员等调查统计数据是在村人唐方红女士和章熙东、章本岩先生调查的基础上形成的，使得尚村从最初摄影家感性审美画面中"挣脱"出来，变成历史久远、底蕴丰厚、细节丰满、人性突出、韵味十足、人人喜欢的徽州村庄。人们喜欢她的纯朴、乡土，喜欢她的简单、真实，喜欢她的宁静、自由，喜欢她的呢喃小语，喜欢南山种菊、屋外看花的环境和一屋里家长族短的口传故事。我知道，这就是村史，也是人生；这就是文化，也是情结。这对于人们探究徽州文化生态延续，探索村落自治模式发展具有重要意义。

　　沉淀思考了很久很久。如何用一种大家都能读懂的视角解读尚村无名历史，盘活平头百姓的家长里短，把古老与现代尚村人写透、写细、写活？

900年时间不算太短，900年来可谓沧海桑田，多姓聚居的尚村人在独处、冲突、磨合、共处中成长变化，在与外村交流中提升着自己的价值和区域文化。有人说尚村是摄影小镇，靠山、居坡、枕溪，一如山野之家，风景四季不同；有人说尚村是烟雨秘境，有山湾、梯田、沟坎，一如乡愁扑面，清风透彻。这纯纯的山里人家，这个无闻的僻远村落，"靠山吃山"，你不知道祖辈们有多苦，"靠水吃水"，你不知道祖辈们喝泉饮涧有多难，薄田瘠土，一年只收半年粮，你不知道饥饿的滋味有多难受，但他们靠着自己的双手，靠着信念，一步步地挺过来，渐渐有了信仰与习俗，有了欢声与笑语，形成了如今心底的繁荣，如今随处的茂盛。

尚村人概念，已在我的脑中酝酿很久。他们是一群什么样的人，一个什么样的群体，他们是怎样一代代繁衍生活到如今？男耕女织，面朝黄土背朝天，日出而作日落而息。有的佝偻着身体，有的面色十分憔悴，也有的充满了青春气息和对生活的执着。他们心中没有太多杂念，顺其自然，努力再努力，粗茶淡饭过好每一天。他们凭着手艺特长，扎挣着用尽心力养家糊口。他们的伟大在于自立自强，他们的不凡在于知足与坚强，他们的魅力在于思想自由，心底欢畅。

旌德方光华先生的村落丛书组稿给了我一个出版机会，但某出版社并未信守承诺，一拖再拖，我只得另作打算。或许坏事变成了好事。在"拖"的过程中，有了好友张哲审稿后有感而撰的《回首尚村已是秋》美文，还把我的创作思绪推向了另一个高潮。我又寻找新视角重拾"尚村调查"，与尚村人唐春飞、高健、周孜、许守有、方州华、章本照以及在尚村教书的洪新民、周孝仁等围坐了许久，又有了一系列新发现。发现了程忠平先生《写意·山野》一书中《徽州秘境尚村》游记，发现了绿潮公众号上张桂兰老师撰写的《绩溪有个尚村》游记，整理了《1977年红旗公社尚村初中班初二年级学生名单》《尚村外出务工人员名单》等资料，黄永江先生还提供了明万历年间许洪《卖契》、道光年间《烧灰合议书》、民国五年（1916）《三公塘香水股配水合同》等契约文书。收录了章恒全《一部相机与一个古村的故事》、唐方红《一张灵隐寺合影背后的故事》、许守有《老村长章熙军》、邵光端《出门挞馃》、周孜《我的父亲是尚村小学老师》、邵名农《草鞋谣》、"终结者"《尚村之歌》、方龙华《做麻糖》等美文。

随着"皖浙天路"声名远扬、饭甑尖、豺狗狼尖登山、自驾游的火热，梅间岭油菜花的声名鹊起，家朋和阳抽水蓄能电站的开工，我越来越感觉到《传统村落尚村》这本书的重要性和紧迫性。这本书对于发现尚村、揭示尚村人的价值和文化意义，已不仅仅是乡愁文化，也不仅仅是旅游开发，更多的是一个地方文化学者的使命和历史责任。我相信我的书，能唤醒人们对当下生活方式的思考；我相信我的书，能激发人们用新的眼光看待旧的乡村。如果我的书，能用新的生活哲学拓展旧的生活空间，为尚村人的新生活带来一些希望、一丝美好，带来一些变化，说不定可以带来一些意外收获，那就是我最大的满足了。

行将搁笔之际，感谢每一位我熟悉和不熟悉的尚村男女，包括采访中的高灶甫、许家斌、方德明、高豹生、唐方红、高道光、张大苟、章本稼、章熙东、周孜、章本岩、方建东、唐建文、方州华、方大维、高文等，他们的颜容、笑语将成为我最美好的记忆。感谢向乔玉老师提供2018年4月1日"中国传统村落保护与发展、乡村振兴之路"学术研讨会的"整理报告"。感谢唐方红、章熙东、唐春飞、方州华、黄永江、洪新民等提供珍贵的文书资料和老照片，感谢程志斌、张哲、高健、许守有、周孝仁审阅并核改文字初稿，感谢程斌、章恒全、章晓璇、张哲等提供照片，特别感谢好友、书法家汪雷先生题写书名，好友、徽派建筑设计师朱志忠先生为本书封面绘图。

特别感谢本书合作者徐彬教授将其纳入研究课题，悉心指导谋篇布局、高屋建瓴撰写导言，阐述村落史魅力，整体提升了本书的学术意义。

特别感谢安徽大学沈昕教授为本书撰写序言。

方　静

2023年11月24日于华阳古城方家源淡馨楼